2025中国经济预测与展望

中国科学院数学与系统科学研究院预测科学研究中心

China Economic Forecast and
Outlook for 2025

科学出版社

北 京

内 容 简 介

本书是中国科学院数学与系统科学研究院预测科学研究中心推出的系列年度经济预测报告。本书根据 2024 年的各种数据，运用计量经济模型、经济景气分析、投入产出技术等对 2024 年我国经济的不同层面进行全面系统的总结和回顾，对 2025 年我国经济发展趋势和主要经济变量进行预测，并提出相应的政策建议。全书由宏观经济形势分析与预测和行业经济景气分析与预测两个部分组成，共收录了 15 个报告。内容涉及经济增长、固定资产投资、进出口、最终消费、物价、财政形势、货币政策、国际收支等我国宏观经济指标和政策的分析与预测，以及农业、工业、房地产市场、物流业、国际大宗商品价格、农村居民收入、粮食消费形势等经济发展的重要行业和重点指标的走势分析与预测。本书期望对 2025 年我国经济进行一个立体透视，以帮助读者全面地了解 2025 年我国经济及其未来走向，并对未来若干年我国经济增长的态势有一个初步的认识。

本书适合国家各级政府部门，特别是中央级政府部门的分析与决策人员，国内外企业的经营管理人员，宏观经济和行业经济的研究人员，关注中国和世界经济形势的各界人士及广大中小投资者参阅。

图书在版编目（CIP）数据

2025 中国经济预测与展望 / 中国科学院数学与系统科学研究院预测科学研究中心编. -- 北京：科学出版社，2025. 1. -- ISBN 978-7-03-081004-5

Ⅰ. F123.2

中国国家版本馆 CIP 数据核字第 20244P3J83 号

责任编辑：王丹妮　陈会迎 / 责任校对：贾娜娜
责任印制：张　伟 / 封面设计：有道设计

科 学 出 版 社 出版

北京东黄城根北街 16 号
邮政编码：100717
http://www.sciencep.com

北京中科印刷有限公司印刷
科学出版社发行　各地新华书店经销

*

2025 年 1 月第　一　版　　开本：787×1092　1/16
2025 年 1 月第一次印刷　　印张：15 3/4
字数：362 000

定价：128.00 元
（如有印装质量问题，我社负责调换）

撰稿人名单

主编

洪永淼　中国科学院数学与系统科学研究院预测科学研究中心
汪寿阳　中国科学院数学与系统科学研究院预测科学研究中心
杨翠红　中国科学院数学与系统科学研究院预测科学研究中心

编委

包皓文　中国科学院数学与系统科学研究院预测科学研究中心
鲍　勤　中国科学院数学与系统科学研究院预测科学研究中心
陈　磊　东北财经大学经济学院、东北财经大学经济计量分析与预测研究中心
陈全润　对外经济贸易大学统计学院
陈锡康　中国科学院数学与系统科学研究院预测科学研究中心
陈仲一　中国科学院大学前沿交叉科学学院
陈卓文　中国科学院数学与系统科学研究院预测科学研究中心
承子杰　中国科学院数学与系统科学研究院预测科学研究中心
董　志　中国科学院大学经济与管理学院
董纪昌　中国科学院大学经济与管理学院
窦羽星　中国科学院数学与系统科学研究院预测科学研究中心
方思然　中国科学院大学经济与管理学院
冯　晗　中国科学院数学与系统科学研究院预测科学研究中心
冯耕中　西安交通大学管理学院
高　翔　中国科学院数学与系统科学研究院预测科学研究中心
高凯隆　中国科学院数学与系统科学研究院预测科学研究中心
庚　辰　中国科学院大学经济与管理学院
郭　琨　中国科学院大学经济与管理学院
郭家豪　中国科学院大学经济与管理学院
季　捷　中国科学院数学与系统科学研究院预测科学研究中心

江林桂	中央财经大学统计与数学学院
李丽娟	东北财经大学经济学院
李鑫茹	首都经济贸易大学经济学院
李秀婷	中国科学院大学经济与管理学院
李一杉	中国科学院数学与系统科学研究院预测科学研究中心
林　康	西安交通大学管理学院
林　卓	中国科学院数学与系统科学研究院预测科学研究中心
刘安昶	中国科学院数学与系统科学研究院预测科学研究中心
刘启涵	中国科学院数学与系统科学研究院预测科学研究中心
刘水寒	中国科学院数学与系统科学研究院预测科学研究中心
刘伟华	天津大学管理与经济学部
刘秀丽	中国科学院数学与系统科学研究院预测科学研究中心
骆晓强	财政部综合司
穆雨雨	中国科学院数学与系统科学研究院预测科学研究中心
庞凯睿	天津大学管理与经济学部
彭君辉	中国科学院数学与系统科学研究院预测科学研究中心
乔柯南	中国科学院数学与系统科学研究院预测科学研究中心
任伊诺	中国科学院大学前沿交叉科学学院
尚　维	中国科学院数学与系统科学研究院预测科学研究中心
宋朋洋	中国科学院数学与系统科学研究院预测科学研究中心
孙昕竹	天津大学管理与经济学部
孙玉莹	中国科学院数学与系统科学研究院预测科学研究中心
田雅洁	中国科学院数学与系统科学研究院预测科学研究中心
王　珏	中国科学院数学与系统科学研究院预测科学研究中心
王会娟	中央财经大学统计与数学学院
魏云捷	中国科学院数学与系统科学研究院预测科学研究中心
吴雪霏	中国科学院数学与系统科学研究院预测科学研究中心
徐田婷	中国科学院大学前沿交叉科学学院
许潇月	中国科学院大学经济与管理学院
于　嫣	中国科学院数学与系统科学研究院预测科学研究中心
宇　佳	中国科学院数学与系统科学研究院预测科学研究中心
张建强	天津大学管理与经济学部

赵　宇　　中国科学院数学与系统科学研究院预测科学研究中心
郑阳阳　中国科学院数学与系统科学研究院预测科学研究中心
朱文洁　东北财经大学经济学院
祝坤福　中国人民大学经济学院

序 一

路甬祥

经济和社会发展方面的预测研究在经济和社会的重大问题决策中占有重要的战略地位。当前，不论是中国还是世界的经济发展速度都很快，特别是 20 世纪 80 年代以后，由于 IT 技术的发展，特别是信息网络、交通网络及航空运输业的发展，全球连接成为一个整体。人流、物流、信息流从未有过如此海量，经济进入了全球化时代。我国现在正处在一个高速发展的时期。成功应对国际金融危机之后，我国的经济总量已经上升到世界第 2 位，并且正在向更高的目标发展。然而，我国有 13 亿人口，虽然经济发展的总量已经到了一定的水平，但是从人均质量和标准来看还不尽如人意，从经济增长的方式和质量来看也存在着不少问题，面临着很多挑战。我国的经济能否得到稳定、健康的发展，就一些重大问题进行科学准确的预测显得特别重要，要依靠科学的决策、民主的决策来保证我国经济在发展过程中不受到内部或者外界因素太大的干扰。如果我们能够预先看到或估计到可能出现的各种问题，就有可能采取一定的防范措施减少波动，使不利因素始终控制在可以承受的范围之内，保证经济健康、稳定地发展。

中国科学院预测科学研究中心是由中国科学院数支在预测科学领域屡创佳绩的研究队伍组成的研究单元，他们在发展预测科学、服务国民经济宏观决策方面取得了一批可喜的成果，为中央领导和政府决策部门进行重大决策提供了有科学依据的建议和资料，同时在解决这些实际的重要预测问题中发展出了新的预测科学理论、方法和技术，做出了原创性的重要成果。2006 年以来，预测科学研究中心每年岁末出版一本下年度的中国经济预测报告，迄今为止已经出版了五部年度预测报告。这些年的实际情况证明，预测科学研究中心这几年的预测报告，能够较为准确地把握我国经济发展趋势，对国民经济重要指标给出相当接近的预测值，能够发现下一年度经济发展中的潜在问题并给出相应对策建议。这些报告对政府有关部门和企业贯彻落实科学发展观，加强和改善政府对经济工作的指导，引导各经济部门配合政府实现宏观经济目标，有着重要的参考价值。这些报告也在国内外形成了广泛的影响。2010 年预测报告的发布就受到国际新闻媒体的强烈关注，其中，路透社、法新社等都发布了相关消息。

预测科学研究中心是中国科学院在体制创新方面的一次尝试。它打破体制上的壁垒，打破学科间的壁垒，是一个为了共同的目标组建成的跨学科的中心。我希望中心的体制与管理要有所突破，有所创新，通过优势互补，在服务国家战略决策方面，在攻克预测科学科技难关方面成为一个先行者，为院内外、国内外科学界树立一个榜样，创造一个典范。同时，我也希望这个年度预测报告系列越办越好，以更好的质量服务于政府、企业和社会公众，服务于我国按照科学发展观建设社会主义的光辉事业。

2010 年 12 月

序 二

成思危

（2006 年 4 月 26 日下午在中国科学院预测科学研究中心第一次学术委员会会议上的讲话）

我作为中心的学术委员会主任，想从学术观点和运行机制两个方面来谈谈我的意见。

预测、评价、优化是系统工程的三大支柱。因为未来世界的不确定性和人们认知能力的有限，预测不可能做到绝对准确，只能达到相对准确或近似准确，但预测是必不可少的。没有预测，人们将无法确定未来的行动和方向，所以预测的重要性显而易见。

简单地说，预测方法分为两类：一类是根据现有数据去推测，另一类是根据专家已有的经验去推测。从现有的数据去推测，最简单的办法就是外推，前提是客观世界没有太大变化。这种方法只适用于短期预测。在此之上的方法就是把外界可变因素按照一定的规律加入进来，如投入产出方法、马尔可夫链、数据挖掘等。再高级一点的方法就是从数据中发现知识，即所谓数据库中的知识发现（knowledge discovery in database，KDD）、统计推断等。这是目前在预测技术中比较占主流的方法，即由过去的数据去推断未来。当然，数据的数量和质量保障是使用这种方法的前提。根据专家的知识和经验去推测，实际上就是根据经验预测未来，如 Delphi 法等群决策方法。我把群决策方法分为协调型决策和协同型决策，前者是指参加决策的人们有利益冲突，但又都希望达成一个妥协的结果；后者则是指参加决策的人们没有利益冲突。虽然后者已经达到了很高的协同性，但是专家的意见还是会有分歧，专家的知识背景还是会有差异，当然也难免存在权威的干涉。

要想把预测工作做好，就要把主观的专家经验和客观的数据结合起来。一般有两种方法：一种是数学方法，另一种是仿真的方法。数学方法是建立以数学为基础的模型，由专家检审后反馈意见，再进行修改与计算，再返回到专家，也就是人机系统集成方法。这种方法的缺点是设备复杂、变量多、回路多，因而在计算上操作困难较大。仿真的方法，即以智能体为基础（agent-based）的仿真技术。我在国家自然科学基金委员会兼任管理科学部主任的时候曾支持过戴汝为、于景元、顾基发三人牵头的支持宏观经济决策的人机交互综合集成系统研究，投入了 500 多万元，但效果还是与理想有些差距。所以，预测科学研究中心也不能期望自己能够解决所有的预测问题，问题的解决要一步一步地去做，如中心现在的农业产量预测和外贸预测就做得比较好，预测的精度较高。

从实际情况来看，中心目前只能以任务为主，以完成任务为考核的主要指标。在任务完成的同时，去进行理论、方法的提炼和升华，逐步地归纳、总结，以提高学术水平。实际情况决定了预测科学研究中心有大量的工作要去做，而且大多数的工作都是属于中短期的。造成这样的原因有两点：一点是中国科学院需要中心出一批有影响的预测报告，另一点就是经费的压力。经费全靠"化缘"是不行的，中国科学院支持中心 40% 的经费，另外的 60% 要用两种办法取得：一种是四处申请课题，另一种是找几个主要的用户给予固定支持，如商务部等。如果没有一个成型的机制，既不稳定，也会牵扯太多的精力。对于经费的来源，我建议采用 4∶3∶3 机制，即 40% 由中国科学院支持，30% 由固定用户支持，30% 机动。这样的话，就有 70% 的经费是稳定的，其余 30% 的波动对中心的影响可能不太大。

还有一点，目前预测科学研究中心由 4 个研究部组成，但事实上有 6 家单位参与，还是像一个"拼盘"。中心要想真正发挥优势，必须要加强集成。从理想状态来说，我认为要由中心确定课题，并从各单位抽出人员与中心招聘的人员共同组成课题组，一起完成课题，待课题结束后抽调人员再返回原单位，这样能达到统一组织，集成优势的目的。

最后一点，是激励机制的设立。对于在中心工作的科研人员，中心应当给予一定的补贴，这样才能使科研人员精力更加集中。目前，中国科学院总体来说还是处于所、院相对独立的状态，不进行制度上的创新，就很难出现真正意义上的学术创新。

我到这里来担任学术委员会的主任，就是希望能够推动预测科学的发展。发展预测科学一定要不断创新。建立中国的预测学派可能需要十年、二十年的努力，所以，现在提这个目标还为时过早，但可以作为一个远期目标。我希望大家一同来支持这个中心，三五年之后，预测科学有可能更受重视，我们要努力争取做出最好的成果。

前　言

　　自改革开放以来，经过四十余年的快速增长，我国经济发展的要素和约束条件均发生了很大变化。资本系数快速增大、投资率波动下降，人口老龄化速度加快、资源红利逐渐减弱，传统要素驱动的经济增长模式遇到瓶颈，结构性问题凸显。2012 年以来，我国经济进入了"新常态"，经济增长由高速转向中高速，经济发展方式也从粗放型增长转向高质量全面协同发展。2020～2022 年，受新冠疫情（简称疫情）影响，我国和全球经济都受到重创。但我国在党和政府的坚强领导下，高效统筹疫情防控和经济社会发展，充分展示了经济韧性，2020～2022 年的三年间我国实现了年均 4.5%左右的经济增速，远高于美国和欧元区 1.6%、0.7%的经济增速。在经历了三年疫情防控转段后，2023 年我国经济实现了恢复性增长，尽管遇到了一些困难和挑战，但经济总体回升向好，高质量发展扎实推进，GDP 同比实现了 5.2%的增长。

　　2024 年，我国政府加大了宏观政策实施力度，围绕扩内需、提信心、惠民生、防风险、靠前发力、加快推出了一批针对性、组合性强的政策措施，包括推动新一轮大规模设备更新和消费品以旧换新政策（"两新"政策）、推进国家重大战略实施和重点领域安全能力建设（"两重"建设）及超长期特别国债等。随着各项政策的逐步落实、落地，政策效应陆续显现。在经济内生动力和一揽子政策的支持下，2024 年我国经济运行总体平稳、稳中有进，新质生产力稳步发展，民生保障扎实有力，经济增速保持较好水平，前三个季度经济累计增速为 4.8%，增速在世界主要经济体中位居前列。但也出现了明显问题，比如分季度看，第一、二和三季度的当季经济增速分别为 5.3%、4.7%和 4.6%，呈现明显下降趋势。主要原因还是经济内生动力不足，突出表现在以下三方面：一是消费需求增长缓慢。2024 年 1～2 月社会消费品零售总额增长速度为 5.5%，之后呈下降趋势，5 月为 3.7%，8 月降为 2.1%，9 月回升至 3.2%。二是固定资产投资呈现下降态势。2024 年 1～3 月增速同比为 4.5%，1～9 月增速降至 3.4%。三是房地产市场依旧低迷。房地产业是国民经济发展的重要支柱产业，上下游涉及的部门众多，其发展对经济增速有重大影响。

　　2024 年 9 月 26 日召开了中共中央政治局会议，以习近平同志为核心的党中央总揽全局、沉着应对，针对经济运行中的新情况、新问题，科学决策、果断出手，及时推出了一揽子增量政策，围绕加大宏观政策逆周期调节、扩大国内有效需求、加大助企帮扶力度、推动房地产市场止跌回稳、提振资本市场等方面，大力推动经济持续回升向好，效果逐步显现。10 月以来，工业、消费、投资、股市和楼市等领域的经济运行出现很多积极变化，很多经济指标增速回升，如 10 月社会消费品零售总额同比增长 4.8%，增速比 9 月加快 1.6 个百分点；服务业生产指数增速大幅提高，这对经济发展意义极大。2024 年 9 月下旬开始采取的增量措施进一步激发了中国经济增长的内生动力，不仅能促进 2024 年的经济增长，而且将对 2025 年经济发展起非常重大的作用。

展望 2025 年，中国经济增长的内生动力激发程度、特朗普重新入主白宫后国际政治经济形势发展、美国政府贸易保护措施以及中国外需增长情况均有较大不确定性。国内方面，预计 2024 年 9 月以来出台的一系列增量措施，叠加 2025 年将继续出台的新的财政和金融措施，将使我国经济增长潜力得到更好释放。但内需特别是消费不足是当前我国宏观经济的最主要矛盾，而居民消费率较低又是消费不足的主要原因，其在很大程度上受收入增长缓慢、收入分配失衡、养老金缺口等因素的制约。这些问题的解决并非一蹴而就，因此 2025 年国内需求总体偏弱的局面较难改变。国际方面，一方面，全球经济仍将处于周期调整之中，可能是弱复苏状态，主要发达经济体通胀陆续回落，全球进入降息周期。美国或可能迎来制造业的"弱补库"和实体经济的"弱复苏"，欧元区增长势头仍显弱势，且由于地缘政治冲突的扰动，其经济面临的滞胀乃至衰退风险是存在的，这些因素均可能对我国的外贸形势造成较大压力。另一方面，地缘政治冲突风险仍在增加。俄乌冲突已近三年，和平迹象未显，如果冲突持续，将会给欧洲甚至全球经济复苏带来较为严重的影响。从中美关系来看，不论美国政府如何更迭，其遏制中国的战略将持续较长的一段时间。特朗普已经再次赢得美国大选，他在竞选期间就宣称，再度上台后，将对来自中国的进口商品加征 60% 的关税，并计划取消中国永久正常贸易关系。2024 年 12 月初又威胁将对所有来自金砖经济体的进口商品加征 100% 的关税。这些措施都将对我国的经济发展产生重要影响。

综上分析，2025 年我国经济发展既面临着严峻的挑战，也存在多种积极因素。2025 年我国经济的总体走势如何？面临着哪些值得重点关注的风险？这是中央及地方各级政府和全国人民都非常关心的议题。中国科学院数学与系统科学研究院预测科学研究中心（简称预测科学研究中心）对 2025 年我国的经济走势和主要指标进行了分析与预测。2025 年经济增速将主要取决于以下两个重要因素：一是中央采取增量措施的力度及其效果，二是特朗普上台后对中国将采取的措施。在基准情景下，预测 2025 年中国 GDP 增速将为 4.8% 左右，全年经济稳中有进，总体经济走势为两头高、中间低。分季度看，预测 2025 年第一季度经济增速为 4.9%，第二季度增速为 4.7%，第三季度增速为 4.6%，第四季度增速为 4.9%。

除了对中国经济增速的分析和预测外，本报告还对中国经济的十余个重要指标进行了分析和预测。报告共分为两个部分，由 15 个分报告组成。第一部分为宏观经济形势分析与预测，包括 8 个分报告，即 2025 年中国 GDP 增长速度分析与预测、2024 年中国固定资产投资形势分析与 2025 年展望、2024 年中国进出口形势分析与 2025 年展望、2025 年中国最终消费形势分析与预测、2025 年中国物价形势分析与预测、2024 年中国财政形势回顾及 2025 年展望、2024 年中国货币政策回顾及 2025 年展望、2024 年中国国际收支形势回顾及 2025 年展望；第二部分为行业经济景气分析与预测，共有 7 个分报告，包括 2024 年中国农业生产形势分析与 2025 年展望、2024 年中国工业行业分析与 2025 年展望、

2024 年中国房地产市场形势分析与 2025 年展望、2024 年中国物流业发展回顾与 2025 年展望、2025 年国际大宗商品价格走势分析与预测、2024 年中国农村居民收入分析及 2025 年预测、2024 年中国粮食消费形势分析及 2025 年预测。

　　本报告是预测科学研究中心自 2006 年以来开始的一项持续性工作，至今已经有 20 个年头。20 年来，这个系列报告较好地把握了中国经济的发展趋势，对当年度经济发展中可能遇到的重大问题进行了系统深入的讨论。这一工作为中国各级政府的宏观决策，以及对企业、投资人及民众的经济形势判断和决策提供了前瞻性的信息和依据，得到了政府部门、企业界及新闻媒体的广泛关注和赞誉。

　　本报告的撰写人员主要是预测科学研究中心的部分成员及与预测科学研究中心有密切合作的部分同行。报告的研究和撰写耗费了所有作者大量的心血和精力。作为本报告的主编，我们对所有作者表示最衷心的感谢！本报告的出版也得到了科学出版社的领导和编辑同志的大力支持与帮助，我们对他们也表示最诚挚的感谢！最后，感谢中国科学院学部经济分析与预测科学研究支撑中心项目对本报告的大力支持！

洪永淼　汪寿阳　杨翠红

2024 年 12 月

目 录

宏观经济形势分析与预测

行业经济景气分析与预测

宏观经济形势分析与预测

2025 年中国 GDP 增长速度分析与预测

陈锡康　杨翠红　祝坤福　王会娟　李鑫茹　赵　宇

报告摘要：本报告内容分为五个部分。

第一部分介绍系统综合因素预测法在 GDP（gross domestic product，国内生产总值）预测中的应用。GDP 作为衡量经济体发展的关键指标，其预测涉及众多不确定因素，包括经济、政治、科技、人口、资源等国内外因素。中国科学院数学与系统科学研究院预测科学研究中心采用系统综合因素预测法，综合考虑国民经济的多层次结构和子系统间的复杂联系，以及与外部环境的互动，采用多种方法（如投入占用产出技术、统计学、计量经济学等）进行预测。同时，强调预测时应遵循主要矛盾原则和定性定量分析相结合的原则。第一部分还探讨了研究对象的可预测性，认为只有满足三个条件，即深入研究和了解预测对象的性质、特点、影响因素、发展与变化规律，掌握必要信息和适用的预测方法，才能进行准确预测。中国科学院数学与系统科学研究院（Academy of Mathematics and Systems Science，AMSS）每年发布当年和下年度 GDP 增长率预测，2009～2023 年平均预测误差控制在 0.57 个百分点，展示了该方法在 GDP 增长预测实践应用中的优越性。

第二部分为对中国中长期经济增长的若干特点与变化规律进行探讨，并对中国中长期经济增速进行预测。同时，提出中华民族伟大复兴的两个经济标准，即要求中国不仅在经济总量上居世界首位，而且在经济发展水平上大幅度缩小与高收入国家的差距。本报告提出以中国的人均 GDP 达到高收入国家的二分之一作为中华民族伟大复兴的一个并列标准。得益于党的领导、人民品质、经济制度、高储蓄率和投资率以及较小的民族与地区矛盾，这部分预测中国中长期经济增速将继续高于同等发展水平国家的平均水平。随着人均 GDP 的提高，经济增速将继续呈波浪形缓慢下降。预计 21 世纪 20 年代，即 2021～2030 年中国经济增速将进入"5 时代"，GDP 年平均增速有可能为 5.0%左右。预计在 2030 年至 2035 年期间中国经济总量可能达到美国水平。预计 2021～2035 年中国经济规模有可能翻一番或接近翻一番，预计 2035 年中国将基本实现社会主义现代化。预计 2031～2040 年中国经济增速将进入"4 时代"，GDP 年平均增速为 4.4%左右。预计 2041～2050 年中国经济增速将进入"3 时代"，GDP 年均增速为 3.8%左右。预计到 2050 年中国将建成富强、民主、文明、和谐、美丽的社会主义现代化强国，实现党的十八大提出的第二个百年奋斗目标，实现中华民族伟大复兴。

第三部分对 2024 年中国经济增长进行简要回顾与分析。具体来看，2024 年第一季度经济增速为 5.3%，第二季度增速为 4.7%，第三季度增速为 4.6%，预计第四季度经济将持续稳定地回升向好,经济增速为 5.4%。预测 2024 年全年中国经济增速为 5.0% 左右。

第四部分对 2025 年中国经济增长进行预测。本报告提出 2025 年经济增速将主要取决于以下两个重要因素:一是中央采取增量措施的力度及其效果,二是特朗普上台后对中国将采取的措施。在基准情景下,预测 2025 年中国 GDP 增速将为 4.8% 左右,全年经济稳中有进,总体经济走势为两头高、中间低。分季度看,预测 2025 年第一季度经济增速为 4.9%,第二季度增速为 4.7%,第三季度增速为 4.6%,第四季度增速为 4.9%。

从三大产业来看,预测 2025 年第一产业增加值增速为 3.5% 左右,较 2024 年下降 0.2 个百分点;预测第二产业增加值增速为 4.8% 左右,较 2024 年下降 0.5 个百分点;预测第三产业增加值增速为 5.0% 左右,与 2024 年基本持平。

从三大需求来看,预测 2025 年最终消费对 GDP 增长的贡献率为 70.7%,拉动 GDP 增长 3.4 个百分点;资本形成总额对 GDP 增长的贡献率为 36.4%,拉动 GDP 增长 1.7 个百分点;净出口对 GDP 增长的贡献率为 –7.1%,拉动 GDP 增长 –0.3 个百分点。

第五部分对当前的经济发展提出若干建议。

一、系统综合因素预测法

GDP 是指一个国家或一个经济体所有常住单位在一定时期内生产活动的最终成果。GDP 是目前世界各国普遍采用的衡量一个经济体经济发展状况的数量指标。GDP 预测是一个具有高度复杂性和很大难度的工作。

1. 系统综合因素预测法的主要内容

GDP 的重要特点之一是影响因素特别多,除了众多经济因素外,政治和军事、科技和教育、人口和劳动力、资源和环境、医疗和卫生等其他因素的变化也对预测期 GDP 数值有重要影响。此外,国内因素和众多的国际因素均对 GDP 增长率具有重要影响。为了准确地预测 GDP 增长状况,必须全面综合地考虑各种因素的作用。这些重要因素的影响具有高度不确定性,部分因素难以量化。

中国科学院数学与系统科学研究院预测科学研究中心 GDP 预测项目组采用以投入占用产出技术等为核心的系统综合因素预测法对各个年度 GDP 进行预测,该方法具体内容如下。

(1)系统综合因素预测法认为国民经济是一个复杂的巨系统,具有多层次结构,不同层次包含大量的子系统。各个子系统之间存在密切的、复杂的相互联系和相互制约。

国民经济系统的这个特点就决定了对 GDP 进行预测时必须综合地考虑系统所包含的各个子系统(如三大产业)和各种因素(如政治因素、经济因素、社会因素、自然因素和资源环境因素等)在预测期中的作用,而不能仅考虑部分因素的作用,如重视工业而忽视农业,重视第二产业而忽视服务业,重视经济发展而忽视环境保护,重视实体经济而忽视非物质生产和资本市场的作用,等等。

（2）系统综合因素预测法认为在系统内部各个子系统之间，以及系统与环境（即一个国家的国民经济与世界经济）之间均存在密切联系，具有复杂的相互联系和相互制约的关系。

国民经济系统的上述特点决定了对一个国家 GDP 进行预测时不仅要考虑国内因素，而且要考虑国外因素，特别是与中国关系密切的国家的各种因素变动的作用。

（3）系统综合因素预测法认为系统内部各个子系统之间和系统与外部之间的联系具有很强的非线性、随机性和动态特征，应根据研究对象性质与特点采用相应的方法与模型。

（4）国民经济系统的上述特点决定了系统综合因素预测法所采用的方法的多样性，不仅包括静态、确定性方法与模型，而且要根据研究对象的特点和性质选用投入占用产出技术、统计方法与计量经济学、景气分析法、专家分析法、情景分析等方法。

（5）系统综合因素预测法认为在进行预测时应遵循两个原则。一是主要矛盾原则。在众多矛盾和各种相互联系及制约关系中，应根据不同时期的情况抓住主要矛盾和主要因素进行预测和分析。二是在进行 GDP 预测时应采用定性分析与定量研究相结合，在定性分析指导下进行定量研究的原则。

2. 研究对象可预测性探讨

在预测工作中我们经常会遇到如能否对股市和房价进行预测等问题，部分人士认为世界是不可预测的。这就涉及研究对象可预测性的问题。我们认为，如果满足或基本满足以下三个条件，就可以对某个研究对象进行较准确的预测。

第一，对预测对象的性质、特点、影响因素、发展与变化规律有较深入的研究和了解。

第二，掌握对预测对象进行预测的必要信息，包括历史数据和动态变化趋势情况。

第三，掌握和应用相应的预测方法与工具。能根据预测对象的性质和特点，选择并应用相应的预测方法和工具。预测方法和模型必须由研究对象的性质和特点决定。不是越高深越好，如同医生看病，必须对症下药，效果才好。

根据上述条件，我们发现对于部分事物我们目前是可以预测的或基本上可以预测的，而很多事物和研究对象目前是无法预测的或基本上无法预测的。例如，由于我们掌握了天体的运动规律和必要的观察数据，我们就能准确地预报日食、月食等出现的时间，又如由于影响股票价格的因素很多，股票价格不仅取决于相关公司的经营状况，国内外政治、经济、金融、文化、科技发展和自然因素等，而且取决于众多投资者的心理预期、操作技术等。在股市这一复杂系统中，要全面把握众多机构投资者和个人投资者的决策信息，无疑是极为困难的。因此，要对各种股票的涨跌及其变化趋势做出准确预测难度极高。

我们认为，目前只有一小部分自然现象和社会现象可以进行比较准确的预测。随着社会生产力的发展以及科学技术的进步，日益众多的自然现象和社会现象将由不可预测或基本上不能预测转变为可预测或基本上可预测。

3. 中国科学院数学与系统科学研究院预测科学研究中心 GDP 预测项目组进行各年度 GDP 增长率预测的结果

中国科学院数学与系统科学研究院预测科学研究中心 GDP 预测项目组在每年 12 月对当年和下年度中国 GDP 增长率进行预测,预测结果发表于中国科学院数学与系统科学研究院预测科学研究中心编制的《中国经济预测与展望》。此外,2021 年至 2024 年预测结果刊登于有关年度《中国科学院院刊》的《中国经济增长速度的预测分析与政策建议》一文中。2009~2024 年的预测结果见表 1。

表 1　中国科学院数学与系统科学研究院预测科学研究中心 GDP 预测项目组各年度 GDP 增长率预测结果

年份	中国科学院数学与系统科学研究院预测科学研究中心 GDP 预测项目组 GDP 增长率预测值	国家统计局公布的 GDP 增长率	预测误差/百分点	绝对值/百分点
2009	8.5%	9.4%	0.9	0.9
2010	10.0%	10.6%	0.6	0.6
2011	9.8%	9.6%	−0.2	0.2
2012	8.5%	7.9%	−0.6	0.6
2013	8.4%	7.8%	−0.6	0.6
2014	7.2%	7.4%	0.2	0.2
2015	7.2%	7.0%	−0.2	0.2
2016	6.7%	6.8%	0.1	0.1
2017	6.8%	6.9%	0.1	0.1
2018	6.7%	6.7%	0.0	0.0
2019	6.3%	6.0%	−0.3	0.3
2020	3.5%	2.2%	−1.3	1.3
2021	8.5%	8.4%	−0.1	0.1
2022	5.5%	3.0%	−2.5	2.5
2023	6.0%	5.2%	−0.8	0.8
2024	5.3%			
2009~2023 年平均预测误差				0.57

注:为避免计算平均预测误差值时正负抵消,各年度预测误差取绝对值

二、中国中长期经济增长的若干特点与规律探讨

(一)中国经济增长现状

在对中国经济增速进行中长期预测之前,应对中国经济发展现状有清晰的认识。中国经济发展现状如下。

第一，从经济总量看，中国目前仅次于美国，居世界第二位。

根据国际货币基金组织（International Monetary Fund，IMF）2024 年 7 月公布的资料，按现行汇率计算，2023 年美国 GDP 约为 27.36 万亿美元，中国 GDP 约为 17.89 万亿美元(参阅表 2)，美国 GDP 位居世界第一，中国位居第二。中国 GDP 约为美国的 65%。例如，按购买力平价计算，2023 年中国购买力平价 GDP 约为 34.66 万亿国际元，中国排名居世界第一位，美国购买力平价 GDP 位居世界第二，美国购买力平价 GDP 约为 27.72 万亿国际元，中国是美国的 1.25 倍。

表 2　2023 年世界部分国家按汇率及按购买力平价计算的 GDP、GDP 增速和人均 GDP

按 GDP 排名	国家	GDP /亿美元	购买力平价 GDP /现价亿国际元	GDP 增速	人均 GDP /美元
1	美国	273 609	277 207	2.54%	81 624
2	中国	178 888	346 601	5.25%	12 681
3	德国	44 561	59 494	−0.19%	52 712
4	日本	42 103	62 390	1.85%	33 813
5	印度	34 883	146 198	7.75%	2 512
6	英国	33 413	40 755	0.10%	48 885
7	法国	30 280	41 979	0.94%	44 361
8	意大利	22 549	35 231	0.92%	38 270
9	巴西	21 734	44 566	2.91%	10 630
10	加拿大	21 405	24 721	1.25%	53 381
11	俄罗斯	20 061	64 547	3.65%	13 712
12	韩国	18 394	27 942	1.40%	35 570
13	墨西哥	17 914	32 891	3.20%	13 651
14	澳大利亚	17 417	18 456	1.95%	65 383
15	西班牙	15 807	26 167	2.50%	32 708

资料来源：国际货币基金组织数据库（20240701 版）

第二，中国经济增长速度不仅快于发达国家，而且快于同等发展水平国家经济的平均增长速度。

由表 2 可见，中国在 2023 年的经济增长速度快于一系列发达国家，包括美国（2.54%）、德国（−0.19%）、日本（1.85%）、英国（0.10%）、法国（0.94%）、意大利（0.92%）以及加拿大（1.25%）等。具体而言，中国的经济增速达到了 5.23%，远超这些国家的表现。同时，与 2023 年高收入国家平均 1.38%左右的经济增长速度相比，中国展现出强劲的增长。

不仅如此，中国的经济增长速度还超越了同等发展水平的国家，即中上等收入国家群体。2018 年至 2022 年的五年间，中国经济保持了年均 5.25%的增长，而同期中上等收入国家的平均经济增速仅为 1.71%。以俄罗斯（1.13%）、巴西（1.49%）和泰国（0.81%）为例，它们的经济增速远低于中国。

第三，中国的人均 GDP 与发达国家有很大差距。

GDP 反映一个国家或经济体经济规模的大小，但其数值不能反映这个国家或经济体的发展水平。而人均 GDP 能反映一个国家或经济体经济发展水平。中国的人均 GDP 低于发达国家。根据国际货币基金组织公布的资料，2023 年中国的人均 GDP 为 12 681 美元，美国为 81 624 美元（表 2），为中国的 6.44 倍；德国为 52 712 美元，为中国的 4.16 倍；日本为 33 813 美元，为中国的 2.67 倍；英国为 48 885 美元，为中国的 3.85 倍；法国为 44 361 美元，为中国的 3.50 倍。

中国的人均 GDP 不仅低于上述发达国家，而且低于俄罗斯（13 712 美元）和墨西哥（13 651 美元）。2023 年全世界共有 195 个主权国家，根据国际货币基金组织的统计，2023 年中国的人均 GDP 排名为第 72 位。中国的巨大经济规模不是由于经济发展水平高，而是由庞大的人口基数带来的。

中华民族伟大复兴中国梦是以习近平同志为核心的党中央提出的重大战略思想，是党和国家面向未来的政治宣言。中华民族伟大复兴不仅要求中国在经济总量上居世界首位，而且要求在经济发展水平上，即在人均 GDP 方面逐步缩小与发达国家的差距，如在 2049 年达到主要发达国家平均水平的二分之一左右。鉴于目前中国的人均 GDP 与美国等发达国家差距较大，如上所述与美国的差距为 5 倍左右，这将是一个长期和艰难的任务。为了缩小与主要发达国家在经济发展水平上的差距，中国必须在长时期中保持经济增速显著快于主要发达国家。在长时期中保持较快经济增长速度是实现中华民族伟大复兴的一个关键。

（二）中国中长期经济增长速度快于同等发展水平国家的平均增速

根据国际货币基金组织公布的资料，中国 2023 年的年中人口为 141 071 万人，美国为 33 521 万人，德国为 8454 万人，日本为 12 452 万人，英国为 6835 万人，法国为 6826 万人。中国人口为美国的 4.21 倍，为日本的 11.33 倍，为德国的 16.69 倍，为英国的 20.64 倍，为法国的 20.67 倍。当中国的人均 GDP 高于美国人均 GDP 的 1/4 时，中国在经济总量上即可达到美国水平。我们预计这在 2030 年至 2035 年期间有可能实现。

改革开放以来，中国经济快速发展，按照不变价格计算，2023 年中国经济总量为改革开放之初 1978 年的 47 倍左右。1978 年至 2023 年 GDP 年均增速约为 8.9%，远高于世界主要国家和同等发展水平国家。我们认为，从 2024 年至 21 世纪中叶，中国中长期经济平均增速将继续高于世界同等发展水平的绝大多数国家，主要原因如下。

第一，党和政府坚强有力的集中领导。理论和实践证明，一个具有强大凝聚力、全心全意从事经济建设的政府是一个国家经济保持长期快速增长的一个重要条件。

第二，中国人民的优秀品质为经济发展提供了强大的人力资源保障。人力资源投入是推动经济增长的核心要素之一，中国人民具有勤劳、刻苦、节俭、朴素、重视教育、善于创新、遵纪守法等优秀品质。在同等报酬条件下，中国人民往往比其他国家人民具有更高的工作热情和干劲，在合理的生产管理制度和收入分配制度下能释放出更大的能量。中国人民的节俭、刻苦和勤劳精神使得中国的储蓄率与投资率可能长期保持较高的水平。中国人民有较高的智力水平，不仅善于学习而且富有创新精神和刻苦钻研能力。

从历史上看，中国曾经是一个经济和文化很发达的国家。一百多年前因受到帝国主义列强的长期侵略，中国在经济、文化、科技和教育等方面落后了。中国领导人、广大干部、知识分子、工人和农民具有强烈的发展经济和科技教育、改变中国落后面貌、振兴中华的愿望，能自觉地在不同岗位上努力工作，为中华民族振兴而奋斗。

第三，改革开放以来，中国已在全国各地区、各部门和各企业建立起发展生产与群众个人利益相结合的经济制度，如在农村建立家庭联产承包责任制等，使大部分中国人民发展生产的积极性和创造性得到很好发挥。

第四，中国有较高的储蓄率和投资率。2023 年中国的储蓄率为 44.3%，而 2022 年美国为 18.1%，日本为 28.4%，越南为 32.8%，2023 年英国为 15.4%，德国为 30.2%，印度为 30.6%，印度尼西亚为 35.9%（表 3），中国的储蓄率不仅远高于高收入国家，也高于绝大多数低收入国家和中等收入国家。

表 3　世界部分国家的储蓄率

国别	储蓄率	国别	储蓄率
中国	44.3%	韩国	33.8%
美国	18.1%	新加坡	40.9%
日本	28.4%	巴西	15.6%
德国	30.2%	俄罗斯	29.9%
英国	15.4%	印度	30.6%
法国	23.0%	越南	32.8%
加拿大	21.8%	印度尼西亚	35.9%
意大利	21.3%	泰国	25.3%

资料来源：中国储蓄率数据来自《中国统计年鉴 2024》，其他国家的数据来自世界银行数据库等

注：表中美国、日本和越南为 2022 年数据，其他国家为 2023 年数据

第五，中国的民族矛盾和地区矛盾较世界上大部分国家为小。

中国自 1979 年以来没有卷入战争，相对有利的外部环境使其可以把主要精力集中于发展国内经济。特别是 2001 年加入世界贸易组织（World Trade Organization，WTO）后，中国对外贸易快速增长。2001 年至 2010 年中国经济增长 1.7 倍，年平均增速达到 10.6%，其重要原因之一是这十年间出口总额增加了 4.9 倍，年平均增速达到 21.9%[①]。

预计中国在 2050 年前将克服内部和外部各种困难与挑战，特别是来自美国及其盟国的各种形式的遏制、打压和围堵，中国经济将以远较发达国家为快的速度前进，实现中华民族伟大复兴。

---

① 2001 年中国货物出口额为 2660.98 亿美元，2010 年为 15 777.54 亿美元（资料来源：2002 年和 2011 年《中国统计年鉴》）。

（三）中国中长期经济增长速度将继续呈波浪形下降趋势

1. 世界各国经济发展规律表明，当经济发展到达一定阶段以后，随着人均 GDP（或人均 GNI）的提高，经济增速呈现下降趋势

2023 年世界经济继续承压，大多数经济体 GDP 增速放缓。根据世界银行公开数据（World Bank Open Data），图 1 以横坐标展示 2023 年各经济体人均 GDP，以纵坐标展示 2018~2023 年各经济体 GDP 平均增长率，从中可以看出，随着人均 GDP 提高，经济增速呈现下降趋势。

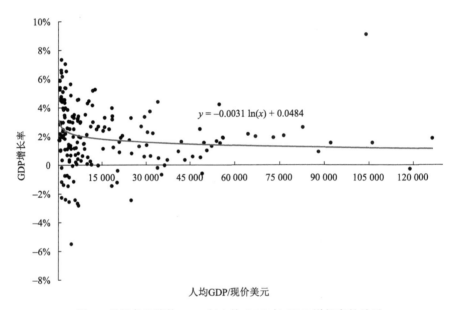

$$y = -0.0031 \ln(x) + 0.0484$$

图 1 世界各经济体 2023 年人均 GDP 与 GDP 增长率的关系

资料来源：世界银行公布的 181 个经济体的数据。世界银行公开数据包含 185 个经济体，其中，圭亚那、中国澳门、苏丹和东帝汶分别因 GDP 增长率过高和过低而未在图中展示

世界银行从 1987 年开始把所有经济体按人均国民总收入（gross national income, GNI）的高低分为四大类，即低收入经济体、中下等收入经济体、中上等收入经济体和高收入经济体，不同年份这四类经济体的划分标准不同。对应到现行界定标准分别是人均 GNI 低于或等于 1145 美元、1146 美元至 4515 美元、4516 美元至 14 005 美元和高于 14 005 美元。中国人均 GNI 为 1.25 万美元，列入中上等收入经济体。

图 2 展示了 2023 年全球四大类经济体的 GDP 平均增长率，其中，低收入经济体的经济增速最高，为 4.45%，中下等收入经济体的 GDP 增速为 3.52%，中上等收入经济体的 GDP 增速为 3.31%，高收入经济体的 GDP 增速为 1.38%。图 2 可以清楚地说明随着人均国民总收入的提高，经济增速呈现下降趋势。低收入经济体的经济增速是中下等收入经济体的 1.26 倍，是中上等收入经济体和高收入经济体的 1.34 倍和 3.22 倍。

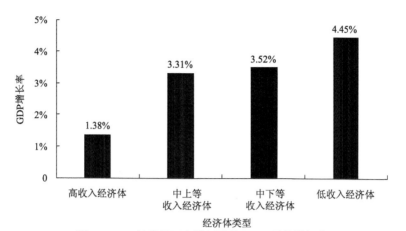

图 2　2023 年世界四大类经济体 GDP 平均增长率

资料来源：世界银行公布的收入划分标准以及 181 个经济体的经济数据

2. 中国经济增速呈波浪形下降的主要原因

根据发展经济学中哈罗德-多马有保证的经济增长率模型（Harrod-Domar model，哈罗德-多马模型），经济增长率的计算公式如下：

$$GDP \text{ 增长率} = \text{投资率}/\text{资本产出率}$$

若净出口率为零，则储蓄率等于投资率，有

$$GDP \text{ 增长率} = \text{储蓄率}/\text{资本产出率}$$

由此可见，经济增速的高低与投资率或储蓄率成正比，而与资本产出率成反比。从表 4 我们可以得出以下几点。

表 4　中国 2010 年至 2023 年的储蓄率和投资率

年份	支出法 GDP/亿元	资本形成总额/亿元	净出口/亿元	储蓄率	投资率
2010	408 505	191 867	15 057	50.7%	47.0%
2011	484 109	227 673	11 688	49.4%	47.0%
2012	539 040	248 960	14 636	48.9%	46.2%
2013	596 344	275 129	14 552	48.6%	46.1%
2014	646 548	294 906	13 611	47.7%	45.6%
2015	692 094	297 827	22 346	46.3%	43.0%
2016	745 981	318 198	16 976	44.9%	42.7%
2017	828 983	357 886	14 578	44.9%	43.2%
2018	915 774	402 585	7 054	44.7%	44.0%
2019	990 708	426 679	11 398	44.2%	43.1%
2020	1 025 628	439 550	25 267	45.3%	42.9%
2021	1 145 283	495 784	29 810	45.9%	43.3%
2022	1 202 471	519 793	38 850	46.5%	43.2%
2023	1 258 647	530 440	26 847	44.3%	42.1%

资料来源：《中国统计年鉴 2024》

第一，中国的储蓄率和投资率呈波动下降趋势。由图 3 可见，2010 年中国的储蓄率为 50.7%，2015 年储蓄率为 46.3%，2020 年储蓄率为 45.3%，2023 年储蓄率为 44.3%；由图 3 还可看出，2010 年中国的投资率为 47.0%，2015 年投资率为 43.0%，2020 年投资率为 42.9%，2023 年投资率为 42.1%，储蓄率和投资率呈明显的下降趋势。

图 3　中国 2010 年至 2023 年储蓄率和投资率

第二，中国的资本系数快速增大，促使经济增速下降。

我们将资本系数定义为新增单位产出所需要增加的资本①。在其他条件不变的情况下，资本系数越高，经济增速越低。以 ΔGDP 表示新增 GDP，ΔI 表示新增资本。本报告通过资本形成总额占 GDP 比重与 GDP 增长率之比来近似地计算资本系数，即

资本系数=新增单位产出所需要增加的资本数额

=新增资本数额/新增 GDP 数额

$$=\frac{\Delta I}{\Delta \text{GDP}}=\frac{\Delta I / \text{GDP}}{\Delta \text{GDP} / \text{GDP}}$$

=资本形成总额占 GDP 比重/GDP 增长率

由表 5 可知，中国资本系数总体呈较快增长趋势。2010 年资本系数为 4.43，2015 年为 6.15，2020 年为 19.48，2023 年为 8.10。其中，2020 年和 2022 年受新冠疫情的影响，GDP 增长率很低，资本系数失常，从表 5 和图 4 可以看出由于技术进步及投资效率降低，增加单位产出所需新增资本数额逐步增加，即资本系数的趋势是呈上升趋势的，从而经济增速趋缓。

---

① 本报告的资本系数和资本产出率均定义为增量资本系数和增量资本产出率，而非平均资本系数和平均资本产出率。

表 5　中国 2010 年至 2023 年的资本系数

年份	资本形成总额 /亿元	支出法 GDP /亿元	资本形成总额占 GDP 比重	GDP 增长率	资本系数 （资本产出率）
2010	191 867	408 505	47.0%	10.6%	4.43
2011	227 673	484 109	47.0%	9.6%	4.90
2012	248 960	539 040	46.2%	7.9%	5.85
2013	275 129	596 344	46.1%	7.8%	5.91
2014	294 906	646 548	45.6%	7.4%	6.16
2015	297 827	692 094	43.0%	7.0%	6.15
2016	318 198	745 981	42.7%	6.8%	6.27
2017	357 886	828 983	43.2%	6.9%	6.26
2018	402 585	915 774	44.0%	6.7%	6.56
2019	426 679	990 708	43.1%	6.0%	7.18
2020	439 550	1 025 628	42.9%	2.2%	19.48
2021	495 784	1 145 283	43.3%	8.4%	5.15
2022	519 793	1 202 471	43.2%	3.0%	14.41
2023	530 440	1 258 647	42.1%	5.2%	8.10

资料来源：资本形成总额、支出法 GDP、GDP 增长率来自《中国统计年鉴 2024》

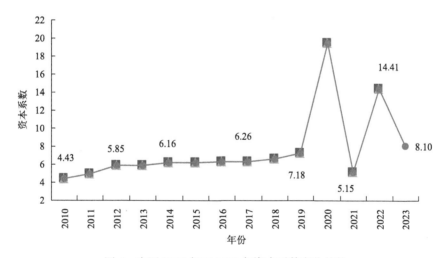

图 4　中国 2010 年至 2023 年资本系数变化趋势

第三，人口增长率快速下降和人口老龄化，促使经济增速趋缓。

由图 5 可见，中国人口自然增长率呈现快速下降趋势。1980 年中国人口自然增长率为 11.87‰，1990 年为 14.39‰，2000 年为 7.58‰，2010 年为 4.79‰，2020 年为 1.45‰。部分国家经验表明，人口与经济增速有密切关系，经济增速较快的国家，由于对劳动力需求较大，人口往往呈现增长的趋势，而人口下降的国家经济增速往往较低。日本自 1990 年以来经济发展停滞，以及欧盟经济发展速度长期低于美国均与人口增速有密切关系。本报告认为，中国人口增速快速下降是经济增速下降的重要因素之一。

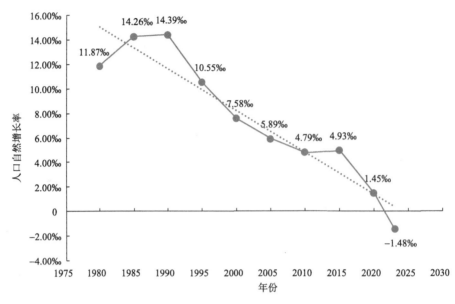

图 5 1980～2023 年中国人口自然增长率

资料来源:《中国统计年鉴 2024》

中国人口结构的重要特点是老年人口比重大,增速快。根据世界卫生组织(World Health Organization,WHO)的标准,当一个国家或地区 60 岁及以上老年人口占总人口的 10%,或 65 岁及以上老年人口占总人口的 7%时,即意味着这个国家或地区处于老龄化社会。2000 年中国 60 岁及以上人口占总人口的比例为 10%,65 岁及以上人口占总人口的比例为 7%,表明中国已开始进入老龄化社会。中国人口的特点之一是老龄化速度快。2000 年中国 65 岁及以上人口为 8821 万人,占总人口的比例为 7.0%,2022 年为 20 978 万人,占总人口的比例为 14.9%,2000～2022 年中国 65 岁及以上老年人口增加了 12 157 万人,增长率为 137.8%,即 22 年翻了一番多,而发展中国家老年人口数量翻一番平均需要 40 年[①]。

预计 21 世纪 20 年代开始,生育率过低和老龄化将日益严重地制约中国经济发展,如图 6 所示,中国劳动年龄人口数自 2014 年开始下降,劳动年龄人口占总人口比例自 2011 年开始下降。特别是随着人口快速老龄化,退休金等社会福利支出将挤占储蓄额和投资额空间,使得储蓄率和投资率出现进一步下降趋势。

3. 中国经济增长的走势:既非"U"形、"V"形和"W"形,又非"L"形、倒"U"形和雁形,而是呈波浪形下降模式

在国内外现有经济文献中,关于经济增长的走势有"U"形、"V"形、"W"形、"L"形、倒"U"形和雁形等。前几年国内部分学者认为中国经济增长的模式为"L"形,即认为中国经济增速在降至一定水平后就会触底,就会长期企稳。这几年实践表明,中国经济"L"形触底没有到来,2010 年经济增速为 10.6%,2013 年为 7.8%,2015 年为 7.0%,

---

[①] 资料来源:国家统计局,http://data.stats.gov.cn/easyquery.htm?cn=C01。

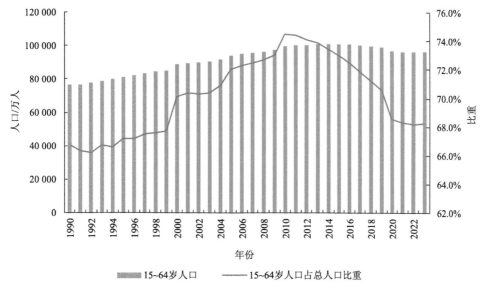

图 6　1990～2023 年中国劳动年龄人口数及其比重

2019 年继续降为 6.0%。本报告认为从中长期角度看，中国经济增长速度既非"U"形、"V"形和"W"形，又非"L"形、倒"U"形和雁形，而是呈波浪形缓慢下降，即波浪形下降模式。相应地，经济总量呈波浪形逐步上升。从中长期来看，不能认为中国经济增速由 10% 左右降到 7% 左右或 6% 左右就到底了，以后就不再下降了。在 2050 年以前，中国经济增速将继续呈波浪形逐步下降。至少在 21 世纪中叶以前中国经济增速不会触底。

（四）中国经济增速的中长期预测

基于前文结论，如果不发生不可抗力造成的伤害，如大规模的战争等，我们对 21 世纪上半期中国经济规模和经济增速做如下预测。

第一，预计 21 世纪 20 年代，即 2021 年至 2030 年中国经济增速将进入"5 时代"。

预计 2021 年至 2030 年，中国经济年平均增速有可能为 5.0% 左右，增速较 21 世纪前十年，即 2011 年至 2020 年的年平均增速（6.85%）降低约 1.85 个百分点，其中部分年份经济增速有可能进入"4 时代"或更低。

预计 2021 年至 2030 年，中国的经济实力、科技实力、综合国力将跃上新台阶，经济将走上更高质量、更有效率、更加公平、更可持续、更为安全的发展之路。

第二，预计在 2030 年至 2035 年期间按现行汇率法计算的中国经济总量可能达到美国水平。

中国经济发展速度远较美国为快，2023 年中国人口为美国人口的 4 倍左右，当中国的人均 GDP 高于美国人均 GDP 的 1/4 时，中国的经济总量将达到美国水平。我们预计在 2030 年至 2035 年期间中国经济总量可能达到美国水平。国际上通常用美元来衡量一个经济体 GDP 数值和对两个国家经济总量进行比较，因而两个国家经济总量的比较就受到汇率变动的严重影响。例如，根据国际货币基金组织公布的资料，2022 年美国的 GDP 数值为 254 645 亿美元，中国的 GDP 数值为 181 000 亿美元，中国的经济总量为美国的 71.1%，2023 年美国经济增速为 2.54%，中国为 5.25%，中国经济增速远快于美国，在正常情况下中美经济总量的差距应该缩小，由于美国大幅度提高美元利率，美元相对于其他货币也大幅度升值，2023 年按现行汇率计算的中国经济总量（178 888 亿美元）为美国经济总量（273 609 亿美元）的 65.4%，即 2023 年比 2022 年下降 5.7 个百分点。随着通胀的缓解，美国可能降息，而长期来看中国经济仍将持续保持较快的增长速度，这将促使人民币逐渐升值。

第三，预计 2021 年至 2035 年中国经济规模有可能翻一番或接近翻一番，预计 2035 年中国将基本实现社会主义现代化。

预计 2021 年至 2030 年，中国经济年平均增速有可能为 5.0% 左右，预计"十六五"期间（2031 年至 2035 年）经济平均增速达到 4.4% 左右。根据本项目组测算，2021 年至 2035 年的 15 年间中国经济年均增速有望达到 4.7% 左右。预计 2021 年至 2035 年中国经济规模有可能翻一番或接近翻一番，2035 年中国将基本实现社会主义现代化。

第四，预计 21 世纪 30 年代，即 2031 年至 2040 年中国经济增速将进入"4 时代"。

预计 21 世纪 30 年代，中国经济年均增速将为 4.4% 左右，增速较 21 世纪 20 年代，即 2021～2030 年的年平均增速（5.0%）降低 0.6 个百分点，其中个别年份经济增速有可能小于 4%。

第五，预计 21 世纪 40 年代，即 2041 年至 2050 年中国经济增速将进入"3 时代"。

预计 21 世纪 40 年代，中国经济年均增速将为 3.8% 左右，增速较 21 世纪 30 年代年平均增速（4.4%）降低 0.6 个百分点。部分年份增速可能等于或大于 4%，个别年份可能小于 3%。

第六，预计 2050 年中国将建成富强、民主、文明、和谐、美丽的社会主义现代化强国，实现党的十八大提出的第二个百年奋斗目标，实现中华民族伟大复兴。

（五）实现中华民族伟大复兴的两个重要经济标准，即要求中国不仅在经济总量上居世界首位，而且在经济发展水平上大幅度缩小与高收入国家的差距

1. 经济总量居世界首位是中华民族伟大复兴的一个重要标准，但不能仅用总量指标衡量中华民族复兴，应当同时考虑经济发展水平

经济是基础。一个国家只有具有强大的经济实力，政治、军事、科技、教育、文化和医疗卫生等才具有坚实的基础。强大的经济是国力的重要组成部分和基础。因而，经济总量居世界首位是中华民族伟大复兴的一个重要标志。我们预计在 2030 年前后中国的经济总量可能达到美国水平，预计在 21 世纪中叶，即 2050 年前后，按现行汇率法计算的中国经济总量有可能为美国的两倍左右。

我们认为中国的经济总量居世界第一是中国具有强大综合国力的一个标志,也是中华民族伟大复兴的一个重要标准,但是经济总量大并不代表经济发展水平一定很高。经济总量大可能是人口数量多带来的。2023 年中国人口约为美国的 4 倍,当中国的人均 GDP 高于美国人均 GDP 的 1/4 时,中国的经济总量就将赶上美国,但按人均 GDP 计算,中国与美国相比仍有很大差距,在科技创新能力和一系列人文指标上中国与美国相比差距也很大。

2. 建议以中国的人均 GDP 达到高收入国家的二分之一作为中华民族伟大复兴的一个并列标准

国际上通常以人均 GDP 或人均 GNI 反映一个经济体的经济发展水平,如世界银行按人均 GDP 高低把世界上所有经济体划分为四大类。当人均 GDP 或人均 GNI 达到较高水平时,一系列人文发展指标和社会发展水平指标也将达到较高水平。鉴于目前中国在人均 GDP 或人均 GNI 以及人文发展指标上与高收入国家差距很大,我们建议以中国的人均 GDP 达到高收入国家的二分之一作为与经济总量居世界首位并列的中华民族伟大复兴的衡量标准。

3. 中国的崛起和中国经济总量超过美国,并不意味着美国衰落

中国由于人口数量多,当人均 GDP 与美国相差不是很悬殊时,中国的经济总量势必达到和超过美国,但在一段时期内美国的科技创新、国防军事、文化教育、医疗卫生等仍居世界领先地位,其中很多方面值得中国学习和借鉴。

由于人口出生率持续下降,人口总量不断减少和老龄化将严重影响中国经济增速,如果不能采取有效措施,如及时全面放开生育限制和采取大力鼓励生育政策,特别是把科技创新和发展高新技术作为基本国策等,美国经济总量有可能在 21 世纪下半期再次超过中国,印度不仅人口数量将超过中国,在经济总量上也有可能赶上和超过中国。

三、2024 年中国经济增长的简要回顾与分析

2024 年经济运行总体平稳、稳中有进,新质生产力稳步发展,民生保障扎实有力,经济增速保持较好水平,前三个季度经济累计增速为 4.8%。增速在世界主要经济体中位居前列。

2024 年经济运行分季度看,前三个季度当季经济增速分别为 5.3%、4.7% 和 4.6%(表 6)。上半年经济增速为 5.0%,前三个季度累计增速为 4.8%。

表 6　2022 年至 2024 年各季度中国经济增速

项目		第一季度	第二季度	第三季度	第四季度
2022 年	当季经济增速	4.8%	0.4%	3.9%	2.9%
	累计经济增速	4.8%	2.5%	3.0%	3.0%

续表

	项目	第一季度	第二季度	第三季度	第四季度
2023 年	当季经济增速	4.5%	6.3%	4.9%	5.2%
	累计经济增速	4.5%	6.5%	5.2%	5.2%
2024 年	当季经济增速	5.3%	4.7%	4.6%	5.4%
	累计经济增速	5.3%	5.0%	4.8%	5.0%

注：除 2024 年第四度当季增速和累计增速由本项目组测算外，本表所有数据来自国家统计局网站

2024 年前三季度增速呈现明显下降趋势的主要原因是经济内生动力不足，突出表现在以下三方面。

第一，消费需求增长缓慢。

2024 年前三个季度消费需求增速呈现下降趋势，这由图 7 社会消费品零售总额增长速度可以看出：2024 年 1 月至 2 月社会消费品零售总额增长速度为 5.5%，之后呈下降趋势，5 月为 3.7%，7 月为 2.7%，9 月为 3.2%，增速很低，10 月有所好转。由于消费增速很低，消费对经济增长的贡献也很低。2024 年前三个季度最终消费支出对 GDP 增长贡献率分别为 73.7%、46.5% 和 29.3%[①]，呈现明显下降趋势。

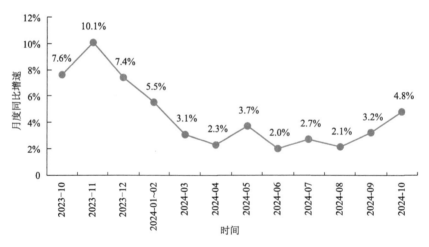

图 7　中国 2023 年 10 月至 2024 年 10 月社会消费品零售总额月度同比增速
资料来源：国家统计局网站

消费是推动经济增长的主要动力之一。消费增速过低的原因很多，其中之一是中国股市长期萎靡不振。1.2 亿左右股民和 2 亿左右基民在股市中亏损严重，这些股民和基民及其家属被迫减少消费。

第二，固定资产投资增速呈下降趋势。

由图 8 可见，2024 年 3 月至 10 月中国固定资产投资月度累计同比增速呈下降趋势。2024 年 1 月至 3 月增速为上年同期的 4.5%，1 月至 5 月增速为 4.0%，1 月至 7 月增速为

---

① 资料来源：国家统计局网站。

3.6%，1 月至 10 月增速为 3.4%。

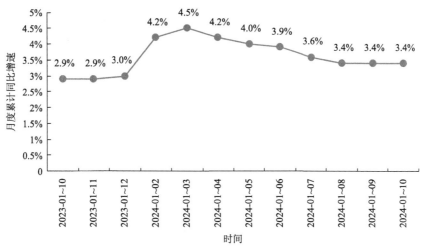

图 8　中国 2023 年 10 月至 2024 年 10 月固定资产投资月度累计同比增速

资料来源：国家统计局网站

第三，房地产不景气。

房地产业是国民经济发展的重要支柱产业，其特点不但在于上下游涉及的部门极为众多，而且是地方财政的主要来源。中国经济发展的实践表明，房地产业对经济增速有重大影响，房地产业不景气的年份经济增速往往较低。

2024 年 1～11 月，全国房地产开发投资同比下降 10.4%，新建商品房销售面积同比下降 14.3%，住宅销售面积下降 16.0%，从这些数据来看，房地产市场仍然处于调整之中。

由图 9 可见，2024 年第一季度中国房地产业增加值的同比增速为 -5.4%，2024 年第二季度中国房地产业增加值当季增速为 -5.0%，前两个季度累计增速为 -4.6%。2024 年第三季度房地产业增加值当季增速和累计增速分别为 -4.0% 和 -1.9%，均呈下降趋势。

2024 年中国经济发展目标为 GDP 比 2023 年增长 5%。鉴于前三季度经济增速下降，第三季度增速为 4.6%，前三季度累计增速为 4.8%，比目标值低 0.2 个百分点，因而扭转经济发展下降趋势，保证完成全年经济发展目标，成为中国经济战线迫切需要解决的任务。

2024 年 9 月 26 日召开的中共中央政治局会议决定，要加大财政货币政策逆周期调节力度。围绕加大宏观政策逆周期调节、扩大国内有效需求、加大助企帮扶力度、推动房地产市场止跌回稳、提振资本市场等方面，财政部门加力推出一揽子增量政策，推动经济持续回升向好。根据中央决定，有关部门及时推出一揽子增量政策，打出一套"组合拳"，着力推动经济稳定向上、结构向优、发展态势持续向好。效果逐步显现，9 月以来，工业、消费、投资和股市、楼市等领域经济运行出现很多积极变化，很多经济指标增速回升，例如，根据国家统计局公布的数据，11 月服务业生产指数同比增长 6.1%，是 2024 年以来的次高增速，明显高于 10 月以前的速度。其中，房地产业，交通运输、仓储

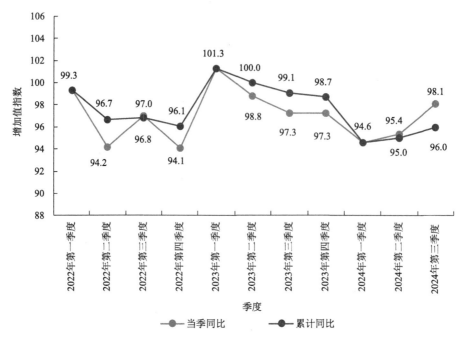

图 9　我国 2022 年第一季度至 2024 年第三季度房地产增加值指数（上年同期=100）

和邮政业生产指数增速分别比上月回升 2.1 个百分点和 1.3 个百分点。服务业属于第三产业，2023 年第三产业在 GDP 中占 54.6%。服务业生产指数增速大幅升高将对完成全年经济发展目标起重大作用。

预计第四季度中国经济将回升向好，高质量完成全年经济社会发展的预期目标任务。

预计 2024 年全年中国经济增速为 5.0%。根据国家统计局公布的数据，前三季度增速分别为 5.3%、4.7% 和 4.6%，预计第四季度增速为 5.4%。

（一）生产法维度下 2024 年三大产业增加值增速回顾与分析

预计 2024 年第四季度 GDP 增长率为 5.4%，全年增长率为 5.0% 左右。分三大产业来看，预计 2024 年第四季度第一产业增加值增长率为 4.2%，第二产业增加值增长率为 5.0%，第三产业增加值增长率为 6.0%。预计 2024 年全年的第一产业增加值增长率为 3.7%，第二产业增加值增长率为 5.3%，第三产业增加值增长率为 5.0%（表 7）。

表 7　2023 年至 2024 年中国三大产业增加值增长率

项目	2023 年	2024 年 第一季度	2024 年 第二季度	2024 年 第三季度	2024 年 第四季度	2024 年 （预测）
GDP	5.2%	5.3%	4.7%	4.6%	5.4%	5.0%
第一产业	4.1%	3.3%	3.6%	3.2%	4.2%	3.7%

续表

项目	2023 年	2024 年第一季度	2024 年第二季度	2024 年第三季度	2024 年第四季度	2024 年（预测）
第二产业	4.7%	6.0%	5.6%	4.6%	5.0%	5.3%
第三产业	5.8%	5.0%	4.2%	4.8%	6.0%	5.0%

资料来源：2023 年及 2024 年前三季度为国家统计局公布的数据，2024 年第四季度及 2024 年全年为项目组预测数据

2024 年，国际形势更加复杂严峻，世界经济运行的不确定性增加，中国也处在结构调整转型的关键时期，经济发展面临着较多的困难与挑战。但是 2024 年我们预期中国 GDP 增速仍然可以达到 5%，尤其是第二产业的平稳增长，是经济发展的脊梁和驱动力，很好地保障了经济可持续发展。

1. 粮食产量再获丰收，畜牧业发展平稳

据国家统计局公布的数据，2024 年全国粮食总产量 14 130 亿斤[①]，比 2023 年增加 222 亿斤，增长 1.6%，在连续 9 年稳定在 1.3 万亿斤以上的基础上，首次突破 1.4 万亿斤。2024 年尽管局部地区发生洪涝、干旱、台风等灾害，但总体气象条件有利于粮食生产。全国各地持续推进高标准农田建设，改善农业生产条件，粮食每亩[②]产量较上年增加 5.1 公斤，增长 1.3%。粮食单产及总产的稳步提升，进一步夯实了国家粮食安全根基，为乡村全面振兴奠定了坚实基础。

畜牧业保持稳定，农产品供应充裕。2024 年前三季度，猪牛羊禽肉产量 7044 万吨，同比增长 1.0%，其中，牛肉、禽肉产量分别增长 4.6%、6.4%，猪肉、羊肉产量分别下降 1.4%、2.2%，；牛奶产量下降 0.1%，禽蛋产量增长 3.5%，总体来说，农产品供应充足。

2. 工业经济增速回升，结构明显优化

预计 2024 年第二产业增加值增长率较 2023 年提高 0.6 个百分点，其中预计 2024 年工业增加值增速为 5.6% 左右，建筑业增加值增速为 3.7% 左右。

工业发展增速较快，工业结构进一步优化。从 2024 年前三季度数据来看，规模以上工业增加值同比增长 5.8%，延续了 2023 年第四季度以来较快的增长趋势；规模以上工业出口交货值同比增长 4.1%，呈逐季加快态势，其中汽车、金属制品、铁路船舶航空航天行业保持两位数增长，增速分别为 17.1%、20.2%、23.3%。在高技术制造业领域，全国规模以上高技术制造业增加值同比增长 9.1%，智能无人飞行器制造、智能车载设备制造行业增加值同比增长 56.4%、30.7%，新能源汽车产量同比增长 33.8%，制造业结构向高端化、智能化、绿色化方向不断优化。从制造业采购经理指数来看，11 月，制造业采购经理指数为 50.3%，比上月上升 0.2 个百分点，制造业扩张步伐小幅加快。

2024 年建筑业增加值增速较 2023 年有较大下降。前三季度，建筑业增加值增速累计仅为 4.1%，较 2023 年降低了 3.1 个百分点。从非制造业采购经理指数来看，2024 年

---

① 1 斤=0.5 千克。

② 1 亩≈666.67 平方米。

11 月建筑业商务活动指数为 49.7%，比上月下降 0.7 个百分点。

3. 第三产业平稳发展，内生动力增强

预计 2024 年第四季度第三产业增加值增长率为 6.0%，较 2023 年同期提高 0.7 个百分点，但全年第三产业增加值增长率仅为 5.0%，较 2023 年同期下降 0.8 个百分点。服务业生产指数 1~11 月累计同比增长 5.1%，10 月、11 月同比增长分别为 6.3%、6.1%，服务业发展明显加快。11 月，信息传输、软件和信息技术服务业，金融业，租赁和商务服务业生产指数同比分别增长 9.3%、8.8%、9.3%，快于服务业生产指数。从非制造业采购经理指数来看，服务业商务活动指数保持稳定。11 月，服务业商务活动指数为 50.1%，与上月持平。

现代服务业带动作用较强，内生动能持续扩大。2024 年前三季度，信息传输、软件和信息技术服务业以及租赁和商务服务业增加值同比分别增长 11.3% 和 10.1%，远高于第三产业增加值的平均增速，有力支撑了新质生产力的加快形成。同时，高技术服务业固定资产投资同比增长 11.4%，服务零售额同比增长 6.7%，服务的投资消费需求不断扩大。

（二）支出法维度下 2024 年三大最终需求增速回顾与分析

2024 年以来，中国国民经济运行总体平稳、稳中有进，三大需求领域均呈现稳步增长的态势。前三季度中国 GDP 同比增长速度达到 4.8%，其中第一季度同比增长 5.3%，第二季度同比增长 4.7%，第三季度同比增长 4.6%，面临一定的下行压力。从三大最终需求来看，内需市场的消费和投资整体呈现下降趋势，而外需则保持较快增长，对经济稳定增长起到了支撑作用。近期，中央政府出台了一系列增量政策，经济运行的回升势头得到加强，内需市场也明显回暖。总体来看，中国经济持续恢复态势不会改变。

1. 消费增速经历先降后升，呈现恢复好转态势

进入 2024 年，消费需求增速有下降趋势。1 月至 2 月，社会消费品零售总额增长速度为 5.5%，之后呈下降趋势，4 月增速降至 2.3%，6 月增速进一步降至 2.0%。前三季度社会消费品零售总额累计同比增速为 3.3%，低于上年同期 3.5 个百分点。从分季度来看，前三个季度最终消费支出对经济增长贡献率分别为 73.7%、46.5% 和 29.3%，呈现不断下降的趋势。2024 年前三季度，最终消费支出仅拉动 GDP 增长 2.4 个百分点，对经济增长贡献率为 49.9%，较上年同期均有较大幅度下降。消费对经济的拉动作用降低，是前三季度经济增长放缓的主要原因之一。从消费结构来看，前三季度基本生活类和部分升级类商品销售增势较好。其中，通讯器材类、体育娱乐用品类商品零售额分别增长 11.9% 和 9.7%。粮油食品类商品零售额增长 9.9%，成为消费亮点。9 月开始，得益于消费品以旧换新政策的推动，9 月和 10 月社会消费品零售总额同比增速分别为 3.2% 和 4.8%，呈上升趋势，但随着消费促进政策的边际效用下降，11 月社会消费品零售总额同比增速降

至 3.0%。从消费结构来看,大部分升级类商品和基本生活类商品销售趋好,同时,消费品以旧换新政策效应加快释放,大件消费如汽车、家用电器和家具等增速得到大幅提升。随着消费市场活力的增强和促消费措施的见效,消费恢复和扩大的基础将更加稳固,预计 2024 年第四季度消费将持续恢复。预计全年社会消费品零售总额增速约为 3.8%,最终消费支出对经济增长的贡献率约为 50%,拉动 GDP 增长约 2.5 个百分点。

2. 投资增速有所放缓,投资结构持续优化

2024 年投资需求总体平稳增长。前三季度,全国固定资产投资(不含农户)同比增长 3.4%;扣除价格因素的影响,同比增长 5.2%,增速比上年同期下降 0.8 个百分点。2024 年以来,中央政府实施了一系列稳投资政策,加快了超长期特别国债和地方政府专项债的发行使用,推进大规模设备更新,发挥政府投资带动作用,促进有效投资的扩大。从投资行业结构来看,制造业产业转型升级持续推进,制造业投资保持较快增长。前三季度,制造业投资同比增长 9.2%,高于全部投资 5.8 个百分点。同时,高技术产业投资保持良好增长势头,前三季度同比增长 10.0%,连续 7 个月保持两位数增长。投资增速放缓的主要原因是房地产市场的低迷,2024 年 1~11 月全国房地产开发投资同比下降 10.4%。促进房地产市场平稳健康发展是中国投资持续稳定增长的重点关注领域。2024 年前三季度,资本形成总额对经济增长的贡献率为 26.3%,拉动 GDP 增长 1.3 个百分点,基本与上年同期持平。随着财政刺激效果的进一步显现,预计 2024 年第四季度投资形势将进一步好转。预计全年全国固定资产投资增速约为 3.5%,资本形成总额对经济增长的贡献率约为 28%,拉动 GDP 增长约 1.4 个百分点。

3. 外需形势有所好转,进出口增速加快

在全球经济环境不稳定、不确定因素增多的背景下,中国坚定不移地推进高水平对外开放,进口和出口保持稳定增长,国际循环的质量水平进一步提升。2024 年前三季度,货物进出口同比增长 5.3%,其中出口同比增长 6.2%,进口同比增长 4.1%,净出口达到 49 046 亿元,较上年同期扩大了 5573 亿元。民营企业进出口增长 9.4%,占进出口总额的比重为 55.0%,比上年同期提高 2.1 个百分点。2024 年前三季度,货物和服务净出口对经济增长的贡献率为 23.8%,拉动 GDP 增长 1.1 个百分点。10 月进出口增长进一步加快,货物进口总额和出口总额同比分别增长 4.6% 和 11.2%。11 月出口同比增长 5.8%,较前三季度增速有所提升,净出口扩大至 6.3 万亿元。在全球贸易增长趋缓的背景下,2024 年进出口贸易的竞争优势继续显现。从近期外需形势来看,随着特朗普再次当选美国总统,为避免受到其上台后可能的关税冲击,中国外贸企业可能会有提前进出口的动机,这将短暂促进中国进出口的增长,贸易差额进一步扩大。预计 2024 年全年货物和服务净出口对经济增长的贡献率约为 22%,拉动 GDP 增长约 1.1 个百分点。

四、2025 年中国经济增长初步预测

（一）预测 2025 年中国经济将平稳较快增长，预计全年增速为 4.8% 左右，全年经济走势为两头高、中间低

2025 年中国经济发展的内生动力增长情况，特朗普上台后国际政治经济形势发展，以及中国的外需增长情况都有很大不确定性。

我们认为 2025 年经济增速将取决于以下两个重要因素。

1. 中央采取一系列促进经济发展的增量措施的力度及其效果

从 2024 年 9 月下旬以来，以习近平同志为核心的党中央总揽全局、沉着应对，针对经济运行中的新情况、新问题，科学决策、果断出手，及时推出一揽子增量政策，打出一套"组合拳"，主要是加大财政货币政策逆周期调节力度，大力推动经济稳定向上，这些措施在 2024 年已初见成效，如 2024 年 11 月，全国规模以上工业增加值同比增长 5.4%，比上月加快 0.1 个百分点；环比增长 0.46%。分三大门类看，采矿业增加值同比增长 4.2%，制造业增长 6.0%，电力、热力、燃气及水生产和供应业增长 1.6%。装备制造业增加值同比增长 7.6%，比上月加快 1.0 个百分点；高技术制造业增加值同比增长 7.8%，快于全部规模以上工业增加值 2.4 个百分点。分经济类型看，国有控股企业增加值同比增长 3.9%；股份制企业增长 6.0%，外商及港澳台投资企业增长 3.4%；私营企业增长 4.5%。分产品看，新能源汽车、工业机器人、集成电路产品产量同比分别增长 51.1%、29.3%、8.7%。11 月，全国服务业生产指数同比增长 6.1%。分行业看，信息传输、软件和信息技术服务业，租赁和商务服务业，金融业生产指数同比分别增长 9.3%、9.3%、8.8%，分别快于服务业生产指数 3.2 个百分点、3.2 个百分点、2.7 个百分点；房地产业，交通运输、仓储和邮政业生产指数分别增长 2.9%、6.0%，分别比上月加快 2.1 个百分点、1.3 个百分点。1～11 月，全国服务业生产指数累计同比增长 5.1%。11 月，服务业商务活动指数为 50.1%，与上月持平；服务业业务活动预期指数为 57.3%，比上月上升 1.1 个百分点。服务业属于第三产业，2023 年第三产业在 GDP 中占 54.6%。服务业生产指数增速大幅升高对国民经济发展意义极大。2024 年 9 月下旬开始采取的这些增量措施不仅对 2024 年经济增长起重要作用，而且对 2025 年经济发展将起非常重大的作用。2025 年将出台一系列新的财政和金融措施。

2. 特朗普上台后对中国将采取的远比拜登政府更为强硬的措施对中国经济增长的影响

特朗普在竞选期间就宣称，他再度上台后，将对来自中国的进口商品加征 60% 的关税，并计划取消中国永久正常贸易关系。按美元计算，2023 年中美贸易额为 6640 亿美元，美国是中国第一大贸易国（超过第二、三名总和）、第一大出口贸易国（约占中国出

口贸易额的 14%，超过第二、三、四名总和）、第二大进口贸易国（约占中国进口贸易额的 6.5%），也是中国第一大贸易顺差国（贸易顺差 3365 亿美元，超过第二、三、四、五名总和）。美国政府对中国商品采取的加征关税等贸易保护措施将对中国贸易和经济增长产生重要影响。

经济增长速度快慢主要取决于经济内生动力，其次受外部环境影响。中国是世界上最大、发展最快的发展中国家，美国是世界上唯一的超级大国。中美关系是中国最重要的双边关系。我们分三种情景对 2025 年中国经济增长进行预测。

（1）基准情景（预期概率 60%）。在一系列促经济发展增量措施的作用下，经济内生动力进一步激发。投资增速较 2024 年加快，房地产业企稳并略有好转。中央采取一系列应对措施减轻特朗普政府对中国采取的严重遏制和打压措施（包括对中国出口美国的商品征收高额关税），并取得明显效果。

（2）悲观情景（预期概率 20%）。经济内生动力严重不足，投资增速缓慢，房地产业继续下跌，2025 年中美两国关系恶化，美国在经济上对中国采取全面遏制和制裁措施，在高额关税影响下中国对美国出口大幅度下降。

（3）乐观情景（预期概率 20%）。经济内生动力全面激发，房地产业明显好转，投资和消费增速较 2024 年显著加快，美国对中国采取的一系列打压措施效果不显著。

在基准情景下，预测 2025 年全年中国 GDP 增速将为 4.8% 左右，全年经济稳中有进，走势为两头高、中间低（表 8）。四个季度经济增速分别为 4.9%、4.7%、4.6% 和 4.9%。在悲观情景下，预测 2025 年中国经济增速将为 4.2% 左右。在乐观情景下，预测 2025 年中国经济增速将为 5.2% 左右。

表 8　2021 年至 2025 年各季度中国经济增速

项目	第一季度	第二季度	第三季度	第四季度	全年增速
2021 年当季经济增速	18.7%	8.3%	5.2%	4.3%	8.4%
2022 年当季经济增速	4.8%	0.4%	3.9%	2.9%	3.0%
2023 年当季经济增速	4.5%	6.3%	4.9%	5.2%	5.2%
2024 年当季经济增速	5.3%	4.7%	4.6%	5.4%	5.0%
2025 年当季经济增速（预测值）	4.9%	4.7%	4.6%	4.9%	4.8%

资料来源：2024 年第四季度当季增速、2024 年全年增速和 2025 年各项数值由本项目组测算，本表其他数据来自国家统计局网站

本报告以下部分均为在基准情景下进行的预测和分析。

（二）2025 年三大产业增加值增速预测

2025 年三大产业增加值增速放缓但仍持续保持稳定发展。从三大产业来看，预测 2025 年第一产业增加值增速为 3.5% 左右，较 2024 年下降 0.2 个百分点；预测第二产业

增加值增速为 4.8% 左右,较 2024 年下降 0.5 个百分点;预测第三产业增加值增速为 5.0% 左右,与 2024 年基本持平。具体预测结果见表 9。

表 9 2023 年至 2025 年中国 GDP 增速及三大产业增加值增速

项目	2023 年	2024 年（预测）	2025 年（预测）	2025 年较 2024 年提高百分点（预测）
GDP	5.2%	5.0%	4.8%	−0.2
第一产业	4.1%	3.7%	3.5%	−0.2
第二产业	4.7%	5.3%	4.8%	−0.5
第三产业	5.8%	5.0%	5.0%	0

资料来源:国家统计局公布数据及本项目组测算

（三）2025 年三大需求增速预测

从三大需求来看,随着内需扩大战略的深入推进,尤其是消费政策的持续发力,居民人均可支配收入实现平稳增长,为消费市场的恢复和扩大提供了坚实的基础。在超长期特别国债和地方政府专项债的发行使用以及大规模设备更新等投资促进政策的进一步推动下,加之房地产市场的逐步企稳,高技术产业和新能源产业投资的持续增长,基础设施建设投资的回升,投资对经济增长的支撑作用将得到进一步巩固。然而,随着美国特朗普政府的重新上台,对华高关税政策可能再次成为议程,给中国及全球经济形势的进一步恢复好转带来严重挑战,预计中国进出口增长将面临一定放缓态势。基于当前的经济形势和政策导向,预测 2025 年最终消费对 GDP 的贡献率为 70.7%,预计将拉动 GDP 增长 3.4 个百分点;资本形成总额对 GDP 的贡献率为 36.4%,预计将拉动 GDP 增长 1.7 个百分点;净出口对 GDP 的贡献率为 −7.1%,预计将拉动 GDP 增长 −0.3 个百分点（表 10）。

表 10 2022 年至 2025 年中国 GDP 增长率及三大需求对 GDP 贡献率和拉动

年份	GDP 增长率	贡献率			拉动 GDP 增长百分点		
		最终消费	资本形成总额	净出口	最终消费	资本形成总额	净出口
2022	3.0%	39.39%	46.78%	13.84%	1.16	1.38	0.41
2023	5.2%	82.51%	28.92%	−11.43%	4.33	1.52	−0.6
2024（预测）	5.0%	50.0%	28.0%	22.0%	2.5	1.4	1.1
2025（预测）	4.8%	70.7%	36.4%	−7.1%	3.4	1.7	−0.3

资料来源:国家统计局公布数据及本章项目组测算

五、建 议

面对复杂多变的国际形势,关键在于强化国内经济循环,通过供需两端的多措并举,提升国内产业的生产效率，挖掘内需潜力，并降低国内外贸易及生产要素流动的成本。具体措施如下。

1. 2025 年应实施扩张性的财政政策和货币政策

2025 年中国经济增长面临的主要困难是内需不足以及特朗普上台后将采取的远比拜登政府更严厉的打压措施对经济的冲击。为保证 2025 年中国经济增速达到 4.8%至 5%的水平，建议政府应较大幅度提高财政赤字率。2023 年中国赤字率约为 3.8%，中国的赤字率在各国中处于较低水平，建议 2025 年进一步提高赤字率，可比 2024 年提高约 1 个百分点。货币政策应适度宽松，建议更大幅度调降基准贷款利率，从货币政策总量发力，保持流动性充裕，以便更有效地降低融资成本，刺激居民消费与企业投资。

2. 持续优化收入分配结构，提升居民的消费能力

内需不足特别是消费不足是目前中国经济增速放缓的主要原因，合理的收入分配是激发社会各收入水平群体消费与投资活力的根本。需要从多个层面优化收入分配结构，如：积极推动企业内部收入合理分配，鼓励企业建立公平合理的薪酬体系，对积极吸纳青年人就业并提供良好薪酬待遇的企业给予相应的政策支持；强化税收杠杆的调节作用，如完善个人所得税制度，加大对高收入群体的税收调节力度，减轻中低收入群体的税收负担；完善社会保障，增加对教育、医疗、住房等民生领域的财政投入，提高基本公共服务的均等化水平，降低中低收入群体的生活成本；优化消费环境，健全市场监督体制，提升消费产品与服务质量，激发消费潜能。

3. 促进资本市场的平稳与健康发展，为实体经济提供安全充足的资金保障

资本市场作为现代金融体系的重要组成部分，其健康发展对实体经济具有显著促进作用。有如下建议：一是完善股市制度并加强监管，包括加强上市公司监管，严格要求提高信息披露质量；保护投资者合法权益，建立健全投资者保护机制，严厉打击侵害投资者权益的行为。二是优化交易机制与推动多元化发展，如优化股市交易机制，为投资者创造良好的交易环境；推动资本市场多元化发展，大力发展债券市场、期货市场、衍生品市场等，丰富资本市场产品和服务。三是引导资本流向实体经济，通过政策引导和市场机制，鼓励资本投向战略性新兴产业、科技创新、中小企业等领域，促进实体经济发展。

4. 大力推动科技教育和医疗卫生事业发展，增强经济发展后劲

科技教育、医疗卫生等领域不仅是经济增长的重要驱动力，也是增进居民福祉、构建风险规避机制的关键所在。有如下建议：一是加大科技教育投入，鼓励企业、高校和科研机构开展科技创新；加强科技人才培养，优化科技人才政策环境；加大教育投入，提高教育质量，培养适应经济社会发展需求的高素质人才。二是提升医疗卫生水平，包括增加医疗卫生投入，加强医疗卫生人才队伍建设，推进医疗卫生信息化建设，提高医疗卫生管理效率。

5. 多措并举促进青年就业，为青年人发展提供多层面保障

青年就业状况直接影响社会的稳定与和谐。有如下建议：一是深化产教融合。加强学校与企业的合作，建立产学研一体化的人才培养模式。鼓励企业与学校共同制订人才培养方案，企业为学生提供实习机会和实践基地，学校为企业培养定向人才。二是鼓励青年人创新创业。优化创业环境，降低创业门槛，为青年人创业提供政策和资金支持。举办不同层次青年创业培训班，提升青年人的创新创业能力。三是建立健全青年人就业信息平台，为青年人提供及时、准确的就业信息服务。四是健全青年社保体系，包括实施发放继续教育培训补贴、临时生活补助和延长失业保险金期限等举措。

6. 健全提升产业链供应链韧性和安全水平制度

面对错综复杂的外部局势，健全提升产业链供应链韧性和安全水平制度对于保障国家经济安全、推动经济平稳健康发展具有重要意义。有如下建议：一是厘清中国产业链外部敞口的国别结构。考虑国际政治环境的复杂变化，培育可替代供应链，提升关键领域的产业链自主可控能力。二是开拓多元化国际市场和贸易合作。推进经贸领域高质量共建"一带一路"机制建设，鼓励企业到海外投资建厂，提供政策指导、资金扶持、信息服务等。三是建立健全供应链风险监测预警体系。加强对国际政治经济变动、自然灾害等外部风险的跟踪分析，提升快速响应和恢复能力。

2024 年中国固定资产投资形势分析与 2025 年展望①

陈　磊　李丽娟　朱文洁

报告摘要：2024 年我国固定资产投资增长缓中趋稳。截至 2024 年 10 月，累计固定资产投资（不含农户）423 222 亿元，同比增长 3.4%，比上年同期提高 0.5 个百分点。

本报告首先分析了 2024 年我国固定资产投资增长的主要特征，包括：①固定资产投资增速相较上年已呈现稳中有升态势，转型升级步伐加快。制造业投资增速显著提升，结构优化持续推进；高技术产业投资延续高增长态势；设备购置投资引领投资增长，"两新"政策成效显著；大项目和绿色投资继续发挥带动作用。②三大领域投资增速分化，制造业投资的拉动作用更为突出，房地产开发投资持续低迷。③第三产业投资出现负增长，对整体投资形成抑制。④受房地产市场拖累，民间投资占比和增速进一步下滑，但民间制造业投资增速大幅回升。

本报告采用景气分析方法对固定资产投资的景气波动特征进行了测定和分析，判定自 2023 年 12 月起，固定资产投资大概率已经进入第 9 轮周期波动的扩张期。在重新筛选投资景气先行指标的基础上，利用构建的固定资产投资景气先行合成指数对固定资产投资增速的未来走势做出预判：固定资产投资增速有望从 2024 年第四季度开始再次企稳回升，从而延续投资景气本轮的温和扩张态势。

本报告预测 2024 年固定资产投资（不含农户）全年增速为 3.5%左右；预测 2025 年固定资产投资（不含农户）在较大概率的基准情景下增长 4.5%左右，较小概率的乐观情景和悲观情景下分别增长 5.5%左右和 3.6%左右。水利、能源、交通等基础设施补短板项目将加速推进，制造业与高新技术产业转型持续发力，投资结构进一步优化。对三大领域的具体预测包括：①制造业投资增速可能延续高增长态势，增速有所放缓。预测 2024 年全年增长 9.2%左右，2025 年在基准情景下增长 7.5%左右，乐观情景和悲观情景下分别增长 8.0%左右和 7.0%左右。②基础设施建设投资（不含电力等）有望提速。预测 2024 年全年增长 4.5%左右，2025 年在基准情景下增长 5.8%左右，乐观情景和悲观情景下分别增长 6.5%左右和 5.0%左右。③房地产开发投资持续低迷，但降幅有望逐步收窄，预测 2024 年全年增速为–10.4%左右，2025 年在基准情景下增速回升至–7.0%左右，乐观情景和悲观情景下增速分别为–4.0%左右和–9.0%左右。

本报告建议，应进一步实施积极的财政政策和货币政策，有效落实存量政策，视情

① 本报告得到辽宁省社会科学规划基金重点建设学科项目（项目编号：L22ZD054）的资助。

况针对性地推出增量政策，持续保持政策强度。进一步优化投资结构，稳步提升投资质效，增强经济持续回升向好态势。具体包括：①加快房地产政策落地生效，推动构建房地产发展新模式；②拓宽民企投资空间，激发民间投资活力和内生动力；③提高制造业有效投资，加快基建项目实物工作量落地。

一、2024 年固定资产投资形势分析

（一）固定资产投资名义增速稳中有升，转型升级加快推进

2023 年，政府围绕推动经济高质量发展和构建现代化产业体系，不断拓展政策空间，积极扩大有效投资，加快推进新型工业化，努力保持固定资产投资稳定增长。但受房地产市场走弱等因素影响，各月的固定资产投资（不含农户）累计增速呈缓慢回落态势，直至 11~12 月才止跌企稳（图 1）。全年固定资产投资增长 3.0%，增速较 2022 年下降 2.1 个百分点，投资景气总体处于"过冷"景气区间。

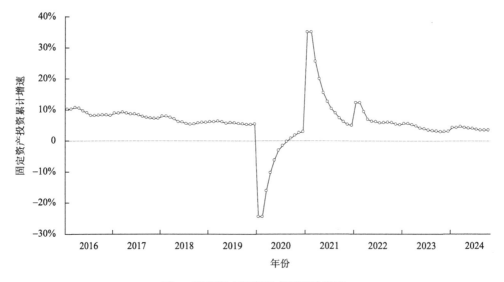

图 1　固定资产投资完成额累计增速

2024 年以来，各级政府部门贯彻落实宏观调控政策，加快超长期特别国债和地方政府专项债发行使用，进一步推进大规模设备更新和消费品以旧换新（"两新"）、国家重大战略实施和重点领域安全能力建设（"两重"）加快落地，更好发挥政府投资带动作用，促进有效投资不断扩大。2024 年第一季度，固定资产投资（不含农户）累计增长 4.5%，较 2023 年全年提高 1.5 个百分点，投资景气回暖至"偏冷"区间，符合我们在 2023 年 11 月对投资走势的预判。但主要受房地产投资持续低迷的影响，第二、三季度固定资产投资增速重新转入缓慢回落走势（图 1），累计名义增速分别为 3.9% 和 3.4%，投资景气

度缓慢降温，从 6 月开始再次发出景气"过冷"预警信号。2024 年 1～10 月固定资产投资累计增长 3.4%，继续保持与 8 月和 9 月累计增速持平的平稳增长，较 2023 年同期和全年分别高出 0.5 个百分点和 0.4 个百分点，累计固定资产投资（不含农户）达到 423 222 亿元。从前 10 个月的整体走势来看，固定资产投资名义增速相较 2023 年已呈现稳中有升态势。

需要说明的是，扣除价格因素后，前三季度固定资产投资同比实际增长 5.2%，高于名义增速 1.8 个百分点，也高于疫情前 2019 年的实际增速水平。前三季度，资本形成总额对经济增长贡献率为 26.3%，拉动 GDP 增长 1.3 个百分点，较 2023 年同期下降 0.3 个百分点。

分区域来看（图 2），2024 年四大地区①的固定资产投资累计增速逐渐趋同。2024 年前三个季度和 1～10 月，东部地区固定资产投资累计增速分别为 5.7%、3.8%、2.5% 和 1.8%，中部地区累计增速分别为 4.1%、4.0%、4.5% 和 4.6%，西部地区累计增速分别为 1.4%、1.0%、1.0% 和 1.1%，东北地区累计增速分别为 9.6%、3.4%、3.8% 和 3.2%。图 2 展示了各地区固定资产投资累计增速的差异化表现。受 2023 年高基数效应影响，东部地区投资累计增速逐季放缓，2024 年 1～10 月分别低于中部和东北地区 2.8 个百分点和 1.4 个百分点。中部地区和东北地区的累计增速较 2023 年明显上升，其中，中部地区增长较为平稳，2024 年各月的累计增速均保持在 4% 及以上；相比之下，东北地区增速波动较大，从 1～2 月的 13.8% 降至 1～8 月的 2.5%，随后在 1～9 月回升至 3.8%，10 月虽再度回落但高于上年同期。西部地区的增速始终偏低，1～2 月出现负增长后 3 月略有回升，但整体徘徊于零增长附近，9 月起虽有企稳迹象但仍低于其他地区。总体来看，东部地区和中部地区的投资增长相对稳定，东北地区波动较大，西部地区增速较低并呈小幅调整态势。

2024 年固定资产投资带动的转型升级步伐加快推进，在高端化、智能化、绿色化转型方面的投资动能继续保持强劲势头，主要表现在：①制造业投资增速明显加快，持续保持转型升级发展态势。1～10 月制造业投资累计增长 9.3%，已连续两个月加快回升，增速较 2023 年同期提升 3.1 个百分点。②高技术产业投资继续保持良好增势，新质生产力培育带动的科技创新支持力度不断加大。1～10 月高技术产业投资同比增长 9.3%，比全部固定资产投资高 5.9 个百分点。其中，高技术制造业投资同比增长 8.8%，高技术服务业投资同比增长 10.6%。③设备购置投资引领总体投资增长，"两新"政策效果明显。1～10 月的设备工器具购置投资同比增长 16.1%，增速高于全部投资 12.7 个百分点，对全部投资增长的贡献率达到 63.3%。④大项目投资继续发挥有力带动作用。1～10 月，

---

① 东部地区包括北京、天津、河北、上海、江苏、浙江、福建、山东、广东、海南 10 个省（直辖市）；中部地区包括山西、安徽、江西、河南、湖北、湖南 6 个省；西部地区包括内蒙古、广西、重庆、四川、贵州、云南、西藏、陕西、甘肃、青海、宁夏、新疆 12 个省（自治区、直辖市）；东北地区包括辽宁、吉林、黑龙江 3 个省。

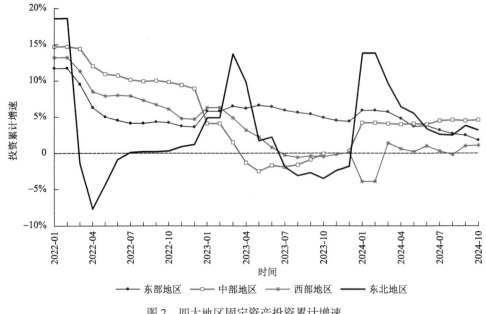

图 2　四大地区固定资产投资累计增速

计划总投资亿元及以上项目投资同比增长 7.1%，比全部固定资产投资高 3.7 个百分点，拉动全部投资增长 3.8 个百分点。⑤绿色投资保持高速增长，能源绿色低碳转型不断取得新突破。前三季度可再生能源发电新增装机 2.1 亿千瓦，同比增长 21%；前 8 个月新型储能完成投资额同比增长 21%。

（二）三大领域投资增速有所分化，制造业投资的拉动作用更为突出

制造业投资、基础设施建设投资（不含电力、热力、燃气及水生产和供应业）①和房地产开发投资构成了全社会固定资产投资的主要部分，三者合计占比约为 70%。图 3 显示，2024 年 1～10 月，制造业投资累计增长 9.3%，增速较上年明显提升，对全部投资增长的贡献率达到 65.6%，贡献率不断提高，是推动整体固定资产投资较上年提速的主要动力；基础设施建设投资（不含电力等）累计同比增长 4.3%，虽然较上半年有所放缓，但对稳定固定资产投资仍起到了重要支撑作用。房地产开发投资累计同比下降 10.3%，降幅较上半年和前三季度均扩大 0.2 个百分点，反映出房地产市场复苏压力犹存，对整体固定资产投资继续形成拖累。然而，在近一年政府的相关存量政策加速落地以及增量政策进一步加力的情况下，房地产市场已逐步呈现止跌回稳的迹象。总体而言，尽管房地产投资持续下滑对固定资产投资增速产生压制，但制造业和基础设施建设投资表现出较强的支撑作用，在一定程度上缓解了整体投资增速的下行压力，推动 2024 年固定资产投资增速高于上年且保持大体稳定。

---

① 后文简称基础设施建设投资（不含电力等）。

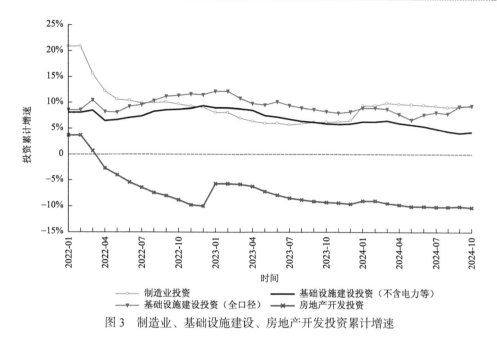

图 3　制造业、基础设施建设、房地产开发投资累计增速

具体来看，如图 3 所示，2023 年制造业投资累计增速整体呈先缓后稳态势，全年增长 6.5%，高于全部固定资产投资增速 3.5 个百分点。进入 2024 年后，受益于设备更新政策的持续发力、出口复苏的良好态势，以及政策对实体经济的大力支持，制造业投资实现快速增长，累计增速跃升至"9%"区间。受重大制造业投资项目加速推进以及 7 月安排的 1480 亿元超长期特别国债资金用于设备更新政策落地等因素影响，1～10 月制造业投资累计增速达到 9.3%，较全部固定资产投资增速高出 5.9 个百分点，呈现高位上行态势，对整体固定资产投资形成了重要支撑。从行业细分来看，"两新"政策的推动作用显著（图 4）。1～10 月，传统消费品制造业和高耗能行业增速普遍回升。其中，农副食品加工业、食品制造业和纺织业的累计增速分别达到 18.8%、23.5% 和 15.2%；黑色金属冶炼及压延加工业和金属制品业则由 2023 年的负增长转为正增长；有色金属冶炼和压延加工业投资的累计增速更是连续四个月保持在 20% 以上，反映出市场需求的强劲回升。

当前，我国制造业正处于转型升级阶段，产业结构持续优化，传统行业与新兴产业的动能转换逐步显现，高端制造领域表现尤为突出。计算机、通信和其他电子设备制造业在半导体产业的驱动下表现良好，1～10 月累计增速达到 13.2%，显示出国内市场对高技术产品需求的有力支撑。前三季度，高技术制造业投资增速达 9.4%，比制造业整体增速高 0.2 个百分点，有力支持了制造业转型升级。特别是在铁路、船舶、航空航天和其他运输设备制造业领域，1～10 月投资累计增速达到 33.0%，充分体现了政策支持和技术进步的双重驱动，为新质生产力培育壮大提供了坚实保障。而电气机械和器材制造业及仪器仪表制造业 1～10 月累计增速分别降至 –2.8% 和 –1.3%，在一定程度上拖累了制造业整体增速。受 2023 年高基数效应影响，1～10 月汽车制造业投资累计增速降至 5.9%。总体来看，以高技术和新兴产业为代表的新动能投资持续保持高景气度，已成为推动制造业高速和高质量发展的重要动力。

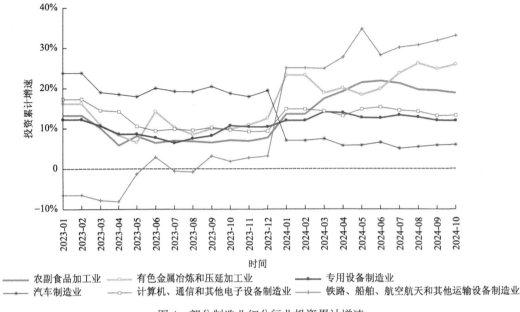

图 4　部分制造业细分行业投资累计增速

图 3 显示，2023 年基础设施建设投资（不含电力等）在持续的财政支持和专项债券稳定发行的背景下，累计增速维持在相对较高水平，但整体呈缓慢下降走势，全年累计增速为 5.9%，较 2022 年下降 3.5 个百分点。2024 年第一季度，基础设施建设投资（不含电力等）增速略有回升，但由于地方财政压力较大，第二季度起再度放缓，前三季度累计增速降至 4.1%，低于上年同期水平。在以"两重"政策为核心的稳增长措施推动下，1～10 月基础设施建设投资（不含电力等）增速较前三季度提高 0.2 个百分点，结束了连续 6 个月的下滑态势。同期，受央企加大电力投资力度的带动，全口径基础设施建设投资增长表现出较强韧性，尽管受气候因素影响，第二季度累计增速略有回落，但 9 月和 10 月累计增速重新回升至 9.26% 和 9.40%，分别高于 2023 年同期 0.62 个百分点和 1.13 个百分点，延续高速增长态势。总体来看，全口径基础设施建设投资在宏观经济中的"稳定器"作用进一步凸显，为经济增长提供了持续动能，同时，也部分缓解了房地产等领域增长放缓对整体经济的压力。

从基础设施建设投资（全口径）的三个构成部分看（图 5），2024 年初以来，交通运输、仓储和邮政业投资增速呈先缓后稳走势，1～10 月累计增长 7.7%，与上月持平，比全口径基础设施建设投资低 1.7 个百分点。其中，铁路和航空运输业表现突出，累计增速分别达到 14.5% 和 19.2%，为整体投资提供了重要支撑。电力、热力、燃气及水生产和供应业投资增长继续保持高位平稳运行，自 2023 年以来，累计增速始终保持在 20% 以上。2024 年 1～10 月，其累计增速达 24.1%，充分反映出能源保障与绿色低碳转型持续受到政策重点支持。相比之下，水利、环境和公共设施管理业投资在 2024 年前 5 个月承压明显，4 月和 5 月一度出现负增长，这或与城投债净融资持续为负有关。然而，自 6 月起，随着水利工程等关键项目支持力度的加大，该领域投资增速逐步回升。截至 10

月，其累计增速达 3.1%，较上年同期提高 3.9 个百分点，呈现企稳回升的良好态势。

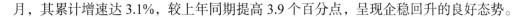
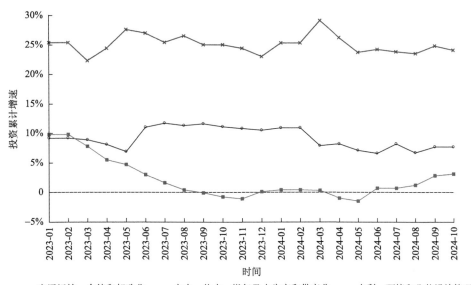

图 5　基础设施建设投资的三大主要构成部分累计增速

　　自 2022 年以来，全国房地产开发投资持续下行并进入负增长阶段（图 3）。尽管 2023 年第一季度累计降幅有所收窄，但此后降幅进一步扩大。进入 2024 年后，房地产开发投资累计增速在历史低位整体保持相对平稳的走势，5 月至 10 月的累计降幅稳定在 10.1%～10.3%，显示房地产投资仍处于低迷的筑底阶段，对整体固定资产投资构成较大拖累。尽管 10 月以后楼市出现回暖迹象，但尚未传导至投资端。同时，"白名单"房地产项目贷款的拨付也需要一定时间。然而，随着以"四个取消、四个降低、两个增加"①为核心的一揽子存量和增量政策的逐步落实与市场信心的逐渐改善，房地产投资增速在平稳筑底后温和回升的可能性正在增加。

　　具体从房地产需求方面看（图 6），2024 年 1～10 月，全国新建商品房销售额为 76 855 亿元，同比下降 20.9%，降幅较第一季度、上半年和第三季度分别收窄 6.7 个百分点、4.1 个百分点和 1.8 个百分点；1～10 月新建商品房销售面积为 77 930 万平方米，同比减少 15.8%，降幅较前三个季度分别收窄 3.6 个百分点、3.2 个百分点和 1.3 个百分点。其中，1～10 月商品房销售额、销售面积累计增速分别为-22.0% 和-17.7%，降幅较上半年和前三季度均显著收窄；而办公楼和商业营业用房的销售额与销售面积的累计增速进一步放缓，降幅持续扩大。整体销售降幅在住宅销售下降放缓的带动下，连续 6 个月呈持续收窄态势。这种趋势反映出，在一揽子房地产调控政策的支持下，居民购房意愿正在

_____

　　① "四个取消"主要包括取消限购、取消限售、取消限价、取消普通住宅和非普通住宅的标准；"四个降低"指降低公积金贷款的利率，降低住房贷款的首付比例，降低存量贷款的利率，降低卖旧、买新换购住房的税费；"两个增加"，一是通过货币化安置的方式，新增实施 100 万套城中村改造和危旧房改造，二是年底前将"白名单"项目的信贷规模增加到 4 万亿元。

逐步恢复。住房和城乡建设部数据显示，10 月当月全国新建商品房网签成交量环比增长 6.7%，这是自 2023 年 6 月起连续 15 个月下降后首次实现正增长。二手房网签成交量同比增长 8.9%，连续 7 个月实现同比增加。此外，在全国 70 个大中城市中，一线城市新建商品住宅销售价格环比降幅收窄，二手房住宅价格环比由降转涨；二、三线城市的新建商品住宅和二手房住宅价格环比降幅也均有所收窄，房地产市场出现积极变化。

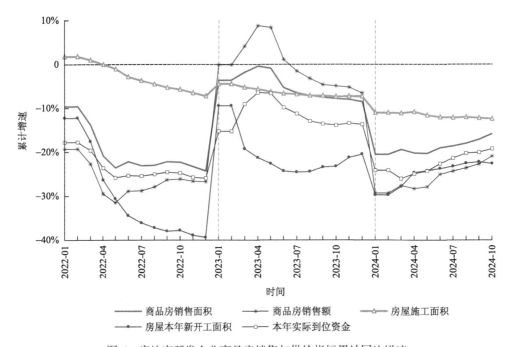

图 6　房地产开发企业商品房销售与供给指标累计同比增速

从房地产供给端来看，开发商的投资意愿依然谨慎。图 6 显示，1～10 月全国房屋施工面积同比下降 12.4%，为年内最大降幅；房屋新开工面积同比下降 22.6%，其中住宅新开工面积同比下降 22.7%，相较上年同期分别收窄了 0.6 个百分点和 0.9 个百分点。从土地购置和交易情况看，作为房地产开发投资的重要组成部分，1～10 月土地购置费累计增速降至-7.4%，达到 2022 年以来的最低水平。尽管 100 个大中城市成交土地面积的累计增速较 2023 年有所回升，但仍处于负增长区间，且回升趋势波动较大。此外，受 2023 年高基数及"保交付"政策影响，1～10 月房地产开发企业房屋竣工面积同比下降 23.9%，降幅较前三季度有所收窄，但仍显著低于上年同期水平。整体来看，供给端压力依然较大，房地产市场的供给弱势修复仍需时间。

从房地产投资资金来源看，房企到位资金边际略有改善，但总体仍较上年出现大幅下滑。2024 年 1～10 月，房企到位资金累计 87 235 亿元，同比下降 19.2%，降幅较上半年和前三季度分别收窄 3.4 个百分点和 0.8 个百分点，但较上年同期扩大 5.4 个百分点。在各类资金来源中，个人按揭贷款与定金及预收款这两项的累计增速均呈现出一定的边际改善迹象，但降幅相比 2023 年同期依然明显扩大。利用外资的降幅较上半年大幅收窄

32.6 个百分点，但仍显著低于上年同期水平。与此同时，自筹资金和国内贷款的降幅较上半年和前三季度均有所扩大，但较上年同期明显收窄。这表明房企资金来源结构正在呈现分化，一些渠道的资金开始显现恢复迹象，但整体来看，房企的融资压力仍未得到根本缓解。

在政策层面上，2024 年 5 月 17 日，央行和国家金融监督管理总局联合发布三项住房贷款政策调整，涉及贷款利率、首付比例和公积金贷款利率，短期内在 6 月促进了市场活跃度，但三季度后政策效果减弱，市场调整压力持续加大。为提振房地产市场，9 月末起一系列利好政策密集出台，包括 9 月 24 日国务院新闻发布会提出降低购房成本的多项举措，如下调房贷利率、降低最低首付比例及延长"金融 16 条"；9 月 26 日中共中央政治局会议明确提出"促进房地产市场止跌回稳"；10 月 17 日住房和城乡建设部进一步推出增量政策，支持通过货币化安置方式推进城中村和危旧房改造，并扩大"白名单"项目信贷规模。这些政策"组合拳"对近期市场信心修复起到了积极作用，并有望在 2025 年进一步显现政策效果。

（三）三大产业结构性变化明显，第三产业出现负增长

图 7 显示，2024 年三大产业固定资产投资累计增速的整体结构出现了明显变动。第一产业固定资产投资累计增速于 2024 年 3 月扭转了自 2023 年 7 月以来的负增长，并在此后持续保持正增长态势；2024 年前 10 个月，第二产业固定资产投资累计增速均显著高于 2023 年同期，始终稳定在 12%左右的较高水平；而第三产业固定资产投资累计增速在低位呈缓慢下滑走势，并从 6 月起进入负增长区间，需引起高度关注。

受寒潮天气、降水增多等因素影响，2024 年 1~2 月，第一产业固定资产投资累计增速为–5.7%。其中，畜牧业投资增速为–16.1%，是第一产业中投资增速最低的行业。第一产业固定资产投资累计增速在 2024 年 3 月由负转正，并在此后持续处于正增长区间，畜牧业投资降幅显著收窄。截至 2024 年 10 月，第一产业固定资产累计投资 7882 亿元，累计增长 2.5%，增速较 1~2 月提升 8.2 个百分点。

从第一产业的主要构成行业来看，第一，受养殖成本提升、效益下滑等因素影响，畜牧业投资积极性不高，自 2022 年起长期处于负增长态势。进入 2024 年后，在生猪价格有所回升、相关投资支持政策不断加码的综合影响下，畜牧业投资降幅明显收窄。截至 2024 年 10 月，畜牧业投资增速为–9.2%，降幅较 1~2 月收窄 6.9 个百分点。第二，在高标准农田建设等项目的推动下，2024 年 1~10 月农业固定资产投资累计增速为 4.5%，较 1~2 月提升 6.7 个百分点。第三，林业和渔业是拉动第一产业固定资产投资同比增速的主要行业，1~10 月累计增速分别为 18.8%和 15.9%，分别超出 1~2 月 24.5 个百分点和 15.9 个百分点。

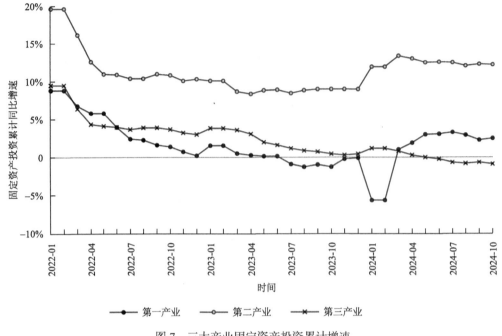

图 7 三大产业固定资产投资累计增速

第二产业是三大产业中累计增速最高的产业（图 7），包括采矿业（不含开采辅助活动），电力、热力、燃气及水生产和供应业，建筑业，以及制造业（不含金属制品、机械和设备修理业）四个行业，对全社会固定资产投资的拉动作用最显著。截至 2024 年 10 月，第二产业固定资产累计投资 145 633 亿元，累计增长 12.2%，高于全社会固定资产投资 8.8 个百分点。

从第二产业的具体行业来看，第一，如前所述，2024 年制造业投资增长进一步提速，并保持平稳高增长态势，尤其是高技术制造业投资继续保持两位数的快速增长。同时，在出口复苏的影响下，食品制造业、纺织业等中下游外向型制造业投资累计增速也保持在 10% 以上的较高水平。而受上年高基数影响，2024 年前 10 个月烟草制品业投资累计增速持续为负，1~10 月累计增速为-13.5%。第二，受益于国家对能源安全和可持续发展的高度重视，叠加 2023 年的低基数影响，2024 年采矿业投资持续维持正增长，1~10 月投资累计增速为 13.2%，较 2023 年全年提升 11.1 个百分点。其中，石油和天然气开采业出现了负增长，1~10 月投资累计增速为-3.6%，这与原油价格下滑、能源转型等因素有关。第三，如前所述，作为能源转型的关键领域，受当前基础设施建设向能源供应安全和城市民生安全倾斜的影响，电力、热力、燃气及水生产和供应业投资持续保持 20% 以上的高速增长。第四，受下游基础设施建设、房地产业现金流稳定性较低、信用风险较高的影响，建筑业投资存在较大幅度的波动。受在建项目放缓、新建项目偏少等因素影响，建筑业企业收入面临约束，盈利承压，主要增长动能由增量投资切换为存量资产运营盘活。2024 年 1~10 月建筑业投资累计增速为-3.7%，较第一季度回落 30.3 个百分点。

第三产业是三大产业中投资比重最高的产业，2023 年比重为 66%，2024 年有所下滑，但截至 10 月仍高达 64%，包括房地产业以及水利、环境和公共设施管理业等服务行业。2024 年 1～5 月第三产业固定资产投资累计增速为 0，结束了自 2020 年 7 月以来的正增长态势，此后持续维持在负增长区间（图 7）。2024 年 1～10 月第三产业固定资产累计投资 269 707 亿元，同比增速为–0.9%，较第一季度回落 1.7 个百分点，低于 1～10 月全社会固定资产投资累计增速 4.3 个百分点。

从第三产业的具体行业来看，第一，以 2017 年行业固定资产投资水平为标准，房地产业，水利、环境和公共设施管理业，以及交通运输、仓储和邮政业是第三产业投资比重最高的三大行业，权重分别高达 38%、21% 和 16% 左右，对第三产业投资变动有显著影响。前面已经分别分析了这三大行业 2024 年的投资增长情况。需要特别说明的是，随着国家水网建设全面提速，水利基础设施建设规模和进度远超上年同期，水利管理业 1～10 月的投资增速高达 37.9%。第二，高技术服务业仍保持较快发展，2024 年 1～10 月高技术服务业投资累计增长 10.6%，相关行业投资均具有较高增速水平。截至 10 月，信息传输、软件和信息技术服务业以及科学研究和技术服务业（图 8）的投资累计增速分别为 7% 和 12.9%。第三，伴随着文旅行业市场活力的逐步回升，以及国内大循环的不断推进，消费服务业投资同比增速有所提升。2024 年 1～10 月，批发和零售业、租赁和商务服务业的投资累计增速分别为 7.2% 和 5.7%，教育投资累计增速为 1.6%，文化、体育和娱乐业为 1%。特别地，随着旅游需求逐步复苏，叠加各省市"文旅+美食"等各种形式的促消费活动，住宿和餐饮业快速回暖，1～10 月投资累计增速达到 33.5% 的超高水平（图 8）。第四，受限于地方财政压力，社会领域投资出现一定水平的负增长。2024 年

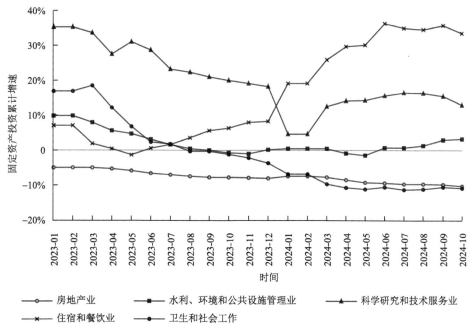

图 8　第三产业部分行业固定资产投资累计增速

1~10 月居民服务、修理和其他服务业，公共管理、社会保障和社会组织投资累计增速分别为-3.3%和-3.4%。随着利润空间的逐渐收窄，医药行业已结束其 2020 年后的高速扩张阶段，卫生和社会工作的投资增速出现明显下降，2024 年 1~10 月累计增速为-10.9%（图8）。第五，受内需不足、预期尚未提振等因素影响，信贷等金融服务需求恢复不足，银行等金融机构固定资产投资水平有所下降。2024 年 1~10 月金融业投资累计增速为-6.5%，较第一季度回落 14.2 个百分点。

（四）民间投资结构此消彼长，房地产投资拖累严重

受市场环境（特别是房地产市场）、消费需求恢复乏力及市场预期波动等因素影响，民营企业效益持续承压，部分企业表现出投资意愿不足、动力减弱的现象。2024 年 8 月民间固定资产投资累计增速再次出现负增长。截至 10 月，民间固定资产累计投资 212 775 亿元，累计增速为-0.3%，较上半年和前三季度分别减少 0.4 个百分点和 0.1 个百分点，连续 3 个月处于负增长区间，表明投资活力依然不足。图 9 显示，民间固定资产投资的累计增速与全社会固定资产投资累计增速及国有控股固定资产投资累计增速之间的差距较为显著，且收窄趋势不明显。2024 年 1~10 月，全社会固定资产投资累计增速比民间固定资产投资高出 3.7 个百分点。同样，国有控股固定资产投资累计增速比民间固定资产投资高出 6.5 个百分点。从相对比重来看，民间固定资产投资在全社会固定资产投资中的占比持续下滑。2022 年和 2023 年分别为 56.5%和 54.2%，截至 2024 年 10 月进一步降至 50.28%，为有数据记录以来的最低水平，较上半年和前三季度分别回落 1.59 个百分点和 0.12 个百分点，但下降速度有所放缓。

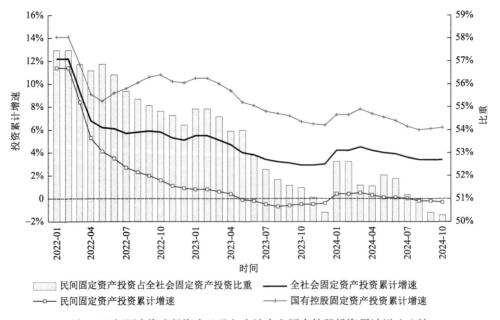

图 9　民间固定资产投资占比及与全社会和国有控股投资累计增速比较

民间固定资产投资的下降主要受到房地产投资持续低迷的影响。国家统计局数据显示，2022 年，房地产民间投资约占房地产行业总投资的 80%，在民间投资总量中占比超过三分之一。与央企相比，中小民营企业在房地产行业的融资环境相对紧张，加剧了民间投资增速的疲软，房地产投资增速下降成为拖累民间投资的主要因素。去除房地产开发投资后，前三季度民间固定资产投资同比增速达到 6.4%，显著高于民间整体投资水平。截至 2024 年 10 月，在 11 个行业的民间固定资产投资中，有 9 个行业的累计增速高于民间整体投资。其中，制造业作为权重最大的行业，投资累计增速达 11.4%，超出民间固定资产总投资 11.7 个百分点；电力、热力、燃气及水生产和供应业表现最为亮眼，累计增速达到 34.9%，比全社会同类投资增速高出 10.8 个百分点；采矿业累计增速为 15.9%，高于全行业平均水平 2.7 个百分点。然而，建筑业以及公共管理、社会保障和社会组织是仅有的两个累计增速低于民间整体投资的行业。1～10 月，这两个行业累计增速分别为 –12.6% 和 –2.4%，较民间总投资增速分别低 12.3 个百分点和 2.1 个百分点。其中，与房地产投资密切相关的建筑业，其累计增速较全社会建筑业投资低 8.9 个百分点，进一步凸显了房地产开发投资低迷对民间投资的显著抑制作用。

制造业是民间投资的主要驱动力，其投资结构正逐步向中高端行业转移。图 10 显示，自 2023 年以来，民间制造业投资累计增速持续高于全社会制造业投资累计增速。尽管二者之间的差距呈逐步缩小趋势，但截至 2024 年 10 月，民间制造业投资累计增速仍比全社会制造业投资高出 2.1 个百分点。从具体行业看，部分领域表现尤为亮眼，尤其是受上年低基数效应影响的铁路、船舶、航空航天和其他运输设备制造业。2024 年，该行业投资增速始终保持在 35% 以上，1～10 月累计增速达到 40.7%。此外，处于产业链中下游的行业投资也呈现出较快增长态势，有色金属冶炼和压延加工业、黑色金属冶炼和压延加工业及通用设备制造业 1～10 月累计增速分别达到 21.1%、10.4% 和 15.5%。相比之下，电气机械和器材制造业受 2023 年高基数效应影响，1～10 月累计增速降至 –2.5%，且年内连续两个月出现负增长，对民间制造业投资整体增速形成一定拖累。尽管 2024 年民间资本的投资活力仍受到一定限制，但在相关支持政策的引导下，制造业的内生发展动力正在逐步恢复并趋于稳定。

尽管基础设施建设投资在民间投资中的占比相对较低，但对民间投资的恢复同样起到了积极支撑作用。2024 年 1～10 月，与基础设施建设相关的电力、热力、燃气及水生产和供应业，交通运输、仓储和邮政业，以及水利、环境和公共设施管理业的投资累计增速分别为 34.9%、5.2% 和 4.5%。其中，电力、热力、燃气及水生产和供应业的投资累计增速较前三季度扩大 0.4 个百分点，并高出全社会同类投资累计增速 10.8 个百分点。水利、环境和公共设施管理业投资则呈现逐步恢复态势，1～6 月累计增速由负转正后，该行业民间投资的累计增速均维持在 1% 以上，截至 10 月累计增速达 4.5%，高出全社会同类投资累计增速 1.4 个百分点。交通运输、仓储和邮政业的民间投资累计增速在 2024 年整体呈现小幅回落趋势，前三季度累计增速为 4.4%，较第一季度和第二季度分别下降 4.9 个百分点和 1.9 个百分点。然而，截至 10 月，该行业民间投资累计增速回升至 5.2%，但仍低于全社会同类投资累计增速 2.5 个百分点。

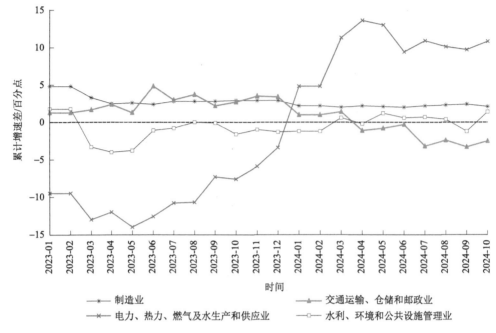

图 10　行业民间固定资产投资与行业全社会固定资产投资的累计增速差

二、固定资产投资景气分析及未来走势预判

本节采用景气分析方法，首先以固定资产投资（不含农户）月度累计增速[①]为投资景气基准指标，分析我国固定资产投资景气的周期性波动特征，然后筛选投资景气先行指标并采用国际上通用的景气合成指数方法[②]构建投资景气先行合成指数，以预判固定资产投资增长的未来走势。

（一）我国固定资产投资景气的周期性波动特征分析

图 11 显示（图中阴影时段为投资周期波动的收缩阶段），21 世纪以来，我国固定资产投资景气呈现出一定的周期波动特征，按照国际流行的景气转折点测定方法[③]和"谷～谷"的周期计算，我国固定资产投资景气已经历 8 次持续时间不同且形态各异的周期性波动。初步判断，目前或处于第 9 轮景气循环的扩张期。

---

① 为了准确反映投资的周期波动特征，2010 年 5 月以前的固定资产投资（不含农户）月度累计同比增速已剔除可能的季节性和不规则变动。考虑到此后该指标的季节性和不规则变动因素不明显，直接采用公布数据。
② 景气合成指数方法介绍参见《经济周期波动分析与预测方法》，高铁梅、陈磊、王金明等著，清华大学出版社 2015 年出版。
③ 经济景气指标周期性波动的转折点测定方法（B-B 法）介绍参见专著同上。

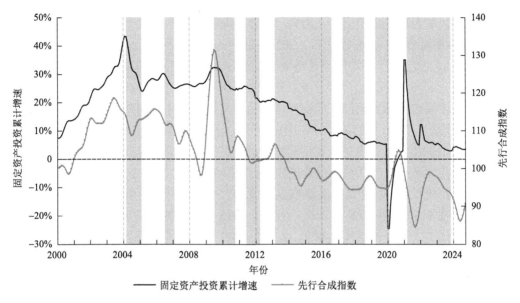

图 11　固定资产投资累计增速与先行合成指数

　　分阶段来看，2000 年以来，我国投资景气波动大体经历了三个阶段。第一个阶段为 2000 年 1 月至 2012 年 4 月，其主要特征是投资的高增长与高波动，在此期间的月度平均增速接近 25.7%，处于历史相对高位，波动标准差为 7.1 个百分点，表明随着我国加快改革开放的步伐，在要素驱动型和粗放型经济增长模式没有发生根本转变的情景下，推动经济高速增长的固定资本积累呈现出高速扩张和一定程度的起伏波动。此阶段包含了 4 轮投资周期波动，其中，第 1 轮周期于 2004 年 2 月创造了 2000 年以来的投资增速最高峰值。第 3 轮和第 4 轮投资周期涵盖了应对全球金融危机采取的超强刺激政策带来的投资增长在相对高位的再扩张，以及随后的过剩产能化解和结构调整初期阶段。

　　第二个阶段为 2012 年 5 月至 2019 年 12 月，其主要特征是投资增速的趋势性回落，2019 年的固定资产投资增速降至 5.4%，较第一阶段末下降了 14.8 个百分点。该阶段的月度平均增速接近 12.0%，较第一阶段减少了 13.7 个百分点。此阶段基本包含了 3 轮投资周期。其中，第 5 轮周期的收缩期长达 42 个月，回落幅度达到 13.1 个百分点，呈现典型的非对称周期形态。第 6 轮和第 7 轮投资周期①的多数时间均在相对低位呈现扩张期较短、波动幅度很小的微波化形态，走势比较平缓。第二阶段的投资增长走势反映出，随着我国进入工业化发展阶段的后期，经济发展进入动力转换、结构调整和减速换挡的"新常态"阶段，固定资产投资增长也相应进入趋势性减速阶段，并在相对低位开始企稳，这是导致经济增长出现结构性减速并渐趋平稳的重要原因。

　　第三个阶段为 2020 年 1 月至 2024 年 10 月，其主要特征是新冠疫情冲击和应对疫情的宏观调控导致固定资产投资增速在短期内出现前所未有的大幅波动及其后在低位缓中

――――――――――――
　　① 按照通常"谷～谷"的周期波动测定方法，第 7 轮投资周期结束于疫情暴发后的 2020 年 2 月。

趋稳。该阶段的月度平均增速为 4.85%，较第二阶段减少了 7.15 个百分点，波动标准差高达近 10.0 个百分点。从年度来看，2020~2023 年各年的年度名义增速分别为 2.9%、4.9%、5.1% 和 3%，四年平均增速接近 4.0%，低于疫情前 5.4% 的名义增速水平。但剔除价格因素后，2023 年固定资产投资实际增速为 6.4%，高于疫情前的实际增速水平。

该阶段主要包含第 8 轮投资周期和可能已经开始的第 9 轮周期。具体来看，受新冠疫情暴发的影响，2020 年前两个月，固定资产投资增速出现了前所未有的断崖式下降，创造了 –24.5% 的历史最低水平，以不同寻常的方式结束了第 7 轮投资周期。随着国内疫情得到有效控制和生产生活秩序的逐渐恢复，投资增速从 2020 年 3 月开始出现快速反弹，投资景气从历史低位进入了新一轮的快速扩张期。受超低基数影响，2021 年 1~2 月的累计投资实现了 35.0% 的超高速增长，创造了 2015 年以来的最高水平。此后，固定资产投资增长开始进入第 8 轮景气收缩期。虽然在 2022 年第一季度出现短暂反弹，但受疫情多次散发和房地产投资明显下滑影响，2021 年 3 月至 2023 年 11 月，投资增长总体呈现波浪式下滑形态。2023 年 12 月至 2024 年 10 月，投资增速在低位形成温和起伏、底部企稳的态势。2024 年 8~10 月的累计投资增速均为 3.4%。

目前来看，投资周期可能出现两种不同的运行情况。第一种情况，如果投资增速在 2024 年 11 月以后的一段时间内（至少 4 个月）呈回升走势，则可以基本判定投资周期从 2023 年 12 月开始已进入第 9 轮景气循环的扩张期，从而第 8 轮投资周期结束于 2023 年 11 月，此轮周期共持续 45 个月，其中收缩期为 33 个月。第二种情况，如果投资增速在 2024 年 11 月以后继续下滑且降至 2.9% 以下，则可以判定投资周期仍在延续 2021 年 3 月以来第 8 轮投资周期的收缩期。若如此，截至 2024 年 10 月，此轮投资周期已持续 56 个月，远超过前 7 轮投资周期 34.6 个月的平均持续期，其中，景气收缩已持续 44 个月。考虑到近期一揽子宏观调控政策逐渐起效，第一种情况出现的概率较大。

（二）固定资产投资景气先行合成指数构建及未来走势预判

长期以来，寻找较好的投资先行指标一直是投资景气分析中的一个难点问题。本报告在以往工作的基础上，继续收集并整理了大量投资领域及其相关行业的同比增长率经济指标（样本区间为 2000 年 1 月~2024 年 10 月），利用 X-12 方法进行季节调整以剔除季节变动和不规则变动。然后，以固定资产投资完成额累计增速为基准指标，采用多种统计分析方法并结合各指标的经济意义及周期波动对应情况，进一步检验和筛选固定资产投资景气波动的先行指标。

经过筛选，广义货币 M2 增速、金融机构人民币各项存款增速，以及几种重要原材料——水泥、生铁和粗钢的产量增速等五个经济景气的先行指标相对于固定资产投资累计增速均具有一定先行性，但总体先行期只有 1~3 个月（表 1），其作为先行指标的预判作用不够理想。而以往采用的贷款增速和钢材产量等指标近年来已基本失去先行特征，不再作为先行指标使用。

表 1　固定资产投资景气先行指标组

指标名称	超前期		时差相关系数	
	同比	环比	同比	环比
1. 广义货币（M2）同比/环比增速	3	6	0.78	0.78
2. 金融机构人民币各项存款同比/环比增速	3	6	0.83	0.78
3. 水泥产量同比/环比增速	1	4	0.79	0.72
4. 生铁产量同比/环比增速	2	5	0.61	0.57
5. 粗钢产量同比/环比增速	1	4	0.61	0.58

注：计算时差相关系数的样本区间为 2000 年 1 月至 2024 年 9 月

为了解决满足先行条件的同比增速指标相对匮乏且先行期较短的问题，本报告基于理论分析结果并借鉴国外相关文献，拓展考查了一些同比先行期较短或接近同步指标的环比增速序列的先行性。为克服传统的环比增长率波动较大且与同比增长率在幅度上有较大差异的问题，采用各指标的年化环比增长率，即用剔除季节和不规则变动后各指标的水平值，除以此前一年的平均值再经年化处理而成，相当于 6.5 个月的环比增长率。

表 1 显示，经过测算，M2 等五个年化环比增速指标的先行期增大至 4～6 个月，且与基准指标的时差相关系数基本保持不变，周期波动峰谷对应性较好，故将其作为投资先行指标以替换同比增速序列。

由这些先行指标构建的投资景气先行合成指数（以 2000 年平均值为 100）见图 11，图中显示，该先行合成指数相对于固定资产投资累计增速具有较稳定的先行变动特征，经测算，2000 年以来的总体先行期为 5 个月左右。该指数在 2021 年 9 月到达样本区间最低谷底后出现长达一年的较强反弹，然后转入下滑直至 2024 年 6 月再次触底。2024 年 7～10 月，该先行合成指数已经连续 4 个月呈回升走势。在近期出台的一揽子宏观刺激政策的作用下，预计投资景气先行合成指数大概率延续回升态势。

此外，经测算，2024 年实际到位资金中利用外资累计增速（季调后）具有一定的长先行特征，平均超前期达到 17 个月左右。该指标自 2022 年 7 月经过一轮起伏后于 2024 年 3 月创造了 1997 年以来的最低水平。2024 年 4 月至 10 月，该指标已出现连续 7 个月的较快回升。

按照投资景气先行合成指数和 2024 年实际到位外资增速的走势与先行期推算，结合略超前的制造业采购经理指数在 2024 年上半年经过先升后降的起伏后，9 月（49.8%）和 10 月（50.1%）再次转入回升走势并进入景气扩张区间，8～10 月的固定资产投资当月同比增速逐渐提高，预计固定资产投资累计增速有望从 2024 年第四季度开始进入稳中趋升的走势，从而延续始于 2023 年 12 月的本轮投资景气循环的温和扩张。

三、固定资产投资增长预测

随着 2024 年 9 月下旬以来政府一揽子增量政策加快推出并逐渐落地显效,叠加 2023 年第四季度的投资基数较低,结合前文投资先行合成指数的预判和经济计量模型的预测,预计 2024 年第四季度的固定资产投资增速有望止跌回升,全年名义增长 3.5%左右,增速较前三季度提高 0.1 个百分点,较 2023 年全年提高 0.5 个百分点。剔除价格因素后,预计 2024 全年固定资产投资实际增长 5.3%左右,低于 2023 年 1.1 个百分点,但仍处于适度的增长区间。

展望 2025 年,宏观政策"稳增长""促发展"的调控力度有望进一步增强,新质生产力不断培育壮大。若国内不发生突发重大灾害或疫情,国内经济有望保持稳中向好态势,叠加"十四五"规划进入收官阶段,水利、能源、交通等基础设施补短板项目将进一步推进落实,制造业与高新技术产业的结构性转型持续发力,投资结构将进一步优化。在较大概率的基准情景下,预计 2025 年固定资产投资增长[①]有望达到 4.5%左右,呈现温和回升态势;若政策效果显著并带动房地产市场明显回暖,则在乐观情景下全年增速有望达到 5.5%;在宏观调控效果不及预期、市场信心恢复缓慢的悲观情景下,预计全年固定资产投资增长 3.6%左右。

对三大投资领域的具体预测如下。

1. 制造业投资有望延续高速增长态势,增速或有所放缓

制造业投资是三大领域中市场化程度最高的一项,其表现受企业经营、内需和外需多重因素影响。从企业经营来看,2024 年全国规模以上工业企业利润累计增速持续下滑,前三季度降至–3.5%,反映出企业盈利状况仍较低迷。然而,融资环境的改善为制造业提供了一定支撑。截至 9 月末,制造业中长期贷款余额同比增长 14.8%,显著高于整体信贷余额增速(8.1%)。10 月新发放企业贷款加权平均利率为 3.5%左右,处于历史低位,有助于缓解制造业企业资金压力,支持投资持续增长。此外,规模以上工业企业产成品库存累计增速温和回升,7～8 月维持在 5%以上,9 月回落至 4.6%,表明库存压力虽仍存在,但前期产能过剩问题正在缓解。从内需角度看,制造业作为众多终端需求的上游行业,受内需回暖带动明显。2024 年 10 月,社会消费品零售总额在"两新"政策支持下强劲增长,释放出积极信号。同时,制造业采购经理指数在 10 月回升至 50.1%,进入"景气"区间,表明市场信心逐步恢复。在外需方面,受低基数效应的影响和抢出口需求的短期推动,10 月出口金额增速大幅提升,为制造业投资注入动力。但随着特朗普胜选,外贸出口不确定性上升或对未来制造业投资形成压力。总体来看,受内外需共同驱动,制造业投资有望继续保持较高增速,但速度或有所减缓。

政策环境同样为制造业投资提供了有力支撑。在创新驱动与产业升级的推动下,传

---

① 除特别说明外,下文预测结果提到的增长速度均为名义增速。

统行业在智能制造和转型升级领域的投资力度持续加大。稳增长政策不断加码，包括支持大规模设备更新和超长期特别国债资金的落实，显著增强了制造业企业的投资意愿，特别是在高附加值产业领域，各地积极培育新质生产力，加大科技创新投入，高端制造、数字经济和新能源等新兴领域逐渐成为投资亮点。高技术制造产业集群的快速发展进一步催化投资聚变效应，为整体制造业投资注入新的活力。同时，受益于"统筹发展和安全"战略布局，"补链"、"强链"和产业基础再造需求增加，重大项目投资形成的产业链正反馈机制正成为制造业投资的重要动力。

综合各项因素分析，2024 年制造业投资增速在高位将保持相对稳健。在基准情景下，预计 2024 年制造业投资增长 9.2% 左右，较 2023 年提高 2.7 个百分点。展望 2025 年，在乐观情景下，如果政策得以连贯有效落实，大规模设备更新、国内产业链调整和技术迭代持续快速推进，外需保持稳定增长，制造业投资有望继续保持高速增长，预计可达到 8.0% 左右。在基准情景下，出口关税制约等不确定性上升，民间投资活力未完全释放以及政策效果有限，预计全年增速约为 7.5%。而在悲观情景下，若房地产投资持续低迷，外部环境恶化，以及高科技产业链受阻，制造业投资增速或放缓至 7.0% 左右。

2. 在资金支持和项目推动的双重作用下，基础设施建设投资增长有望提速

基础设施建设领域将继续作为稳投资的重要支撑。从资金端来看，积极财政政策的进一步加码将为基建投资提供后续强劲支持。新增专项债的加速发行、一揽子债务化解方案等政策将有效缓解地方政府在基建投资中的资金约束。2024 年第四季度，财政政策对基建投资的支持力度将持续增强，预计年内提前下达 2025 年 1000 亿元中央预算内投资计划及 1000 亿元"两重"建设项目清单，这些措施将在年底形成实际工作量。同时，其他政策性金融工具和银行贷款等多元化融资渠道将继续发挥作用，缓解地方财政压力，确保重点基建项目顺利推进。此外，建筑施工企业因业务回款改善，流动性提升，或进一步助力基建投资的稳步回升。从项目端来看，随着专项债资金的拨付落实，项目建设力度和进度将持续加快。伴随着后续化债工作的落地，地方政府主导的公共设施和道路建设等项目有望实现边际改善。2025 年作为"十四五"规划的收官之年，保障性住房、城中村改造和"平急两用"公共基础设施①建设这"三大工程"将进一步落地，同时，水利、交通、能源等重点项目的实施和验收也将提速，推动基建投资保持较高增速。以人为本的新型城镇化战略的部署，将加大对人口集中流入城市普通高中建设、医院病房改造等项目的支持。此外，伴随新质生产力不断培育壮大，绿色、智能、数字基础设施等领域的投资也会继续加大力度。

综合以上因素，2024 年基础设施建设投资（不含电力等）预计将在资金支持和项目推进的双重驱动下实现稳步增长，全年增速有望达到 4.5% 左右。展望 2025 年，基建投资增速的可持续回升仍依赖于财政政策的持续发力和项目推进的有效落实。在乐观情景

---

① "平急两用"公共基础设施是集公共卫生、应急医疗和物资保障为一体的重大工程设施，重点在有条件的大城市布局，"平时"可用作旅游、康养、休闲、仓储物流等，"急时"可转换为人员临时安置、物资应急中转场所，满足公共卫生防控救治、临时安置、物资保障等需求。

下，若财政刺激政策显著见效，如专项债发行提速、地方政府融资能力增强等，项目投资形成有效实物工作量，基础设施建设投资（不含电力等）增速可能提升至 6.5%左右。在基准情景下，政策效果温和释放，项目推进相对平稳，基建投资增速预计稳定在 5.8%左右。而在悲观情景下，若土地和房地产市场持续低迷导致政府性基金收入和相关税收收入大幅下滑，同时地方政府债务化解进展不及预期，项目实施进度受阻，基建投资可能增长 5.0%左右。

3. 房地产市场信心有望不断修复，投资降幅逐步收窄

自 2024 年下半年起，政府密集出台一系列政策，赋予城市更大的调控自主权，旨在有效减轻居民购房负担，推动房地产市场供需逐步平衡。其中，"四个取消、四个降低、两个增加"政策力度显著。与此同时，财政部、国家税务总局及住房和城乡建设部联合推出一系列税收优惠政策，包括将享受 1%契税优惠的住房面积标准从 90 平方米提高到 140 平方米，降低土地增值税预征率下限 0.5 个百分点，以及调整增值税和土地增值税优惠政策，以配合购房标准的优化。这些措施协同发力，有望逐步消化库存，推动 2024 年第四季度和 2025 年房地产投资同比降幅逐渐收窄，投资增速在低位逐步回升。

从相关指标来看，2024 年 5 月至 10 月，房地产开发投资累计增速大体平稳，商品房新开工面积累计增速显示出止跌回升迹象。经分析，反映房地产开发前端的 100 个大中城市成交土地面积累计增速（季调后）具有一定的超前性，领先房地产开发投资累计增速约 4 个月。2024 年下半年以来，100 个大中城市土地成交面积的累计降幅逐步收窄。如果这一先行指标的回升态势能够持续，预计房地产开发投资降幅也有望逐步收窄，并在低位呈现企稳或稳中略升的趋势。

在一系列房地产支持政策密集出台的背景下，市场预期和信心逐步恢复，部分需求得到释放，楼市交易活跃度有所提升，但热度尚未全面传导至房企投资端。从需求端看，2024 年以来，商品房销售额和销售面积累计增速虽处于历史低位，但整体呈逐步回升态势。截至 10 月，一线城市二手住宅价格出现环比上涨，创 18 个月来首次回升，释放出市场回暖信号。从供给端看，销售回暖在一定程度上改善了房企资金流状况，房地产企业到位资金累计降幅从第一季度的−26%收窄至 10 月的−19.2%，定金及预收款、个人按揭贷款和利用外资的降幅均有所收窄。然而，尽管资金压力有所缓解，房企资产负债表仍然承受较大压力，以回笼现金流为主要目标的策略限制了新开工项目的增长意愿。此外，受库存压力影响，10 月商品房新开工面积降幅较前三季度进一步扩大 0.4 个百分点，表明房企投资端复苏仍面临较大挑战。

综合各项因素，预计 2024 年第四季度开始房地产市场有望筑底回稳，全年房地产开发投资增长−10.4%左右。展望 2025 年，房地产市场的表现将取决于政策效果与市场信心恢复的力度。在乐观情景下，若相关政策落地见效明显，市场信心得到显著提振，全年房地产开发投资增速有望回升至−4.0%左右；在基准情景下，政策效应仍需时间释放，有效需求增长逐渐恢复，预计全年增速为−7.0%左右；而在悲观情景下，若市场预期持续低迷，新增需求释放乏力，房地产市场可能延续筑底调整态势，全年增速或维持在–9.0%左右。

四、政 策 建 议

当前，制造业投资对固定资产投资有显著的拉动作用，基建投资已出现企稳迹象，但房地产投资仍处于筑底阶段，民间投资信心尚未完全修复。需进一步实施积极的财政政策和货币政策，有效落实存量政策，视情况针对性地推出增量政策，持续保持政策强度，进一步优化投资结构，稳步提升投资质效，增强经济持续回升向好态势。一方面，要视经济运行情况继续推出有针对性的增量财政政策，积极利用可提升的赤字空间，将防范债务风险和扩大有效投资有机结合。另一方面，进一步健全货币政策框架，丰富货币政策工具箱，提高货币政策精准性，引导金融机构加大对实体经济的支持力度，激发投资潜力。

（一）加快房地产政策落地生效，推动构建房地产发展新模式

为了促进房地产市场止跌回稳，政府已出台了一揽子调控政策，但房地产业仍存在明显的"以价换量"现象，民众的房价预期尚未扭转。应进一步疏通存量政策落地堵点，推动存量房地产政策落地生效，加速推出增量政策，增加稳地产政策效果的可持续性，推动构建房地产发展新模式，加快房地产止跌回稳的进程。

第一，各方应合力解决房地产的高库存问题，改善房地产企业的流动性。鼓励各地在以用为先的基础上积极盘活存量土地和商品房。充分发挥地方政府专项债的撬动作用，规范土地回收程序和回收标准，对市场主体无力开发的存量土地进行回收，实现土地资源价值最大化。继续推进地方政府的收储工作，加强地方政府、金融机构和房企的沟通协调，加大政策性低息贷款、财政贴息等力度，对收储国企提供更多金融支持，降低收储成本和收益平衡的不确定性。加大货币化安置城中村改造的规模，提高货币化安置补偿款再次进入楼市的比例，释放增量购房需求，为消化库存房源提供新动力。

第二，进一步优化完善相关税收政策和税收环境，激发潜在购房需求。积极在全国范围内推广并落地房产税收新规，取消普通住宅和非普通住宅标准，取消二者相衔接的增值税、个人所得税等税费，减少居民和开发商的税收负担。降低二手房交易税费，提升购房利息抵扣个税额度，延续换购住房个人所得税退税机制，全方位、多角度降低居民购房成本，释放购房需求。持续优化纳税服务，鼓励各地以不动产登记办税"一窗受理"工作模式为依托，提升窗口服务效能，营造良好的税收营商环境。

第三，一视同仁地支持房地产民企和国企融资，加快推进房地产融资协调机制落地见效。为暂时不符合"白名单"的项目提供有针对性的意见建议，推动合规房地产项目"应进尽进"。对符合"白名单"要求的合规房地产项目予以充分的资金支持，推动金融机构建立"白名单"项目的全流程绿色通道，提高审批和放款效率，做到"应贷尽贷"。

严格审查贷后的资金用途和流向，及时监测"白名单"项目贷款质量，保障房地产与金融的良性循环。

第四，支持房地产企业转型升级，推动构建房地产发展新模式。鼓励房地产企业与康养产业、地方产业融合发展，积极参与老旧小区改造等城市更新项目，积极参与科技园区等产业地产项目。鼓励房地产企业从单一的开发销售模式向多元化经营转变，积极进行存量房市场转型，拓展以长租房为代表的租赁市场，树立房企发展的长期思维，建立可持续、可复制的商业模式。由国家财政部门牵头，设立针对房地产市场稳定的专项基金，为面临流动性风险的大型房企提供必要支持。对存在转型困难或面临破产风险的房企，积极引导并支持其按照市场化原则进行收购重组。

（二）拓宽民企投资空间，激发民间投资活力和内生动力

受外部环境不确定性因素增多、市场需求整体不足影响，部分民营企业出现"增收不增利"的情况，叠加尚未完全解决的融资难、融资贵问题，民营企业的投资能力和投资意愿均受到制约。为了增强经济发展的内生动力，需进一步拓宽民企投资空间，优化投资环境，充分调动民间投资的积极性。

第一，构建全面成熟的民营经济发展保障体系，改善民企营商环境。继续鼓励并推动各地成立民营经济发展局，动态维护和更新当地民营企业的基本信息数据库，用好全国向民间资本推介项目平台，建立常态化的项目推介机制，促进项目资源的有效对接。切实用好促进民营经济发展壮大厅际联席会议等制度，开通包括民营企业服务专用平台在内的多种沟通渠道，及时收集民营企业的各项反馈，并与专业部门进行有效对接，持续跟踪问效，实现问题受理和问题解决两个环节的高效联合运转。

第二，拓宽民营企业的投资空间，放松民营企业的投资限制。用好全国重点民间投资项目库，鼓励民企积极参与国家重大项目建设，将更多重大工程和项目向民间资本实质性开放，特别是"两重""两新"项目。优化政府机构和民营企业的沟通机制，指导民营企业更好地利用项目的支持性政策。简化项目申报流程，降低参与门槛，提高申报效率。透明化项目审批机制，确保项目审批的公正性，增强民企对项目申请的信心。

第三，充分发挥政府投资对民间投资的引领和带动作用。在超长期特别国债等投资项目正在形成实物工作量的过程中，通过资本金注入、投资补助、购买服务等多种方式开展政府和民间资本的合作，并进一步扩大地方政府专项债用作资本金的合作领域和规模。进一步完善政府和社会资本合作（public private partnership，PPP）模式，确保项目的规范运作，形成民间投资可充分竞争的市场，加强对民间投资项目的用地、环评等要素支持，保障民间资本在合作中的合理收益，通过投资风险的降低和投资效益的改善提升民间投资活力。

第四，加大融资支持力度，提升融资便利化水平。加强对民间投资项目的融资支持，用好"信易贷"等工具，全面推动基础设施领域房地产投资信托基金（real estate investment trusts，REITs）项目常态化发行，支持金融机构创新"REITs+"组合融资工具。统筹利用好各种政策性银行和商业银行资源，建立和完善民间投资的金融支持评估机制，定期开展金融服务民营经济的效果评估，开展小微企业信贷政策的导向效果评估，持续提升民间投资项目在不同阶段的融资便利化水平，促进解决民营企业融资难、融资贵的问题。

（三）提高制造业有效投资，加快基建项目实物工作量落地

（1）增强制造业核心竞争力，提升企业市场预期。在当前制造业面临逆全球化挑战，生产价格指数（producer price index，PPI）修复不及预期，企业盈利走弱、投资意愿不强的背景下，应积极采取措施提高制造业核心竞争力，提升制造业企业的盈利预期和市场预期，调动企业投资积极性。第一，坚定不移加快战略性新兴产业、先进制造业项目的投资建设，服务新质生产力的发展。用新技术提升传统产业，推动制造业数字化转型、智能化改造和绿色化提升，加大对解决"卡脖子"问题的支持力度，着力打造中国制造业高质量发展新优势，增强制造业核心竞争力。第二，进一步拓宽制造业融资渠道，推动更多信贷资源支持制造业发展。激励银行加大制造业中长期贷款投放，进一步根据制造业企业生产经营周期，开发特色制造业信贷产品。在制造业领域外资准入限制措施全面取消的基础上，进一步扩大数字产品市场的准入。简化数字产品制造业的准入手续，降低准入成本，推动数字产品市场的对外开放，更大力度引进外资。第三，强化政策支持，优化营商环境，提升制造业企业市场预期。继续实施推动大规模设备更新，加大对制造业企业设备更新的金融支持。构建长效的营商环境优化机制，拓宽监督投诉渠道，建立健全损害营商环境问题线索快速移送机制，持续跟踪评估政策效果。全面提高企业市场预期的确定性，提振制造业企业投资信心。

（2）增加基建项目储备，加快基建实物工作量落地。基建投资是宏观政策逆周期调节的重要抓手。受制于地方财政压力和项目储备不足，当前地方主导的基建项目实际推进进度较慢。应在加速地方化债的基础上，进一步增加可投资的基建项目储备，加快修复基建投资实物工作量。第一，全方位、多角度筛选并补充优质基建项目，扩充基建项目库。继续推动城市更新发展，建立可持续的城市更新模式，筛选条件成熟的基建项目，在 100 万套城中村改造和危旧房改造的基础上加大支持力度。筛选并推进在关键领域质量结构优、带动效应强的重大项目投资加速落地，提升基建投资对经济增长的持续拉动效应。第二，积极推进传统基础设施的数字化改造，构造现代化基础设施建设体系。因地制宜制订科学合理的数字化改造规划，加快布局算力、工业互联网等新基建，大力发展智慧交通、智慧城市等融合基础设施。鼓励和引导民间资本积极参与新基建，积极破除制约民间投资参与新基建的行业壁垒。第三，督促地方用足用好各类债务资金，缓解地方政府债务负担。督促地方尽快形成实物工作量，加快项目实施进度。优化债务资金的分配和使用，实施预算绩效管理，提高资金向实物工作量的转化效率，发挥对基建投资的拉动作用。

2024 年中国进出口形势分析与 2025 年展望

魏云捷　方思然　田雅洁　季　捷　汪寿阳

报告摘要： 2024 年 1～10 月，我国进出口总额（按美元计价）为 5.07 万亿美元，同比增加 3.7%；其中，出口总额为 2.93 万亿美元，同比增加 5.1%，进口总额为 2.14 万亿美元，同比增加 1.7%；贸易顺差为 7853 亿美元，比 2023 年同期增加 1070 亿美元。

在世界经济缓慢复苏，主要经济体不发生债务危机，美国对中国出口产品加征 10% 关税，我国经济稳定增长的基准情景下，预计 2025 年我国进出口总额约为 6.24 万亿美元，同比增长 0.9%；其中，出口总额约为 3.59 万亿美元，同比上涨 0.4%，进口总额约为 2.65 万亿美元，同比上涨 1.6%，贸易顺差约为 9371 亿美元。乐观情景下，2025 年我国出口和进口增速较基准情景下分别上升 2.3 个百分点和 2.5 个百分点；悲观情景下，2025 年我国出口和进口增速较基准情景下分别下降 4.9 个百分点和 2.7 个百分点。

一、2024 年 1～10 月我国进出口形势回顾与分析

（1）2024 年 1～10 月，进出口总量稳步上升，外贸结构持续优化，出口和进口均实现健康增长，展现出强大的韧性和良好的发展势头（图 1）。按美元计价，2024 年 1～10 月，我国进出口总额为 5.07 万亿美元，同比增加 3.7%；其中，出口总额为 2.93 万亿美元，同比增加 5.1%，比 2023 年同期涨幅增加 11.0 个百分点，进口总额为 2.14 万亿美元，同比增加 1.7%，较 2023 年同期涨幅增加 8.3 个百分点；贸易顺差为 7853 亿美元，比 2023 年同期增加 1070 亿美元。

按人民币计价，2024 年 1～10 月，我国进出口总额为 36.02 万亿元，同比增加 5.2%；其中，出口总额为 20.80 万亿元，同比上升 6.7%，比 2023 年同期涨幅增加 6.6 个百分点，进口总额为 15.22 万亿元，同比上升 3.2%，比 2023 年同期涨幅增加 3.8 个百分点；贸易顺差为 5.58 万亿元，比 2023 年同期扩大 8358 亿元。

（2）加工贸易和一般贸易的进出口总额在我国贸易中所占比重均有所下降。2024 年 1～10 月，一般贸易进出口总额为 3.25 万亿美元，同比增加 1.4%；其中，一般贸易出口额为 1.91 万亿美元，同比增加 4.5%，一般贸易进口额为 1.34 万亿美元，同比减少 2.7%。2024 年 1～10 月，加工贸易进出口总额为 9181 亿美元，同比增加 2.1%；其中，加工贸易出口额为 5817 亿美元，同比下降 0.03%，加工贸易进口额为 3364 亿美元，同比增加 6.1%。受我国产业结构调整及发达国家制造业回流等因素影响，加工贸易在我国

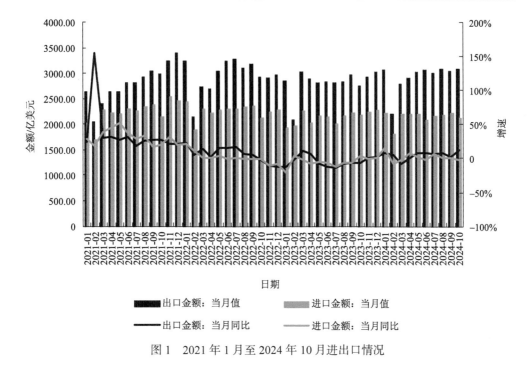

图 1　2021 年 1 月至 2024 年 10 月进出口情况

外贸中所占比重逐年下降，并逐步向高附加值和高技术含量方向转型，从全球产业链的中低端向中高端升级，而一般贸易的比重则呈现波动趋势。2024 年 1~10 月，我国加工贸易进出口总额占进出口总额比重是 18.1%，较上年同期下降 0.27 个百分点，而一般贸易占比是 64.1%，较上年同期下降 1.4 个百分点。

（3）产品结构持续优化升级，出口方面，车辆、航空器、船舶及运输设备等高端装备和高技术产品增速显著；进口方面，先进技术装备、能源和金属等大宗商品需求旺盛，整体呈现质量提升与结构优化并行的发展态势。2024 年 1~10 月，机电产品、音像设备及其零件附件[《商品名称及编码协调制度》，简称《协调制度》（Harmonized System，HS），第 16 类]出口额达 1.22 万亿美元，同比增长 4.7%，占出口总值的 41.6%，占出口主导地位；在全球绿色化、智能化趋势及我国新能源汽车技术提升和供应链优势的推动下，车辆、航空器、船舶及运输设备（HS 第 17 类）出口表现强劲，出口额达 2419 亿美元，同比增长 20.1%。进口方面，机电产品、音像设备及其零件附件（HS 第 16 类），矿产品（HS 第 5 类），贱金属及其制品（HS 第 15 类）需求显著，进口额分别为 6673 亿美元、6403 亿美元和 1237 亿美元，同比增长 9.5%、0.5% 和 4.5%，占进口总值的 31.2%、29.9% 和 5.8%。

（4）2024 年以来我国与东盟及其他共建"一带一路"国家的贸易增长明显，而与欧盟、日本的贸易下滑。2024 年 1~10 月，中国东盟双边贸易额为 7992 亿美元，同比增加 5.3%，其中，出口同比增加 7.7%，进口同比增加 1.9%，东盟仍为我国第一大贸易伙伴。欧盟为我国第二大贸易伙伴，2024 年 1~10 月，中欧双边贸易额达 6534 亿美元，同比下降 0.8%；其中，出口同比增加 1.3%，进口同比下降 4.6%。美国为我国第三大贸易伙伴，2024 年 1～10 月，中美双边贸易额为 5648 亿美元，同比增加 1.4%；其中，出口同比增加 2.0%，进口同比下降 0.38%。此外，我国与共建"一带一路"国家的双边贸易规模呈现高速增长趋势，2024 年 1～10 月，贸易总额为 16.94 万亿元人民币，同比增加 6.1%，其中，出口同比增加 8.0%，进口同比增加 3.9%。相比之下，中日双边贸易持续下滑，贸易总额为 2522 亿美元，同比下降 4.3%；其中，出口同比下降 4.8%，进口同比下降 3.8%。顺差方面，对东盟、欧盟和美国的贸易顺差较 2023 年同期分别扩大 23.2%、8.6% 和 3.1%，而对日本由 2023 年同期的贸易顺差转为贸易逆差。

二、2025 年我国进出口预测

展望 2025 年，外部需求复苏不容乐观，商品贸易下行风险突出，特朗普当选为美国总统，或将继续对我国实行贸易加征关税等打击措施，国内外经济形势面临着很大的不确定性。

因此，在分三种情景的基础上预测 2025 年我国进出口形势。①基准情景：假设 2025 年我国 GDP 增速在 4.8% 左右，世界经济缓慢复苏，主要经济体不发生债务危机，美国对中国出口产品加征 10% 关税。②乐观情景：假设 2025 年我国 GDP 增速在 5.2% 左右，世界经济复苏较为强劲，中美经贸关系维持现状或向好发展。③悲观情景：假设 2025 年我国 GDP 增速在 4.2% 左右，世界经济发生较为严重的经济衰退或主要经济体发生债务危机，美国对中国出口产品加征 60% 关税。主要预测结果如下。

（1）在基准情景下，预计 2025 年我国进出口总额约为 6.24 万亿美元，同比增长 0.9%；其中，出口总额约为 3.59 万亿美元，同比上涨 0.4%，进口总额约为 2.65 万亿美元，同比上涨 1.6%，贸易顺差约为 9371 亿美元。

（2）在乐观情景下，预计 2025 年我国进出口总额约为 6.39 万亿美元，同比增长 3.3%；其中，出口总额约为 3.67 万亿美元，同比上涨 2.7%，进口总额约为 2.72 万亿美元，同比上涨 4.1%，贸易顺差约为 9554 亿美元。在乐观情景下，2025 年我国出口和进口增速较基准情景下分别上升 2.3 个百分点和 2.5 个百分点。

（3）在悲观情景下，预计 2025 年我国进出口总额约为 5.99 万亿美元，同比下降 3.1%；其中，出口总额约为 3.41 万亿美元，同比下降 4.5%，进口总额约为 2.58 万亿美元，同比下降 1.1%，贸易顺差约为 8312 亿美元。在悲观情景下，2025 年我国出口和进口增速较基准情景下分别下降 4.9 个百分点和 2.7 个百分点。

三、值得关注的问题

（1）特朗普再次当选美国总统引发中美经贸摩擦升级，对我国对外贸易、制造业、实体经济等构成多重挑战。特朗普政府的"美国优先"政策将进一步推动贸易保护主义升级，对中国商品的进口设置更多障碍，削弱中国的全球市场竞争力，对我国出口和生产产生不利影响。高关税政策可能进一步升级，特朗普在竞选时曾表示计划取消对中国的最惠国待遇，对中国商品征收 60%的关税；针对转口贸易，对中国在墨西哥生产的汽车征收 100%关税。作为一种极端的贸易限制措施，取消最惠国待遇不仅将对中美双边贸易影响深远，还可能给全球供应链和中国的经济运行带来多重挑战。首先，高关税政策将推高出口商品在国际市场的售价，削弱价格竞争力，同时可能增加进口商品成本，推高国内物价，挤压消费者的购买力。其次，中国的出口型制造业将受到重创，特别是电子、机械、纺织等劳动密集型产业可能面临订单流失和供应链调整，企业利润下降，甚至部分制造业可能被迫外迁，对工业产能利用率形成压力。此外，出口相关行业的低迷可能波及实体经济，拖累 GDP 增长，影响小微企业和地方经济，增加金融体系风险。与此同时，大规模的出口行业裁员将加剧失业率的上升，对消费和社会稳定构成威胁。资本市场方面，贸易紧张局势将打击投资者信心，导致外资流出、人民币贬值压力上升和金融市场波动，这些连锁反应将进一步影响中国经济复苏和增长潜力。

此外，值得注意的是，2024 年底美国企业为规避潜在的政策变化和关税风险，可能显著提前进口中国商品，导致全年进口量在前期集中完成。据《华尔街日报》的报道，许多美国零售商正在重新采用特朗普第一任期内的策略，在关税正式实施前囤积进口商品。这一行为可能使 2024 年第四季度的进出口数据亮眼，但也透支了未来的进口需求。由于美国进口商在 2024 年已储备大量库存，预计 2025 年上半年美国对中国的进口需求将大幅下降，进而拖累中国的出口总量。对于中国而言，外部需求的突然减弱将对制造业、供应链、就业和外贸企业的盈利能力形成显著压力。因此，需提前做好应对准备，采取拓展多元化市场、提升产品附加值和增强内需等策略，以缓解可能出现的出口下滑风险。

建议：①密切跟踪特朗普政府在关税、高科技限制和投资审查等领域的政策变化，提前预判并及时调整应对措施。②提升外贸企业风险意识，鼓励制订应对市场变化的计划，特别是在关税摩擦背景下拓展供应链替代方案，确保出口多元化。③多方位制定一揽子应对策略和政策预案，针对贸易壁垒、技术限制等问题，制定包括关税谈判、国际仲裁、政策扶持在内的综合预案，同时优化产业结构，提升出口商品附加值。④加快市场多元化布局，推动"一带一路"合作，加强与东盟、非洲、拉美等新兴市场的经贸联系，减少对美依赖；通过自贸协定巩固与欧盟、日本的贸易关系，分散出口压力。⑤通过减税、补贴等措施刺激消费，增强内需动力；加大对基础设施和战略性新兴产业的投资，并为受影响严重的出口企业提供财税支持与金融保障。

（2）2025 年外部经济形势严峻，我国出口压力重重。目前，发达经济体的经济前景呈现分化，美国经济增长相对稳定，欧洲经济增长疲软；非美发达经济体则呈现出不同程度的"类滞胀"格局。2024 年 10 月国际货币基金组织发布的《世界经济展望》中显示，预计 2024 年美国 GDP 增长约为 2.8%，与 2023 年增速持平，而 2025 年 GDP 增速约为 2.2%。预计 2024 年和 2025 年中国 GDP 增长约为 4.8%和 4.5%，欧元区 GDP 增长约为 0.8% 和 1.2%。同时，美联储 9 月降息 50 个基点以应对经济增长放缓和通胀压力，为自 2020 年 3 月以来的首次降息，预计 2025 年全年降息 50～100 个基点。欧洲央行在 2024 年连续三次下调关键利率，每次降幅为 25 个基点，预计 2025 年将继续实施宽松的货币政策。疲软的外部经济增长伴随着消费需求的放缓和企业投资的减少，进而影响我国出口增长；此外，尽管我国出口商品结构持续优化，高附加值产品出口呈现增长态势，但展望 2025 年，外部经济形势的严峻可能给我国高附加值产品出口带来较大压力，迫使部分企业转向中低端市场，从而对出口结构的优化进程构成挑战，进而压缩企业的利润空间。

建议：①密切关注与监测欧美经济形势发展，尤其是关键问题（如利率、美债收益率等），谨防欧美爆发新型经济危机，扰动全球经济稳定。②积极参与多边贸易协定，降低贸易壁垒，扩大市场准入，具体包括减少关税、简化手续、提供出口补贴等，以提升出口机会，降低贸易成本。③积极参与国际合作项目，通过跨国研发、技术转移和人员交流等合作，提高产业竞争力和国际市场份额，维护开放的贸易环境。④减少对美欧市场依赖，深化与东盟、日韩的合作，加大共建"一带一路"国家和拉丁美洲市场开发力度，分散出口风险。

（3）我国出口市场的贸易分布发生显著变化，贸易转移趋势日益凸显。从全球视角来看，中美贸易摩擦、新冠疫情以及地缘政治等因素对我国外贸格局产生了深远影响。在出口总量保持稳定增长的同时，贸易重心正逐步从传统发达经济体向新兴经济体和区域内伙伴国家转移。这一趋势的背后，既受益于《区域全面经济伙伴关系协定》（Regional Comprehensive Economic Partnership，RCEP）的实施和"一带一路"倡议的深化，也与发达国家市场需求结构变化、生产成本上升等因素密切相关。

具体来看，我国对东盟的出口额近年来屡创新高。根据海关总署发布的数据，2023 年我国对东盟的出口额达到 36 817 亿元，占全部出口的 15.5%，东盟已连续多年成为中国的第一大贸易伙伴。这种增长反映了中国与东盟国家之间供应链和产业链协同效应的增强。此外，我国对共建"一带一路"国家的出口总额为 107 314 亿元，同比增长 6.9%，占全部出口的 45.1%，显示出合作的日益深化。非洲和中东市场的增长则与我国加强国际产能合作及能源领域的密切往来密不可分。

与此同时，我国对传统发达经济体的出口则有所下降。2023 年对美国的出口额为 35 198 亿元，占总出口的 14.8%，同比下降 8.1%；对欧盟的出口额为 35 226 亿元，占比同样为 14.8%，同比下降 5.3%。这种变化表明，在国际环境变化的背景下，我国出口市场的重心正在发生转移。然而，贸易转移现象也伴随着挑战。一方面，部分传统市场的份额下降可能带来短期的出口压力；另一方面，新兴市场的制度差异和贸易风险需要更精准的政策支持和风险管理。

建议：①强化区域合作，继续深化与东盟及其他共建"一带一路"国家的经贸合作，利用 RCEP 框架下的零关税和规则协调优势，推动区域供应链和产业链的深度融合。②支持高附加值产业，加大对新能源设备、通信设备、自动化设备等高技术产业的支持，提升出口产品的技术含量和附加值，增强国际竞争力。③结合"一带一路"建设发挥基础设施互联互通的作用，扩大国际产能合作范围，同时带动设备出口和技术输出。④技术创新与新产品助力我国出口复苏。

（4）我国出口商品结构发生显著变化，正加速从低附加值产品向高附加值产品转型。根据海关总署发布的数据，2023 年我国机电产品出口总值达到 4.44 万亿元，同比增长 10.5%，占出口总值的 57.9%。其中，汽车出口额为 2045.3 亿元，增长 120.3%。此外，电动载人汽车、锂电池、太阳能电池等"新三样"产品合计出口 3534.8 亿元，同比增长 72%，对整体出口增速的拉动作用显著。与此同时，传统劳动密集型产品的出口增速相对放缓。例如，纺织品和服装的出口增速低于机电产品，显示出低附加值产品在出口总额中的占比逐渐下降。这种结构性变化反映了我国出口商品正从低附加值产品向高附加值产品转型，符合产业升级和高质量发展的战略目标。

建议：①推动产业升级。加大对高技术、高附加值产业的支持力度，鼓励企业加大研发投入，提升产品竞争力，巩固在全球价值链中的地位。②拓展新兴市场。在巩固传统市场的同时，积极开拓东盟、非洲等新兴市场，满足其对高附加值产品的需求，分散市场风险。③加强品牌建设。支持企业打造国际知名品牌，提升产品附加值和市场认可度，增强出口产品的竞争力。④完善出口服务体系。提供政策、金融、信息等多方面支持，帮助企业更好地适应国际市场变化，提升出口效率和效益。

2025 年中国最终消费形势分析与预测①

刘秀丽　　窦羽星　　承子杰　　李一杉　　刘安昶

报告摘要：近年来，我国最终消费支出占 GDP 的比重基本稳定在 53%～56%。2024 年前三季度，我国最终消费支出占 GDP 的比重达到 70.1%，对国民经济增长主动力作用持续稳固。

2012～2023 年我国居民消费占最终消费的比重在 69.0%～70.7%波动，2023 年居民消费支出占比达 70.3%，较 2022 年上升 0.3 个百分点。2012～2023 年我国政府消费占最终消费的比重呈现出一定的波动性，由 2012 年的 30.8%波动至 2023 年的 29.7%，总体保持在 30%左右。截至 2024 年第三季度，全国一般公共预算累计支出达 201 779 亿元，同比增长 2.0%，较 2023 年同期 3.9%的同比增速有所下降。

2013～2023 年居民人均可支配收入年均实际增长 6.2%，我国历史性地解决了绝对贫困问题。截至 2024 年第三季度，全国居民人均可支配收入 30 941 元，比 2023 年同期实际增长 4.9%。其中，城镇居民人均可支配收入 41 183 元，同比实际增长 4.2%；农村居民人均可支配收入 16 740 元，同比实际增长 6.3%。

展望 2025 年，我国最终消费的利好因素主要包括：国家连续出台以旧换新等促消费政策已发挥了重要作用；财政部加力提效实施积极的财政政策；网络零售市场形势持续向好，拉动消费势头明显；旅游、教育、培训、养老等高水平、高层次的消费增速较快；25～39 岁的消费者群体正在成为各类目消费的增长驱动力；一线富裕银发族、三线富裕中老年展现出积极的消费观。最终消费的主要制约因素包括：居民收入占比偏低的收入分配格局尚未明显改善，房地产市场和股市的波动影响，消费者信心指数偏低，人口老龄化程度进一步加深，社会保障体系的覆盖面还不够广等。

基于对最终消费总额及其结构变动趋势和主要影响因素的分析，本报告运用分项加合预测方法，结合专家经验，对我国最终消费进行了预测。预计 2024 年我国最终消费同比名义增速约为 4.7%，2025 年我国最终消费的同比名义增速为 4.4%～5.2%。

一、引　　言

2013～2023 年，我国居民人均可支配收入年均实际增长 6.2%，累计实现城镇新增

---

① 本报告得到国家社会科学基金人才专项项目"营养导向型粮食需求预测与粮食安全提升策略研究"的资助。

就业超过 1.4 亿人，历史性地解决了绝对贫困问题，已建成世界上规模最大的教育体系、社会保障体系、医疗卫生体系；另外，我国生态环境保护也发生了历史性、转折性、全局性的变化。2024 年在全球经济面临着地缘政治冲突升级、金融条件趋紧、全球贸易投资疲软等多重压力的背景下[①]，我国坚持以习近平同志为核心的党中央坚强领导，通过全国上下的共同努力，经济持续恢复向好，高质量发展扎实推进，社会大局保持稳定。2024年前三季度，最终消费支出对经济增长的贡献率为 49.9%，拉动 GDP 增长 2.4 个百分点。第三季度全国居民人均可支配收入单季同比增速为 5.0%，较第二季度回升 0.5 个百分点，仍处 2023 年第一季度以来的次低点；第三季度人均消费支出单季度同比增长 3.5%，较第二季度回落 1.5 个百分点。

在复杂的国际背景及我国经济转型升级的重要阶段，分析最终消费的变化趋势及其关键影响因素，预测 2025 年我国的最终消费增速，对我国制定宏观经济规划和政策，进行宏观经济调控，确保经济高质量发展行稳致远具有重要参考价值。

二、最终消费及相关指标的变化趋势

（一）最终消费占 GDP 比重的变化趋势

近年来，我国最终消费支出占 GDP 的比重基本稳定在 53%～56%，2022 年受新冠疫情冲击影响，占比下降至 50.0%，为近五年最低水平（图 1）。随着经济生产的恢复以及稳增长、促消费政策效应释放，消费需求逐渐上涨。2024 年前三季度，最终消费支出对经济增长贡献率为 49.9%，比资本形成总额的贡献率高出 23.6 个百分点。按 2024 年前三个季度最终消费支出对经济增长贡献率的数据推算，2024 年前三个季度最终消费与2023 年同期相比增加 10 000 亿元以上。2024 年前三季度最终消费支出占 GDP 的比重达到 70.1%，最终消费对国民经济增长的主动力作用持续稳固。

（二）居民消费支出

2024 年前三季度，城镇居民人均消费支出 25 530 元，同比名义增长 5.0%，实际增长4.8%，比 2023 年同期低 3.3 个百分点；农村居民人均消费支出 13 839 元，同比名义增长6.5%，实际增长 6.2%，比 2023 年同期低 2.8 个百分点（图 2）。分季度来看，2023 年第三季度至 2024 年第三季度，全国居民人均消费支出同比增速出现下滑趋势，2023 年第二季度至 2024 年第二季度人均消费支出同比增速高于人均可支配收入同比增速，说明居民消费意愿有所增强，政府一系列促进消费政策取得成效（图 3）。

---

① 全球经济的六大特征和四大风险．http://www.iwep.org.cn/xscg/xscg_lwybg/202405/t20240531_5756032.shtml，2024-05-31.

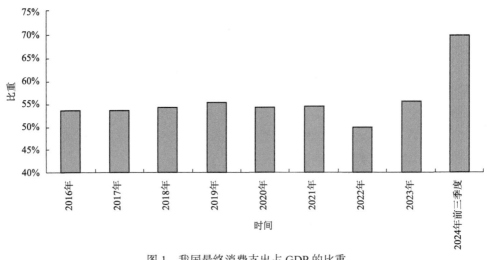

图 1 我国最终消费支出占 GDP 的比重

资料来源：国家统计局

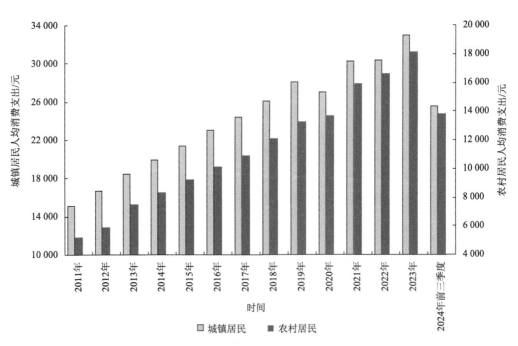

图 2 2011～2023 年及 2024 年前三季度我国城乡居民人均消费支出

资料来源：国家统计局

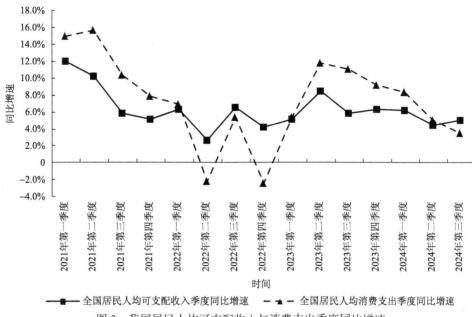

图 3　我国居民人均可支配收入与消费支出季度同比增速

资料来源：国家统计局

（三）社会消费品零售总额变化趋势

2024 年社会消费品零售总额受一系列稳增长、促消费、调预期政策推动，增长强劲，恢复势态良好，2024 年前三季度社会消费品零售总额增长 3.3%，1～10 月每月增速都稳定在 2% 以上，10 月增长 4.8%，比 9 月回升了 1.6 个百分点（图 4）。

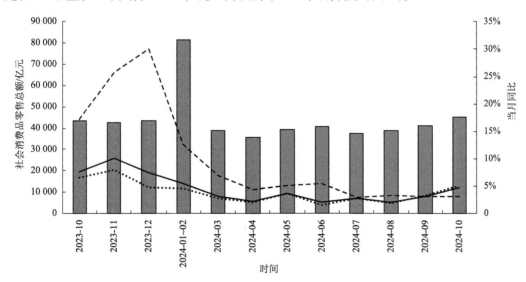

图 4　社会消费品零售总额及商品零售、餐饮收入等当月同比增速

资料来源：国家统计局

2024 年 1～10 月,餐饮收入为 44 367.4 亿元,同比增长 5.9%。随着疫情后消费潜力的逐步释放,餐饮收入增速逐步放缓,餐饮服务消费仍具有较大增长空间。商品零售额达 354 592.9 亿元,同比增长 3.2%。在限上单位商品零售中,消费结构逐渐向疫情前恢复,粮油、食品类增长迅速,增速达 9.9%;通讯器材类,以及体育、娱乐用品类增速较快,保持在 10.0% 以上;烟酒类、中西药品类、家用电器和音像器材类等商品呈现出较大发展潜力,截至 2024 年 10 月,三类商品零售额累计值为 5002.1 亿元、5815.1 亿元与 7907.7 亿元,分别同比增长 6.1%、4.3%、7.8%。与此同时,金银珠宝类和建筑及装潢材料类商品发展欠佳,截至 2024 年 10 月,分别出现了-3.0%、-3.0% 的下降。

从城镇和农村社会消费品零售总额来看,从 2023 年 11 月以后,城镇与农村社会消费品零售总额增速逐渐放缓,并趋于稳定。2024 年 1～10 月城镇社会消费品零售总额增速保持在 2.0% 以上,农村社会消费品零售总额增速保持在 3.5% 以上,城乡社会消费品零售总额差距进一步缩小(图 5)。

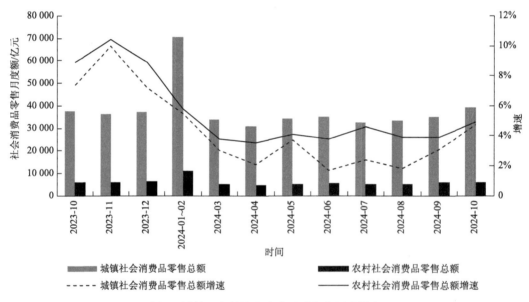

图 5 城镇和农村社会消费品零售总额及增速

资料来源:国家统计局

(四)网络零售市场发展趋势

作为新质生产力的重要组成部分,网络零售这种新业态进一步推动了我国消费市场主体数字化转型,培育了数字经济新动能,并促进新业态、新零售向纵深方向发展,逐步完善产业链、供应链、价值链。2024 年,我国网络零售市场形势持续向好,拉动消费势头明显。2024 年 1～10 月,全国网络零售额累计达 123 632.0 亿元,同比增长 8.8%,占商品零售额的 34.9%;实物商品网上零售额达 103 330.4 亿元,同比增长 8.3%(其中,吃类商品增长 17.7%,穿类商品增长 4.7%,用类商品增长 7.7%),占商品零售额的 29.1%。

商务部统计数据显示，2024 年上半年农村网络零售保持良好增长态势，全国农村网络零售额达 1.23 万亿元，同比增长 9.4%；农村实物商品网络零售额达 1.10 万亿元，同比增长 8.3%；农产品销售态势持续恢复，全国农产品网络零售额达 0.33 万亿元，同比增长 21.7%[①]。

自 2009 年诞生的"双十一"购物节，在推动经济双循环及促进疫情后的经济复苏方面发挥了重要作用。根据星图数据统计[②]，2024 年"双十一"购物节期间（10 月 14 日～11 月 11 日）全网销售总额达 14 418 亿元，同比增长 26.6%，增速超过了 2023 年。从销售平台分析，综合电商销售额达 11 093 亿元，同比增长 20.1%，天猫、京东占主要份额；直播电商销售额达 3325 亿元，同比增长 54.6%，抖音、快手占主要份额。此外，新零售发展潜力也不容小觑，以美团团购为代表的即时零售销售额达 281 亿元，同比增长 19.1%；以多多买菜为代表的社区团购销售额达 138 亿元，同比增长 10.8%。从具体消费门类看，家用电器销售总额达 1930 亿元，在总销售额中占比 16.3%，仍然保持第一，同比增长了 26.5%，其中美的、海尔成为销售主流；个护美妆销售总额达 715 亿元，同比上升了 22.5%，欧莱雅、珀莱雅等品牌位居前列；手机数码、服装和运动户外销售额快速增长，同比增速分别为 23.1%、21.4%和 18.6%。

（五）消费主体及消费偏好变化趋势

随着中国经济发展的重心由速度向质量转变，人口结构经历长期调整，宏观环境更加复杂多变，不同消费群体信心与情绪出现明显分化，消费偏好的多元化趋势日益显著。英敏特发布的年度报告《2024 中国消费者》指出：25～39 岁的消费者群体正在成为各类目消费的增长驱动力，他们对增加消费开支展现出极大热情，成为市场中不可忽视的一股力量[③]。麦肯锡的研究《2024 中国消费趋势调研：预期谨慎 存在潜力》进一步细化了消费主体的划分，得出了中国的五类主力消费人群在 2024 年的五大消费趋势，其中 Z 世代（通常是指 1995～2009 年出生的一代人，也称为"网生代"）、一线富裕银发族、三线富裕中老年明显更为乐观，展现出积极的消费观；一二线新中产、农村中老年最为悲观[④]。此外，调研数据揭示了 2024 年中国消费市场的多面特征：整体消费增长预期谨慎，消费者情绪复杂，消费品类支出意向有别，消费者行为驱动因素多样。年轻消费者倾向于投资个人发展和健康相关品类，而中老年群体则更关注家庭和健康保健类产品。在教育消费上，已婚并有学龄子女的家庭成为主力军。在旅行消费上，已婚有孩家庭、退休

---

① 2024 年上半年我国电子商务发展情况. https://dzswgf.mofcom.gov.cn/news_attachments/73e155895f34f54ac35b2e85d8a8603d7cab.pdf，2024-07-31.

② 2024 年双十一全网销售数据解读报告. http://syntun.com.cn/xing-tu-shu-ju-gun2024nian-shuang-shi-yi-quan- wang-xiao-shou-shu-ju-jie-du-bao-gao.html，2024-11-12.

③ 2024 中国消费者. https://china.mintel.com/press-centre/2024-chinese-consumer-report/，2024-07-10.

④ 2024 中国消费趋势调研：预期谨慎 存在潜力. https://www.mckinsey.com/www.mckinsey.com/cn/our-insights/our-insights/in-search-of-pockets-of-growth-in-china，2024-07-09.

人士以及一线城市居民是消费增长的主要贡献者，且这些群体的消费需求各有特点。随着市场愈加成熟，人们对于"价值感"的理解进一步深化，不再仅仅满足于基本的物质需求，而是追求更高层次的精神和情感满足。旅游度假、储蓄规划、美食体验成为消费者自由支出的优先选择。

三、最终消费结构的变化趋势

最终消费包括居民消费与政府消费两大部分，2012～2023 年我国居民消费支出占最终消费的比重在 69.0%～70.7%波动，2023 年居民消费支出占最终消费的比重为 70.3%，较 2022 年上升 0.3 个百分点。从城乡居民消费结构来看，农村居民消费占居民消费的比重总体呈降低的趋势，相应地，城镇居民消费占居民消费的比重总体呈增加的趋势，从 2012 年的 77.8%波动增加至 2023 年的 79.0%（表 1）。

表 1　2012～2023 年我国最终消费结构的变化

年份	居民消费支出占最终消费的比重	政府消费支出占最终消费的比重	农村居民消费占居民消费的比重	城镇居民消费占居民消费的比重
2012	69.2%	30.8%	22.2%	77.8%
2013	69.3%	30.7%	21.9%	78.1%
2014	69.9%	30.1%	21.8%	78.2%
2015	70.0%	30.0%	21.7%	78.3%
2016	70.3%	29.7%	21.4%	78.6%
2017	70.2%	29.8%	21.4%	78.6%
2018	70.0%	30.0%	21.7%	78.3%
2019	70.1%	29.9%	21.2%	78.8%
2020	69.0%	31.0%	21.5%	78.5%
2021	70.7%	29.3%	21.2%	78.8%
2022	70.0%	30.0%	21.4%	78.6%
2023	70.3%	29.7%	21.0%	79.0%

资料来源：《中国统计年鉴》（2013～2024 年）

从城乡居民在八大类产品的人均消费支出结构来看，相对 2014 年，2024 年前三季度城镇居民在衣着方面的消费占比下降了 2.7 个百分点，在生活用品及服务方面的消费占比下降了 0.8 个百分点；在医疗保健方面的消费占比提高了 2.0 个百分点，在居住方面的消费占比提高了 0.7 个百分点。相对 2014 年，2024 年前三季度农村居民在食品烟酒方面的消费占比下降了 1.9 个百分点，在居住方面的消费占比下降了 1.6 个百分点；在交通和通信、医疗保健方面的消费占比分别提高了 2.2 个、1.9 个百分点；在其他用品及服务方面的消费占比基本稳定（图 6）。城镇和农村居民都表现出基础性消费（如衣着、食品等）支出占比下降，而保障类消费（如医疗保健、交通和通信等）占比上升的趋势。这反映了我国居民消费结构的转型升级及居民消费观念的演变，随着生活水平不断提高，人们更加注重健康和生活品质。

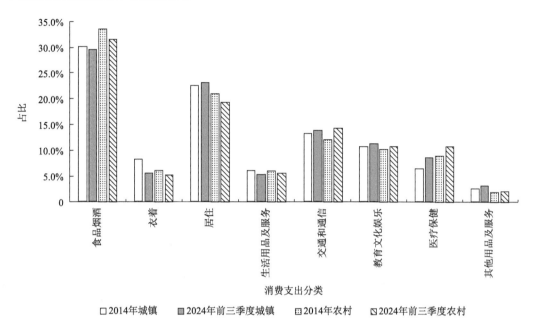

图 6　2014 年和 2024 年前三季度我国城镇与农村居民平均每人全年消费支出构成
资料来源：国家统计局

　　分季度来看，2024 年第一、二季度居民各项支出较 2023 年均有提升，第三季度除衣着、居住、生活用品及服务支出外，居民其他分类支出均高于 2023 年同期（图 7）。其中，第一季度的其他用品及服务增长幅度最大，同比增速达到 21.6%，食品烟酒、衣着、交通和通信、教育文化娱乐支出的增长均在 10% 以上，这说明居民消费升级呈现向好趋势。消费品以旧换新的政策、居民收入增加、就业改善等因素促进消费者信心不断回升，居民升级类消费持续向好，居民发展型消费、享受型消费在持续增加。2024 年教育、培训、养老等高水平、高层次的消费增速较快，旅游持续火爆，春节、清明节无论是出行人数、旅游收入，都已经超过 2019 年的水平，同比增速均是两位数[①]。文化和旅游部统计数据显示，"十一"黄金周 7 天，国内出游人次按可比口径同比增长 5.9%，出游花费增长 6.3%，出行人次比 2019 年新冠疫情前同期增长 7.9%。总体而言，这些变化彰显了我国经济升级和结构调整的趋势，居民的消费结构正逐渐从传统的食品和衣着向教育文化娱乐、医疗保健、交通和通信等高端消费转变。

　　从政府消费来看，2012～2023 年我国政府消费支出占最终消费的比重呈现出一定的波动性，由 2012 年 30.8% 波动至 2023 年的 29.7%，总体保持在 30% 左右（表 1）。2023 年，

---

① 国家统计局. 国家统计局副局长就 2024 年一季度国民经济运行情况答记者问. https://www.stats.gov.cn/sj/sjjd/202404/t20240416_1948587.html，2024-04-16.

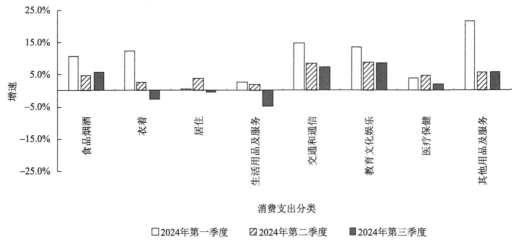

图 7　2024 年我国居民消费分类支出当季同比增速

资料来源：国家统计局

全国一般公共预算支出为 274 574 亿元，同比增长 5.4%。2024 年前三季度，全国一般公共预算支出达 201 779 亿元，同比增长 2.0%，较 2023 年同期 3.9%的同比增速有所下滑。从主要支出项目情况看：教育支出 29 979 亿元，同比增长 1.1%；科学技术支出 6672 亿元，同比下降 0.9%；文化旅游体育与传媒支出 2549 亿元，同比下降 1.9%；社会保障和就业支出 32 115 亿元，同比增长 4.3%；卫生健康支出 15 041 亿元，同比下降 10.4%；节能环保支出 3610 亿元，同比下降 0.9%；城乡社区支出 15 100 亿元，同比增长 6.1%；农林水支出 17 668 亿元，同比增长 6.4%；交通运输支出 8323 亿元，同比下降 4.0%。

四、消费的主要影响因素分析

（一）居民收入

收入是决定消费水平的最直接、最主要的因素。党的十八大以来，以习近平同志为核心的党中央坚持以人民为中心，在发展中保障和改善民生，全面打赢脱贫攻坚战，历史性地解决了绝对贫困问题，如期全面建成小康社会，人民生活水平全方位提升，扎实迈向共同富裕。国家统计局数据显示，随着国内经济的稳定增长，我国城镇居民人均可支配收入由 2011 年的 21 810 元增长到 2023 年的 51 821 元。如图 8 所示，2024 年前三季度全国城镇居民人均可支配收入为 41 183 元，同比名义增长 4.5%，实际增长 4.2%，比 2023 年同期低 0.5 个百分点；农村居民人均可支配收入为 16 740 元，同比名义增长 6.6%，实际增长 6.3%，比 2023 年同期低 1.0 个百分点。农村居民人均可支配收入名义和实际增速均快于城镇居民 2.1 个百分点。2024 年前三季度，城乡居民人均可支配收入之比为 2.46，比 2023 年同期缩小 0.05，城乡居民收入相对差距继续缩小。国家统计局数据显示，全国居民人均可支配收入基尼系数在 2008 年达到最高点 0.491 后,2009 年至今呈现波动下降态势,2023 年降至 0.465,累计下降 0.026,仍高于 0.4 的收入分配差距的警戒线。目前收入分配问题仍约束居民消费增长。2023 年以来,居民收入占比偏低的收入分配格局尚未出现改善:一方面,居民人均可支配收入累计同比增速与 GDP 累计同比增速趋同;另一方面,居民可支配收入中位数的累计名义同比增速低于 GDP 的累计名义同比增速。

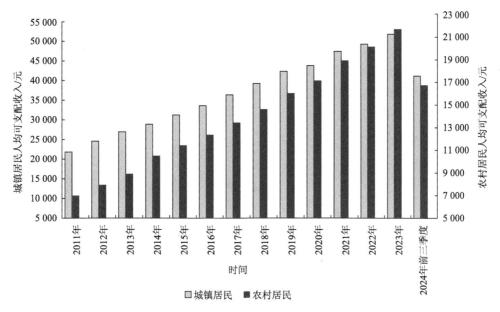

图 8　2011～2023 年及 2024 年前三季度我国城乡居民人均可支配收入

资料来源:国家统计局

(二)就业形势

由于我国经济在持续增长,服务业占 GDP 比重在持续提升,16～59 岁劳动力年龄人口数量在减少,多个方面的因素支撑着我国就业总体稳定。2024 年前三季度全国城镇调查失业率平均值为 5.1%,比 2023 年同期下降 0.2 个百分点;分季度看,第一季度全国城镇调查失业率是 5.2%,第二季度是 5.0%、第三季度是 5.2%。2024 年以来,城镇外来农业户籍劳动力失业率平均值为 4.7%,同比下降 0.4 个百分点,其中第三季度平均值为 4.7%。第三季度城镇外来农业户籍劳动力规模环比、同比均有所增加,特别是农民工就业相对集中的服务业相关行业就业人数明显增加,带动农民工就业向好。我国就业结构性矛盾比较突出。一方面,青年就业压力比较大,失业率偏高,2024 年 10 月全国城镇不包含在校生的 16～24 岁青年失业率为 17.1%;另一方面,制造业存在招工难的问题。尤其是一些制造业一线的技工还是供不应求。《2024 年第二季度城镇储户问卷调查报告》显示第二季度就业感受指数为 33.8%,比第一季度下降 1.4 个百分点。其中,9.6% 的居民认为"形势较好,就业容易",42.3% 的居民认为"一般",48.1% 的居民认为"形势严峻，就业难或看不准"。就业预期指数为 43.4%，比第一季度下降 1.9 个百分点[①]。

（三）消费者信心

面对日趋复杂的国际国内环境，叠加收入预期等多重因素影响，2024 年以来，我国消费者三大指数处于较低水平，且存在波动趋势。2024 年 1～3 月我国消费者信心指数和预期指数的环比均有小幅度增加，2024 年 4～9 月，我国消费者预期指数、消费者满意指数、消费者信心指数整体呈先下降后趋于稳定的态势（图 9）。我国消费者未来消费预期、消费信心程度有待提升，且理性消费及风险防范意识逐渐增强。《2024 年第二季度城镇储户问卷调查报告》显示，倾向于"更多储蓄"的居民占 61.5%，比第一季度减少 0.2 个百分点；居民收入感受指数、收入信心指数分别为 46.6%、45.6%，均比第一季度下降 1.4 个百分点。

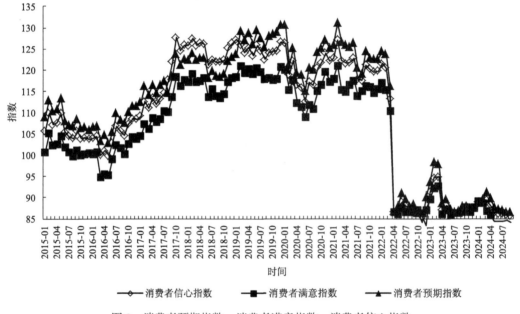

图 9 消费者预期指数、消费者满意指数、消费者信心指数

资料来源：国家统计局

（四）促消费政策措施

在 2007 年党的十七大时，我国就明确提出要"加快转变经济发展方式"，"坚持扩大国内需求特别是消费需求的方针，促进经济增长由主要依靠投资、出口拉动向依靠消费、

---

① 2024 年第二季度城镇储户问卷调查报告. http://camlmac.pbc.gov.cn/diaochatongjisi/116219/116227/5427648/index. html，2024-08-09.

投资、出口协调拉动转变"①。党的二十大报告再次强调,"要坚持以推动高质量发展为主题,把实施扩大内需战略同深化供给侧结构性改革有机结合起来,增强国内大循环内生动力和可靠性,提升国际循环质量和水平,加快建设现代化经济体系,着力提高全要素生产率,着力提升产业链供应链韧性和安全水平,着力推进城乡融合和区域协调发展"②。党的二十届三中全会审议通过的《中共中央关于进一步全面深化改革 推进中国式现代化的决定》,强调了要加快培育完整内需体系,完善扩大消费长效机制,减少限制性措施,合理增加公共消费③。在这些方针指导下,我国接续发布了一系列促消费政策。表 2 列出了 2021～2024 年我国主要的促消费政策,包括促进农村消费、大宗消费、旅游消费、养老服务消费和消费品以旧换新等方面的具体措施。

表 2　2021～2024 年我国主要促消费政策

发布日期	政策文件名称	内容简介
2021 年 4 月 15 日	《国务院办公厅关于服务"六稳""六保"进一步做好"放管服"改革有关工作的意见》④	提出了坚持目标导向、综合施策的基本原则,要围绕稳定和扩大就业、培育市场主体、扩大有效投资、促进消费、稳外贸稳外资、保障基本民生等重点领域,以务实管用的政策和改革举措,增强企业和群众获得感
2021 年 8 月 20 日	《国务院办公厅关于加快农村寄递物流体系建设的意见》⑤	为加快农村寄递物流体系建设,做好"六稳""六保"工作,提出如下意见:强化农村邮政体系作用、健全末端共同配送体系、优化协同发展体系、构建冷链寄递体系
2021 年 8 月 27 日	《国务院关于印发"十四五"就业促进规划的通知》⑥	提出要强化就业优先导向的宏观调控,深入实施扩大内需战略,持续促进消费、增加有效投资拉动就业,通过保市场主体保就业
2022 年 2 月 11 日	《国务院关于印发"十四五"推进农业农村现代化规划的通知》⑦	提出要实施农村消费促进行动,鼓励有条件的地区开展农村家电更新行动、实施家具装下乡补贴和新一轮汽车下乡,促进农村居民耐用消费品更新换代。要优化农村消费环境,加强农村市场建设,完善农村商贸服务网络
2022 年 3 月 25 日	《国务院关于落实〈政府工作报告〉重点工作分工的意见》⑧	提出要多渠道促进居民增收,完善收入分配制度,提升消费能力,推动线上线下消费深度融合,促进生活服务消费恢复,发展消费新业态新模式。要提高产品和服务质量,强化消费者权益保护,着力适应群众需求、增强消费意愿

① 胡锦涛在党的十七大上的报告. https://fuwu.12371.cn/2012/06/11/ARTI1339412115437623.shtml, 2012-06-11.

② 习近平: 高举中国特色社会主义伟大旗帜 为全面建设社会主义现代化国家而团结奋斗——在中国共产党第二十次全国代表大会上的报告. http://www.qstheory.cn/yaowen/2022-10/25/c_1129079926.htm, 2022-10-25.

③ 中共中央关于进一步全面深化改革 推进中国式现代化的决定. https://www.gov.cn/zhengce/202407/ content_6963770. htm, 2024-07-21.

④ 国务院办公厅关于服务"六稳""六保"进一步做好"放管服"改革有关工作的意见. http://www.gov.cn/zhengce/zhengceku/2021-04/15/content_5599655.htm, 2021-04-15.

⑤ 国务院办公厅关于加快农村寄递物流体系建设的意见. http://www.gov.cn/zhengce/zhengceku/2021-08/20/content_ 5632311.htm, 2021-08-20.

⑥ 国务院关于印发"十四五"就业促进规划的通知. http://www.gov.cn/zhengce/zhengceku/2021-08/27/content_ 5633714. htm, 2021-08-27.

⑦ 国务院关于印发"十四五"推进农业农村现代化规划的通知. http://www.gov.cn/zhengce/content/2022-02/11/content_5 673082.htm, 2022-02-11.

⑧ 国务院关于落实《政府工作报告》重点工作分工的意见. http://www.gov.cn/zhengce/content/2022-03/25/content_56813 43.htm, 2022-03-25.

发布日期	政策文件名称	内容简介
2022 年 4 月 25 日	《国务院办公厅关于进一步释放消费潜力促进消费持续恢复的意见》①	为了综合施策释放消费潜力，促进消费持续恢复，提出围绕保市场主体加大助企纾困力度、做好基本消费品保供稳价、加力促进健康养老托育等服务消费等共 20 条意见
2022 年 12 月 15 日	《国务院办公厅关于印发"十四五"现代物流发展规划的通知》②	提出强化现代物流对社会民生的服务保障，补齐农村物流设施和服务短板，推动快递服务基本实现直投到建制村，支撑扩大优质消费品供给
2023 年 6 月 19 日	《国务院办公厅关于进一步构建高质量充电基础设施体系的指导意见》③	提出建设便捷高效的城际充电网络，建设有效覆盖的农村地区充电网络，积极推进居住区充电基础设施建设，大力推动公共区域充电基础设施建设等意见支撑新能源汽车产业发展，促进汽车等大宗消费
2023 年 7 月 31 日	《国务院办公厅转发国家发展改革委关于恢复和扩大消费措施的通知》④	为充分发挥消费对经济发展的基础性作用，提出稳定大宗消费，扩大服务消费，促进农村消费，拓展新型消费，完善消费设施，优化消费环境等共 20 条措施
2023 年 9 月 29 日	《国务院办公厅印发〈关于释放旅游消费潜力 推动旅游业高质量发展的若干措施〉的通知》⑤	为释放旅游消费潜力，从加大优质旅游产品和服务供给、激发旅游消费需求、加强入境旅游工作、提升行业综合能力、保障措施五个方面提出 30 条措施
2023 年 10 月 11 日	《国务院关于推进普惠金融高质量发展的实施意见》⑥	提出要健全金融消费者权益保护体系，强化消费者权益保护全流程管控，畅通金融消费者投诉渠道，推进金融消费者权益保护监管执法合作机制建设
2024 年 3 月 13 日	《国务院关于印发〈推动大规模设备更新和消费品以旧换新行动方案〉的通知》⑦	提出开展汽车以旧换新，促进汽车梯次消费、更新消费。开展家电产品以旧换新，畅通家电更新消费链条。推动家装消费品换新，通过政府支持、企业让利等多种方式，持续推进居家适老化改造，积极培育智能家居等新型消费
2024 年 6 月 13 日	《国家发展改革委等部门印发〈关于打造消费新场景培育消费新增长点的措施〉的通知》⑧	提出发展餐饮消费细分领域、深化旅游业态融合创新、推动购物消费多元融合发展、拓展汽车消费新场景、完善城市社区便民服务等 17 条培育餐饮、文旅体育、购物、大宗商品、养老托育、社区消费新场景的措施

① 国务院办公厅关于进一步释放消费潜力促进消费持续恢复的意见. http://www.gov.cn/zhengce/content/2022-04-25/content_5687079.htm，2022-04-25.

② 国务院办公厅关于印发"十四五"现代物流发展规划的通知. https://www.gov.cn/zhengce/zhengceku/2022-12-15/content_5732092.htm，2022-12-15.

③ 国务院办公厅关于进一步构建高质量充电基础设施体系的指导意见. https://www.gov.cn/zhengce/zhengceku/202306/content_6887168.htm，2023-06-19.

④ 国务院办公厅转发国家发展改革委关于恢复和扩大消费措施的通知. https://www.gov.cn/zhengce/zhengceku/202307/content_6895600.htm，2023-07-31.

⑤ 国务院办公厅印发《关于释放旅游消费潜力 推动旅游业高质量发展的若干措施》的通知. https://www.gov.cn/zhengce/zhengceku/202309/content_6907052.htm，2023-09-29.

⑥ 国务院关于推进普惠金融高质量发展的实施意见. https://www.gov.cn/zhengce/zhengceku/202310/content_6908496.htm，2023-10-11.

⑦ 国务院关于印发《推动大规模设备更新和消费品以旧换新行动方案》的通知. https://www.gov.cn/zhengce/zhengceku/202403/content_6939233.htm，2024-03-13.

⑧ 国家发展改革委等部门印发《关于打造消费新场景培育消费新增长点的措施》的通知. https://www.gov.cn/zhengce/zhengceku/202406/content_6959044.htm，2024-06-13.

续表

发布日期	政策文件名称	内容简介
2024 年 8 月 3 日	《国务院关于促进服务消费高质量发展的意见》①	为优化和扩大服务供给，释放服务消费潜力，从挖掘基础型消费潜力、激发改善型消费活力、培育壮大新型消费、增强服务消费动能、优化服务消费环境、强化政策保障方面提出共 20 条意见
2024 年 10 月 31 日	《关于印发〈关于进一步促进养老服务消费 提升老年人生活品质的若干措施〉的通知》②	为进一步推动养老服务高质量发展，挖掘养老服务消费潜力，更好满足老年人服务需求，提升老年人生活品质，提出积极发展居家养老服务、丰富拓展社区养老服务、优化提升机构养老服务、加快发展农村养老服务等 19 条措施

2024 年以来，我国强化宏观政策逆周期调节，综合运用政府债券、贷款贴息等政策工具，推进实施大规模设备更新和消费品以旧换新，体现了积极的财政政策适度加力、提质增效，助力扩大国内需求、推动高质量发展的政策取向③。财政资金既支持供给侧，也激励消费端。中央财政明确安排 3000 亿元左右超长期特别国债资金，加力支持重点领域设备更新等，同时，将个人消费者乘用车置换更新、家电产品和电动自行车以旧换新、旧房装修、厨卫改造、居家适老化改造的物品材料购置等，纳入消费品以旧换新支持范围。截至 2024 年 10 月 15 日，据商务部数据，已有超过 2066.7 万名消费者参与了以旧换新的活动，其中 1013.4 万名消费者成功购买了 1462.4 万台家电产品，享受了约 131.7 亿元的中央补贴。这直接带动的销售额达到了 690.9 亿元，补贴的平均幅度也高达 19.1%④。2024 年 10 月，新能源乘用车市场零售 119.6 万辆，同比增长 56.7%，环比增长 6.4%。2024 年 1～10 月新能源乘用车零售 832.7 万辆，同比增长 39.8%⑤。这些数据表明，以旧换新等促消费的政策效果在逐步显现。

（五）房地产与股市

2024 年前三季度，股票市场明显反弹，房地产作为政策推动的主角，成交量趋于活跃。2024 年 11 月 1 日中国上市公司协会发布的数据显示，2024 年前三季度，我国境内股票市场上市公司合计实现营业收入 52.64 万亿元、实现净利润 4.43 万亿元。分季度数据显示，第三季度全市场上市公司实现净利润 1.52 万亿元，同比增长 4.9%，环比增长 3.9%，边际改善显著。上市公司总体营收、净利润两核心指标增速差继续收敛，一改持

---

① 国务院关于促进服务消费高质量发展的意见. https://www.gov.cn/zhengce/zhengceku/202408/content_6966275.htm，2024-08-03.

② 关于印发《关于进一步促进养老服务消费 提升老年人生活品质的若干措施》的通知. https://www.gov.cn/zhengce/zhengceku/202411/content_6985707.htm，2024-10-31.

③ 加力提升"两新"政策效能. https://www.gov.cn/zhengce/202410/content_6979778.htm，2024-10-14.

④ 2024 年家电以旧换新政策深入分析：阶段性成效显著，市场潜力无穷. https://www.sohu.com/a/823966885_122066678，2024-11-04.

⑤ 乘联会：10 月新能源乘用车市场零售 119.6 万辆 同比增长 56.7%. https://www.sohu.com/a/824925762_222256，2024-11-08.

续几年增收不增利局面[①]。股市的上涨为民众提供了一个潜在的增收渠道，相比直接刺激消费，这一途径更为可靠。房地产市场的走向仍是关键。根据国家统计局数据，2024 年前三季度，房地产开发投资下降 10.1%。全国新建商品房销售面积 70 284 万平方米，同比下降 17.1%，降幅比上半年和 1～8 月分别收窄 1.9 个百分点和 0.9 个百分点；新建商品房销售额 68 880 亿元，同比下降 22.7%，降幅比上半年和 1～8 月分别收窄 2.3 个百分点和 0.9 个百分点。在房地产市场和股市的波动影响下，居民的财产性收入受到了显著的冲击，促使消费的谨慎态度愈发明显。理性和审慎的消费将是未来一段时间内的趋势。

（六）社会保障体系

我国社会保障体系的覆盖面还不够广。目前我国农民工、灵活就业人员、新就业形态人员等可能未被纳入社会保障范围。2023 年，我国灵活就业人员规模在 2 亿人左右；全国农民工 2.98 亿人，其中外出农民工 1.77 亿人。第九次全国职工队伍状况调查显示，全国新就业形态人员达 8400 万人。健全他们的相应社保制度，是确保国家社保制度有效覆盖的需要，也是通过稳定就业促进高质量发展的需要。在一些地区或行业，社会保障的待遇水平可能较低，无法满足人们日益增长的生活需求。医疗保险的报销比例和覆盖范围也可能存在局限性，导致参保人员在面临高额医疗费用时仍感到沉重的经济负担。此外，社会保障制度的运行也面临诸多挑战，如医疗、失业保障基金的管理和分配问题，养老保障基金存在较大缺口，以及资金来源与使用等方面的问题。

（七）人口结构变化

2023 年末，我国（不含港澳台地区数据）总人口为 140 967 万人，比 2022 年末减少 208 万人。其中，16～59 周岁人口为 86 481 万人，占总人口的 61.3%；60 周岁及以上人口 29 697 万人，占总人口的 21.1%，比 2022 年末增加 1693 万人，占比提高了 1.3 个百分点，其中 65 周岁及以上人口增加 698 万人，占比提高了 0.5 个百分点，老龄化进一步加深。2023 年我国人口总量出现下降，主要是由于育龄妇女数量减少和生育水平下降带来的出生人口减少。2012～2023 年的十几年中，我国每年 15～59 岁劳动力资源数量净减少 500 万～600 万人，2023 年净减少 1000 万人。劳动力的持续减少已成为我国在相当长一段时间内面临的常态，这一因素将制约我国的经济增长和居民收入的增长，进而对消费产生负面影响。

---

① 中上协：前三季度我国境内股票市场上市公司合计实现营业收入 52.64 万亿元、净利润 4.43 万亿元. https://www.thepaper.cn/newsDetail_forward_29215518，2024-11-01.

（八）其他因素

（1）消费维权问题频发。2024 年上半年，平台经济大数据"杀熟"频现，微短剧付费乱象等消费维权热点事件不断引发社会广泛关注，这从侧面反映出部分行业领域在消费者权益保护方面仍存在痛点和难点①。这不仅影响用户消费体验，更抑制了消费活力。有关部门对新行业、新问题应加快研究完善相关消费权益保护法规，加大行业监管力度，提升监管标准与市场准入门槛，为保护消费者权益和提振消费市场保驾护航。

（2）农村消费基础设施仍需进一步完善。随着乡村振兴战略的深入实施，农村生活质量逐步提高，农民消费需求也日益增长。然而，部分农村消费基础设施仍不够完善，造成了农村消费的增长短板。具体而言，部分农村配电网供电能力和供电质量仍较落后，电网自动化、数字化、智能化水平低，充电桩等充电设备普及率低。为此，需要补齐消费基础设施短板，加强城乡融合发展，进一步挖掘农村消费潜力②。

五、最终消费预测

基于对最终消费总额及其结构的变动趋势和主要影响因素的分析，本报告应用分项加合预测方法，结合专家经验，对我国最终消费进行了预测。预计 2024 年我国最终消费同比名义增速约为 4.7%。

在就业形势趋好、居民消费意愿恢复向好的情景下，预计 2025 年我国最终消费同比名义增速将为 5.2%。

在就业形势及居民消费意愿相比 2024 年略有恢复的情景下，预计 2025 年我国最终消费同比名义增速将为 4.8%。

在收入增长略低、居民消费意愿与 2024 年持平的情景下，预计 2025 年我国最终消费同比名义增速将为 4.4%。

---

① 2024 年上半年消费维权舆情热点. http://finance.people.com.cn/n1/2024/0801/c1004-40290431.html，2024-08-01.
② 多措并举促进新动力成长——加速释放消费潜力述评. https://www.gov.cn/yaowen/liebiao/202401/content_6925960.htm，2024-01-15.

2025 年中国物价形势分析与预测①

郑阳阳　穆雨雨　鲍　勤　骆晓强

报告摘要：2024 年以来，我国物价整体呈现出居民消费价格指数（consumer price index, CPI）低位波动、PPI 先上升后下降的态势，全年保持负增长。由于食品价格回升缓慢，服务价格同比增速有所下降，加之下半年能源价格明显回落，2024 年的 CPI 持续低位运行，1～10 月上涨 0.3%，其中食品下跌 0.2%，非食品上涨 0.5%。由于国际大宗商品价格及原材料价格先涨后跌，PPI 同比呈先增后降的倒"U"形态势，上半年逐步回升，但仍保持负增长，第三季度跌幅开始扩大，10 月同比下降 2.9%。预计 2024 年全年，PPI 为–2.2%左右，CPI 为 0.3%左右。

2025 年影响我国物价走势的因素主要有两个方面：一是原油和基本金属等国际大宗商品价格的影响，由于原油供给过剩，预计 2025 年原油价格有所下跌，而能源转型将促使基本金属价格有所上涨，但总体来看，我国的 PPI 回升将面临较大的输入性阻力。二是国内需求疲弱导致物价上涨乏力，叠加服务价格增速回落、房地产市场低迷拖累房租价格上涨等，预计 2025 年国内物价总体平稳。整体来看，2025 年我国物价将呈现 PPI 和 CPI 低位运行的态势。

根据我国物价指数分项之间的关联关系建立多元传导模型和混频动态因子模型，并充分考虑季节因子影响，对 2025 年物价指数的环比数据进行预测，并在此基础上加上翘尾因素预测物价的同比数据。主要预测结果显示：2025 年我国 PPI 整体呈现逐步回升态势，全年同比增速预计为–1.5%～0.3%，基准情景下为–0.7%，整体比 2024 年有所回升，其中翘尾因素影响为–1.1 个百分点；具体来看，上半年位于–2.2%至–1.1%之间，下半年有望转正并逐步抬升至–0.9%至 1.7%之间。2025 年，我国 CPI 总体温和上涨，全年同比增速预计为 0.4%～1.1%，基准情景下为 0.6%，其中翘尾因素影响–0.4 个百分点；预计第一季度 CPI 同比增长 0.5%，第二季度有所回落，下半年温和上涨。综合定性与定量分析，建议密切监测价格走势，合理引导市场预期，提前出台有效的财政货币政策，稳定就业与居民收入，促进需求可持续增长，谨防通货紧缩风险。

---

① 本报告受国家自然科学基金项目（项目号：72073127）与中国科学院支持。

一、2024 年中国物价形势分析

2024 年，我国 CPI 总体保持在低位波动，PPI，以及原材料、燃料和动力购进价格指数（purchase price index of raw materials, fuel and power, PPIRM）整体呈现先上升后下降的倒"U"形态势。由于 2023 年 PPI 与 PPIRM 基数效应的影响逐渐减弱，叠加 2024 年上半年国际大宗商品，特别是原油价格的波动上行，国内石油等能源燃料、化工原料等生产资料领域价格降幅收窄，2024 年上半年的 PPI 和 PPIRM 跌幅持续缩小，而第三季度国际原油价格下跌，PPI 和 PPIRM 的跌幅开始扩大。因消费端需求不足，价格压力疲软，CPI 总体呈低位波动的态势。因此，2024 年以来整体呈现 PPI、PPIRM 跌幅先减小后增大的倒"U"形态势、CPI 低位波动的局面（图 1）。

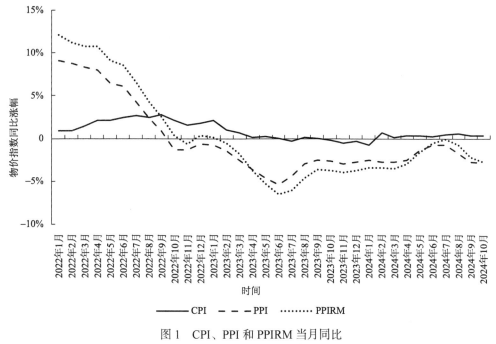

图 1　CPI、PPI 和 PPIRM 当月同比
资料来源：国家统计局[①]

（一）CPI 低位波动

2024 年我国 CPI 同比增速总体保持在低位运行，截至 10 月，比上年同期增长 0.3%，涨幅较 2023 年同期下降 0.1 个百分点。其中，食品价格累计同比增速为-0.2%，比上年同期减少 1.0 个百分点；非食品价格上涨 0.5%，涨幅比上年同期增加 0.2 个百分点。消费品价格与上年同期持平，涨幅比上年增加 0.1 个百分点。分类别看，如图 2 所示，2024

[①] 本报告中如无特殊说明，数据均来源于国家统计局。

年 1~10 月，居住、生活用品及服务类有小幅上涨，相比上年同期分别上涨 0.1%、0.7%，衣着、教育文化娱乐、医疗保健、其他用品及服务类价格涨幅相对较大，相比上年同期分别上涨 1.5%、1.6%、1.4% 和 3.6%，而食品烟酒类价格累计同比增速转正为负，下降 0.2%，交通和通信类价格延续上年的下降趋势但跌幅缩窄，累计同比为 –1.7%。

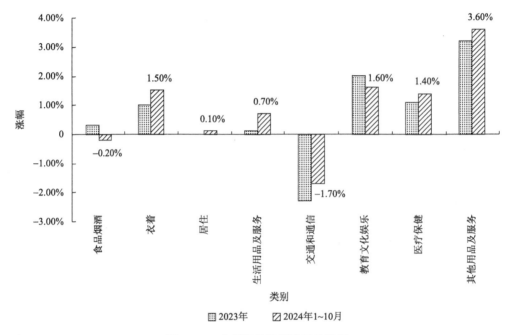

图 2　CPI 分项目价格累计同比涨幅

从月度同比涨幅来看，2024 年 1 月至 10 月，食品 CPI 从低位逐步回升。2024 年上半年，食品 CPI 延续 2023 年负增长的态势，7 月同比涨幅为 0，而后持续上涨，9 月达到峰值 3.3%，10 月涨幅有所回落（图 3）。2024 年 10 月，食品价格同比上涨 2.9%，非食品价格下降 0.3%，消费品价格上涨 0.2%，服务价格上涨 0.4%。分类别看，2024 年 10 月，食品烟酒、衣着、生活用品及服务、教育文化娱乐、医疗保健、其他用品及服务价格同比分别上涨 2.0%、1.1%、0.1%、0.8%、1.1%、4.7%，居住类价格同比下降 0.1%，而交通和通信类价格同比降幅持续扩大，10 月同比下跌 4.8%。

2024 年我国 CPI 运行呈现出以下特征。

（1）食品价格持续回升，同比增速由负转正。2024 年以来，食品类价格相比上年同期跌幅逐步缩小，其累计同比增速由 1 月的 –5.9% 升至 10 月的 –0.8%。2024 年 1~10 月，鲜菜价格上涨 5.0%，鲜果价格下降 3.9%，其他食品价格中，蛋类、食用油、奶类价格跌幅相对较大，分别下降 5.2%、4.6% 和 1.6%，而水产品价格上涨 1.0%，粮食价格基本稳定。

从月度同比数据看，猪肉价格同比增速回升，并在 4 月转负为正，由 1 月的 –17.3% 涨至 7 月的 20.4%，而后涨幅有所回落（图 4）。10 月，食品烟酒类价格同比上涨 2.0%，影响 CPI 上涨约 0.56 个百分点。食品中，鲜菜价格上涨 21.6%，影响 CPI 上涨约 0.44 个百分点；鲜果价格上涨 4.7%，影响 CPI 上涨约 0.10 个百分点；畜肉类价格上涨 2.8%，影响 CPI 上涨约 0.08 个百分点，其中猪肉价格上涨 14.2%，影响 CPI 上涨约 0.18 个百分点；水产品价格上涨 1.4%，影响 CPI 上涨约 0.03 个百分点；蛋类价格下降 2.5%，影响 CPI 下降约 0.02 个百分点；粮食价格下降 0.7%，影响 CPI 下降约 0.01 个百分点。

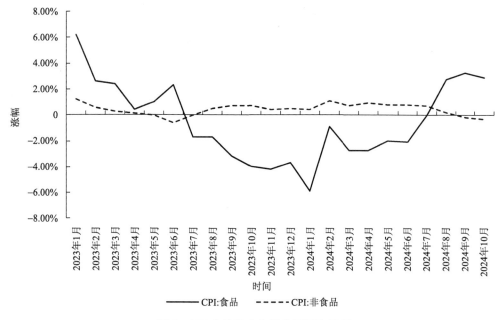

图 3　CPI 食品和非食品价格同比涨幅

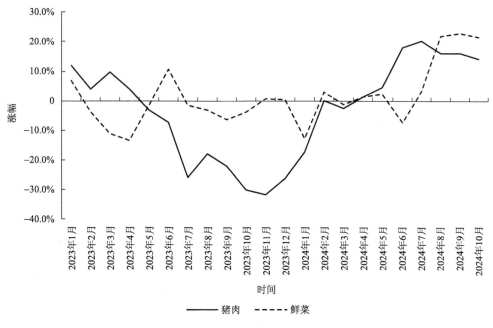

图 4　CPI 中猪肉和鲜菜价格同比增长

（2）非食品价格涨幅回落。2024 年 1～10 月我国 CPI 中非食品价格比上年同期上涨 0.5%，涨幅比 2023 年同期增加 0.2 个百分点，其中，消费品价格与上年同期持平，服务价格累计增长 0.7%，涨幅比上年同期减少 0.3 个百分点。从月度同比数据看，如图 5 所示，2024 年上半年的非食品价格涨幅平稳，第三季度开始下跌，由 7 月的 0.7% 跌至 10 月的 -0.3%；下半年的能源价格下降明显，自 7 月起，交通工具用燃料价格同比增速不断下降，8 月转正为负，10 月降至 -10.5%；此外，水电燃料价格同比增速在下半年也有所下降，7 月同比增速为 0.9%，10 月跌至 0.3%。

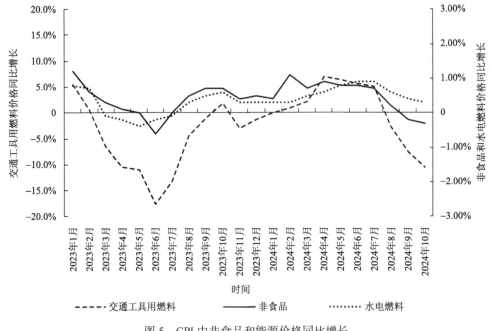

图 5　CPI 中非食品和能源价格同比增长

（3）服务价格涨幅有所下降。2024 年 1～10 月服务价格上涨 0.7%，涨幅比上年同期减少 0.3 个百分点。具体来看，如图 6 所示，旅游价格涨幅相比上年大幅回落，1～10 月累计同比增速为 4.2%，涨幅比上年同期减少 5.3 个百分点；相比上年同期，邮递服务价格转正为负，1～10 月累计同比增速为 -0.4%，通信服务、租赁房房租价格延续下降趋势，均下降 0.2%；医疗服务、家庭服务、教育服务、交通工具使用和维修价格涨幅相对稳定，分别上涨 1.8%、1.7%、1.6%、0.5%。从月度同比数据看，如图 7 所示，2024 年 2 月的服务价格受春节影响明显抬升，而 3 月后迅速回落到正常水平，第二季度较为平稳，而在第三季度开始回落。2024 年，租赁房房租价格同比增速连续下降，由 1 月的 0.2% 降至 10 月的 -0.3%，拉低了服务价格水平，使得服务 CPI 同比增速持续走低。10 月，服务价格略有抬升，同比上涨 0.4%，但涨幅比上年同期减少 0.8 个百分点，其中旅游价格下跌 0.4%，比上年同期减少 11.4 个百分点，交通和通信服务下降 4.8%，家庭服务、教育服务、医疗服务分别小幅上涨 1.5%、1.2%、1.8%，其他服务类价格略有上涨或下跌。

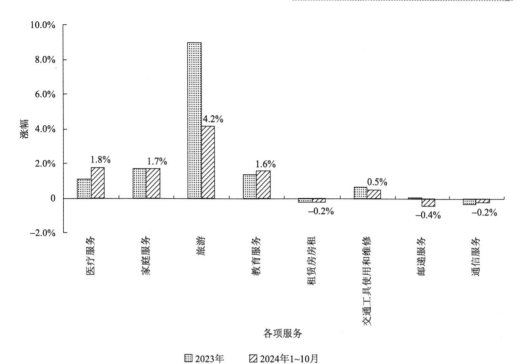

图 6　CPI 各项服务价格累计同比涨幅

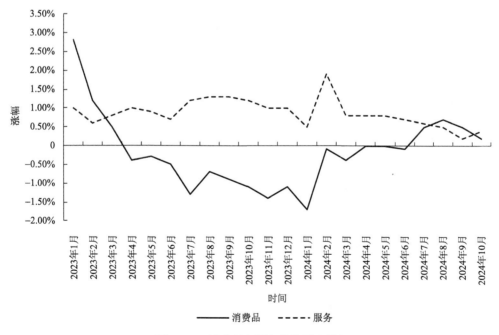

图 7　CPI 消费品和服务价格同比增长

（二）生产领域价格保持负增长，PPI 同比呈倒 "U" 形态势

2024 年，由于上半年的国际原油价格先涨后跌，以涨为主基调，叠加基本金属价格的上涨，我国的生产资料价格有所回升，但仍保持负增长，加之第三季度原油价格持续下跌，PPI 跌幅进一步扩大。2024 年 1～10 月 PPI 下降 2.1%，较 2023 年涨幅增加 1.0 个百分点。其中，生产资料价格下降 2.5%，涨幅比 2023 年增加 1.5 个百分点；2024 年经济运行平稳，生活资料价格下降 1.0%，涨幅比 2023 年减少 1.1 个百分点。如图 8 所示，生产资料中，采掘业、原料业和加工业价格相比上年略有回升，但仍保持负增长，生活资料中的食品类、耐用消费品类价格小幅下跌，衣着类、一般日用品类价格与上年同期持平。

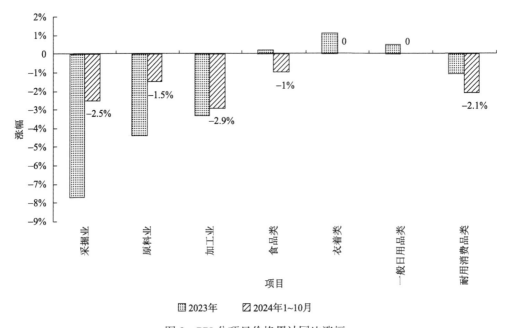

图 8 PPI 分项目价格累计同比涨幅

从月度同比数据看，2024 年上半年 PPI 同比呈现先下降后上升的态势，由 1 月的 −2.5%降至 3 月的−2.8%，而后上涨至 6 月的−0.8%，但从 7 月起开始回落，10 月跌至−2.9%，比上年同期下降 0.3 个百分点。其中，生产资料 PPI 同比持续为负，7 月达到峰值−0.7%，而后降至 10 月的−3.3%，生活资料 PPI 同比在上半年略有回升，但下半年持续下降，10 月仅为−1.6%，比上年同期下降 0.7 个百分点（图 9）。

2024 年我国 PPI 运行呈现以下特征。

（1）生产资料价格呈负增长，跌幅先减后增。2024 年 1～10 月，PPI 中生产资料价格下降 2.5%，其中采掘业、原料业和加工业价格分别下降 2.5%、1.5%和 2.9%，比上年同期分别上涨 5.3 个、3.2 个和 0.4 个百分点。分行业来看，生产资料各行业价格跌幅略有缩小。2024 年国际原油价格先涨后跌，上半年以涨为主基调，而第三季度持续下跌，

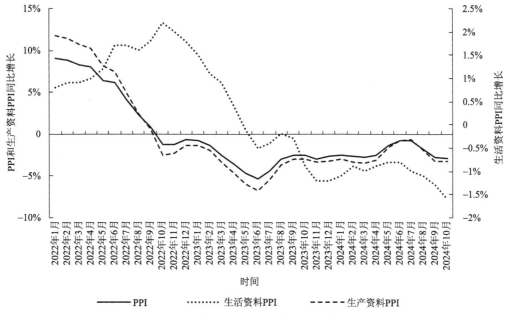

图 9　PPI、生产资料 PPI 和生活资料 PPI 价格同比增长

带动国内石油相关行业价格呈现走势相似，整体下跌的局面。受上年同期基数较低的影响，截至 10 月，石油和天然气开采业、石油煤炭及其他燃料加工业价格累计同比增速分别为 1.5%、−3.1%，较 2023 年同期分别增加 13.1 个和 5.7 个百分点。此外，化学原料及化学制品制造业下降 4.0%，相比上年降幅收窄，增加 5.5 个百分点，黑色金属矿采选业上涨 3.5%，增加 8.5 个百分点。而有色金属矿采选业累计同比增长 12.1%，涨幅比 2023 年同期增加 6.4 个百分点。

　　从月度同比涨幅看，如图 10 所示，PPI 生产资料的各分项目均呈现先回升后下跌的趋势，采掘业、原料业的回升速度较快，分别在 6 月和 5 月转负为正，并在 7 月达到峰值 3.5% 和 1.8%，但下半年逐渐回落，10 月同比涨幅分别为−5.1% 和−4.0%，比上年同期分别上涨 0.9 个百分点和下降 1.7 个百分点；加工业价格同比涨幅维持负增长，10 月同比涨幅为−2.9%，与上年同期基本持平。在细分工业部门中，如图 11 所示，石油部门、煤炭及炼焦部门的价格在 2024 年下半年持续下跌，使得 2024 年下半年 PPI 呈下降趋势；此外，由于房地产市场长期低迷，自 2022 年 9 月以来，建筑材料部门的价格连续维持负增长态势，至今未有明显的回升趋势，直接拉低了 PPI 的整体水平。

　　（2）生活资料价格小幅下降。2024 年 1~10 月，PPI 中生活资料价格下降 1.0%，涨幅比 2023 年减少 1.1 个百分点。其中，食品类、耐用消费品类价格比上年同期分别下降 1.0% 和 2.1%，衣着类和一般日用品类价格与上年同期基本持平。从月度同比涨幅看，如图 12 所示，2024 年上半年生活资料价格小幅波动，略有回升，下半年逐步下降，食品类、衣着类、耐用消费品类 PPI 同比下降明显，其中食品类在 6 月达到峰值−0.2%，10 月降至−1.6%，衣着类在 6 月由正转负，10 月同比为−0.4%，耐用消费品类在 1 月至 9 月维持在−2.0% 左右，10 月骤降至−3.1%，一般日用品类的 PPI 同比变化相对平稳，10

月上涨 0.1%。与上年同期相比，食品类、衣着类、一般日用品类、耐用消费品类的 PPI 同比分别下降 0.4 个、0.8 个、0.3 个和 1.1 个百分点。

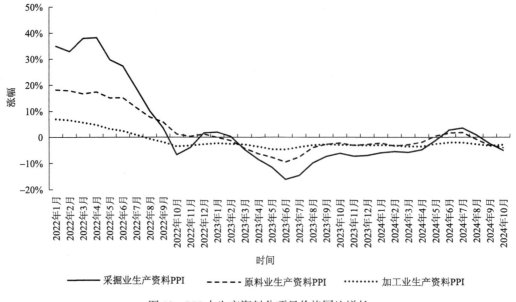

图 10　PPI 中生产资料分项目价格同比增长

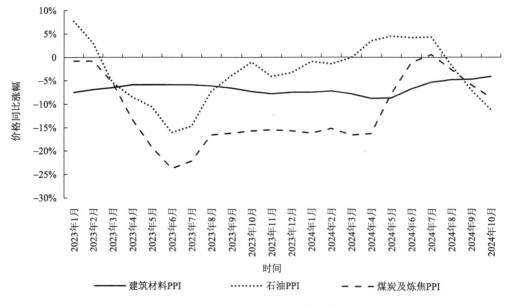

图 11　PPI 中部分行业价格同比增长

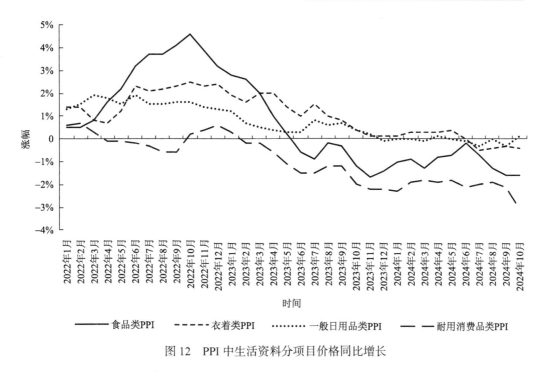

图 12　PPI 中生活资料分项目价格同比增长

（三）PPIRM 跌幅缩窄

2024 年 1～10 月我国 PPIRM 下降 2.1%，比 2023 年同期增加 1.5 个百分点。分项目来看（图 13），除有色金属材料和电线类外，各分类价格均延续上年的负增长态势。其中，燃料动力类、黑色金属材料类、化工原料类、木材及纸浆类、纺织原料类的跌幅相比上年缩小，累计同比涨幅分别为-3.7%、-3.7%、-3.4%、-2.3%、-0.4%；建筑材料及非金属矿类、农副产品类、其他工业原材料及半成品类的跌幅进一步扩大，分别下降6.3%、4.3%和1.6%；而有色金属材料和电线类价格扭转上年下跌的态势，涨幅转负为正，累计同比上涨 6.3%，比上年同期增加 7.6 个百分点。

从月度同比涨幅看，2024 年 1～10 月我国 PPIRM 同比增速呈现先升后降的倒"U"形态势，由 1 月的-3.4%波动升至 7 月的-0.1%，之后逐步回落至 10 月的-2.7%，全年保持负增长。分项目看，如图 14 和图 15 所示，燃料动力类、黑色金属材料类、有色金属材料和电线类、化工原料类、木材及纸浆类、农副产品类、纺织原料类等均呈现先升后降的态势，在 2024 年 1～10 月，仅有色金属材料和电线类价格的当月同比增速保持正增长，其他类别在多数月份为负增长。10 月，燃料动力类、黑色金属材料类、化工原料类、木材及纸浆类、建筑材料及非金属矿类、农副产品类、纺织原料类、其他工业原材料及半成品类分别下降 6.2%、6.9%、5.3%、1.0%、4.1%、4.5%、1.9%、1.7%，有色金属材料和电线类上涨 9.3%。

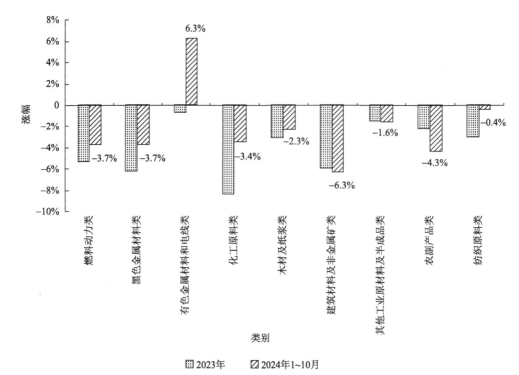

图 13 PPIRM 分项目价格累计同比涨幅

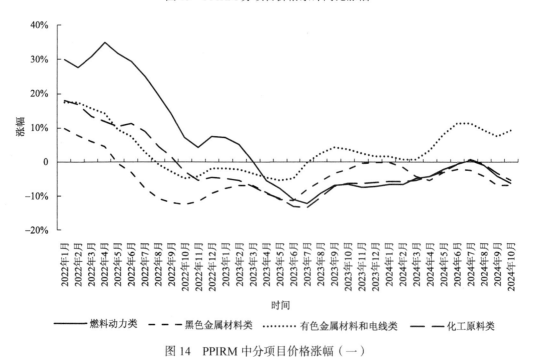

图 14 PPIRM 中分项目价格涨幅（一）

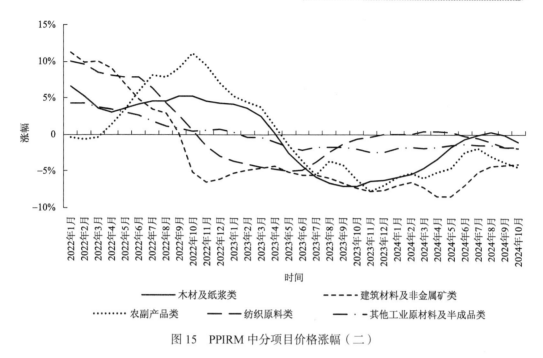

图 15　PPIRM 中分项目价格涨幅（二）

二、2025 年我国物价走势影响因素分析

（一）国际大宗商品价格走势

虽然我国在部分商品上已具有一定的国际影响力，但总体上我国仍是价格接受者，国际大宗商品价格的变动会通过贸易、市场预期等途径传导到国内，特别是国际原油价格和基本金属价格。因此，分析国际市场价格走势对研判 2025 年我国物价走势十分重要。

（1）原油方面，2024 年全球经济增速回落，原油需求放缓，供给过剩，使得全年平均价格比 2023 年有明显下降。预计 2025 年原油价格总体呈宽幅波动态势，中枢价格有所下降，但不能排除地缘政治冲突加剧和石油输出国组织（Organization of the Petroleum Exporting Countries，OPEC）国家减产导致原油价格飙升的可能。

2024 年以来，全球经济增长趋稳，大宗商品贸易格局持续调整，地缘政治冲突导致中东地区和俄罗斯的原油出口量下降，但这种下降的趋势被发达经济体和拉丁美洲国家原油产量的增加所抵消，原油价格在 2024 年上半年呈现先涨后跌的态势，7 月有所回升，而由于石油供应过剩加之美国经济势头减弱和我国经济增长放缓，第三季度的原油价格总体呈下降趋势，受中东地区的紧张局势加剧的影响，10 月初的油价略有抬升，但由于供应过剩和经济疲软，上涨趋势在 10 月中旬发生逆转，如图 16 所示，2024 年 10 月布伦特原油均价为 75.66 美元/桶，与 2023 年同期相比下降 16.9%。展望 2025 年，面对全球经济缓慢而不均衡的发展态势，原油市场将面临较大的不确定性。一方面，中东地区冲突加剧阻碍原油的出口，以及经济复苏导致的原油需求加大，将使国际油价面临飙升风险；另一方面，如果全球经济增长弱于预期，以及 OPEC+减产协议稳步解除，原油价格将持续下跌。从国内成品油价格来看，如图 16 所示，其通常与国际原油价格保持一致。当前国内成品油价格由于国际原油供应过剩而处于下跌趋势，尽管存在一定的价格优化空间，然而，考虑到国内成品油价格处于快速下降阶段，若国际原油价格继续下跌，将对我国 PPI 的回升带来一定的阻力。

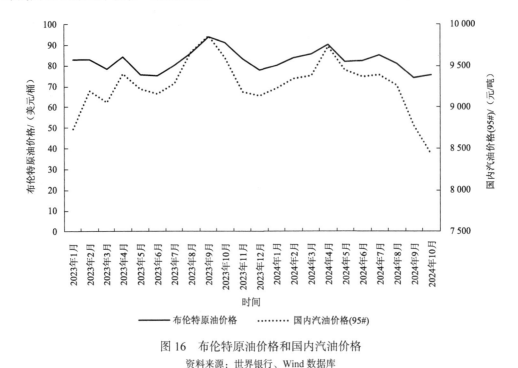

图 16　布伦特原油价格和国内汽油价格
资料来源：世界银行、Wind 数据库

（2）基本金属方面，预计 2025 年基本金属价格将总体保持稳定，但由于新能源的发展增加了对铜等基本金属的需求，因此 2025 年的价格水平预计将整体高于 2024 年。

2024 年，尽管全球主要经济体的工业活动呈现出放缓态势，同时我国房地产市场长期低迷，但由于多种能源转型技术的蓬勃发展，包括电动汽车、可再生能源系统和电网基础设施等，全球对铜和铝的需求维持稳定态势。如图 17 所示，自 2024 年 1 月以来，国际铜、铝价格逐步回升，铜价由 1 月的 8338.88 美元/吨上涨至 5 月的 10 139.33 美元/吨，铝价由 1 月的 2192.82 美元/吨上涨至 5 月的 2564.54 美元/吨，6 月后铜、铝价格开始回落，10 月出现小幅上涨，铜价和铝价同比分别上涨 20.1%和 18.4%。考虑到 2025 年各国开展能源转型，出台相应政策以应对全球能源危机，如加快扩大可再生能源装机规模、减少化石燃料依赖等，新能源发展将加大铜等基本金属的需求，但由于全球经济疲软且基本金属供应充足，预计基本金属价格总体保持平稳。

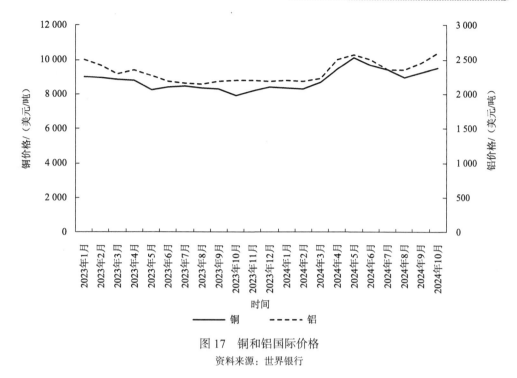

图 17 铜和铝国际价格

资料来源：世界银行

（3）粮食方面，预计 2025 年全球粮食价格整体将小幅回落，但存在许多不确定因素，价格波动风险较大。但由于我国除大豆等个别产品外的粮食对外依赖度大多不高，国际粮价波动对国内价格的传导有限。

2024 年的国际农产品供应充足，整体粮食价格呈下跌趋势。2024 年 1～10 月，玉米、小麦价格相比上年同期分别下降 28.0% 和 22.6%，由于其库存充足，预计 2025 年价格将进一步下跌。如图 18 所示，由于全球大豆主要生产国的产量均有所增加，2024 年 1～10 月价格比同期下降 22.6%，受南美干旱天气影响，10 月价格有所回升。2024 年 1～10 月，大米价格上涨 11.5%，但由于充沛的降水条件，印度扩大了水稻播种面积并放宽了大米出口的限制，下半年大米价格呈下跌趋势，此外，拉尼娜气候现象有望为南亚地区带来更为丰沛的雨季，据此预测，全球大米产量在 2024 年和 2025 年将创新高，预计 2025 年的大米价格将呈下降趋势。总体来看，2025 年的粮食总体价格会因供给和库存充足而进一步下降。但若中东的地缘政治冲突持续加剧，导致油价飙升，进而增加粮食的生产和运输成本，且受高温热浪等极端天气事件的影响，粮食价格也面临着一定的上行风险。

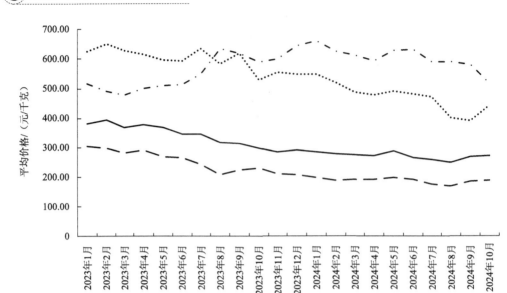

图 18　国际粮食价格
资料来源：世界银行

（二）国内供需形势

2025 年，预期我国经济仍将保持温和稳定复苏，但经济增长动能仍然偏弱，经济体系内生的流动性创造能力仍然不足。2024 年我国经济突出表现为内需不足，这也成为影响物价的重要因素。尽管我国政府采取了一系列政策措施以稳定物价并提振经济，但是，消费信心和预期恢复都需要时间，从数据来看，已有的政策尚未能对物价产生实质性的提振作用。

展望 2025 年，如果没有大规模直接针对居民主体的经济政策，预计居民消费需求恢复进程仍将受制于就业和收入，整体偏弱，需求疲软将限制价格上涨的空间。同时，我国工业生产中的产能过剩问题仍未完全解决，在特朗普当选美国总统的背景下，外部需求形势面临较高的不确定性，供过于求将导致我国工业品价格持续低迷。此外，房地产市场的调整仍在进程中，这将对上下游行业的需求带来一定的抑制作用，进一步减缓了整体物价水平的上涨动力。基于此，预计 2025 年的中国物价可能呈现食品价格稳定、工业品价格低迷、服务价格有所下跌的结构性特征。食品价格可能继续受到农业生产恢复和供应链正常化的支撑，而服务价格将受到房地产市场调整的影响。

（三）国内重要价格波动领域分析

（1）猪肉价格总体将呈现温和波动态势。短期来看，如图 19 所示，2024 年年初，受生猪存栏量增加和市场供给充足影响，猪肉价格处于相对低位。然而，随着上半年生猪出栏量减少，市场供给趋紧，猪肉价格开始回升。2024 年前三季度，全国生猪出栏 52 030 万头，比上年同期减少 1693 万头，累计同比下降 3.2%，供给的缩减直接推动了猪肉价格的上涨。此外，饲料成本上升和疫病防控成本增加也对猪肉价格形成支撑。短期内，市场供需失衡是价格波动的主要原因。长期来看，生猪养殖周期、政策调控及消费者需求变化将持续影响猪肉价格走势。2025 年，预计猪肉价格总体处于波动状态，大致呈现涨幅、跌幅都不大的波动态势。

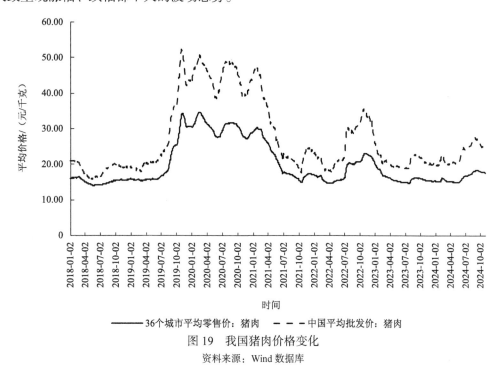

图 19　我国猪肉价格变化

资料来源：Wind 数据库

（2）服务价格增速预计有所下跌。如果没有新增政策刺激，预计 2025 年中国经济增速将有所放缓，在此背景下，服务业作为第三产业的核心部分，其价格可能受到一定的影响。特别是房地产市场长期低迷，其不仅经由建筑材料价格的下滑拖累整体 PPI 水平，还会通过租赁房房租价格的下降抑制服务 CPI 的增长。展望 2025 年，如果房地产市场开始缓慢复苏，将带动相关产业的价格回升，直接促进 PPI 与服务 CPI 的回暖，也将增强居民的消费意愿与投资信心，对整体物价水平的稳定与提升起到重要作用。但是，由于经济增速的放缓，房地产市场可能继续疲软，预计 2025 年的服务价格增速会有所下跌。

三、2025 年我国三大物价指数预测结果

本报告在骆晓强等[1]提出的多元传导模型的框架下（图 20），运用大规模高频数据，

---

① 骆晓强，鲍勤，魏云捷，等. 2018. 基于多元传导模型的物价指数预测新方法：2018 年中国物价展望[J]. 管理评论，30（1）：3-13.

建立动态因子模型，对 2025 年我国三大物价指数开展预测。从宏观、景气、金融和大规模的商品价格指标中提取潜在因子成分，通过自回归过程描述因子的动态变化，并使用格兰杰因果检验分析 PPIRM、PPI 和 CPI 物价分项间的传导关系，将其纳入到动态因子模型，包括从上游到下游的同期传导关系以及从下游到上游的滞后一期传导关系。综合利用大规模指标数据的信息和物价变量间的多元传导关系，建立带有结构约束的动态因子模型，对我国的 PPIRM、PPI 和 CPI 的分项进行预测。

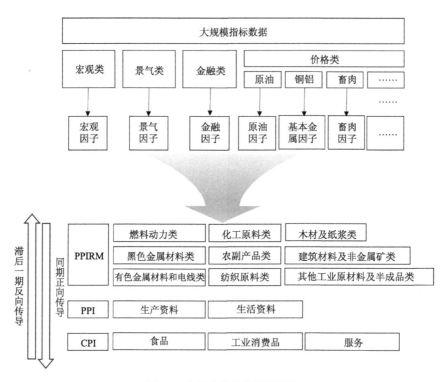

图 20　我国物价指数预测框架

基于完善后的多元传导价格预测模型，对 2025 年我国三大物价指数的预测结果如下。

（一）2025 年 PPIRM 预测

根据 2024 年各月的 PPIRM 环比指数（2024 年 11～12 月为预测值，下同），测算得到翘尾因素将促使 2025 年 PPIRM 下降约 1.4 个百分点。各月份翘尾因素如图 21 所示，预计 2025 年翘尾因素均为负向影响，上半年的翘尾因素对 PPIRM 的影响约为-2.0 个百分点，下半年翘尾因素开始逐渐减弱。

根据传导模型预测出 2025 年 PPIRM 各月份的环比变动情况，根据环比与同比的关系，计算出各月份同比数据，结果如图 22 所示，预测 2025 年 PPIRM 同比全年将在-1.4%至 1.5%之间，在基准情景下约为-0.1%，分月度来看，整体呈现前低后高态势，第一季度约为-2.0%，之后持续回升，下半年有望转正。

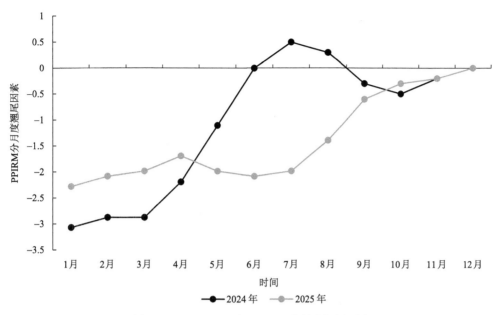

图 21　2024～2025 年 PPIRM 分月度翘尾因素

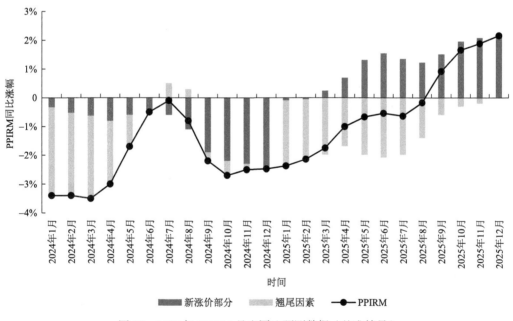

图 22　2025 年 PPIRM 月度同比预测数据（基准情景）

（二）2025 年 PPI 预测

根据 2024 年各月的 PPI 环比指数，测算得到翘尾因素对 2025 年 PPI 影响约为-1.1 个百分点。翘尾因素的月度分布如图 23 所示，2025 年全年翘尾因素呈现前低后高态势，上半年的翘尾因素约为-1.8 个百分点。

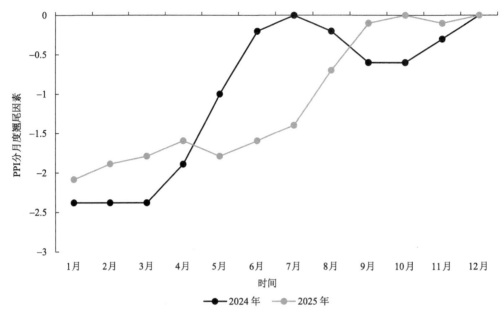

图 23 2024～2025 年 PPI 分月度翘尾因素

使用传导模型可以预测出 2025 年 PPI 月度环比涨幅，进而根据环比与同比的关系，可以计算出 PPI 月度同比指数，预测结果如图 24 所示，2025 年 PPI 整体呈现前低后高的态势。2025 年全年 PPI 同比将在-1.5%至 0.3%之间，在基准情景下约为-0.7%，其中上半年因基数较高，翘尾因素影响为负值较大，PPI 为-2.2%至-1.1%之间，下半年随着经济复苏和翘尾因素的回升，PPI 逐步回升至-0.9%至 1.7%之间。

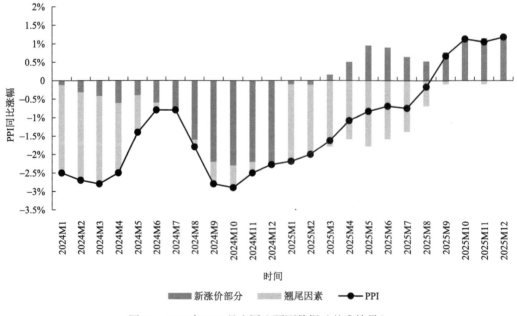

图 24 2025 年 PPI 月度同比预测数据（基准情景）

（三）2025 年 CPI 预测

根据 2024 年各月的 CPI 环比指数，测算得到翘尾因素对 2025 年 CPI 影响约在-0.4 个百分点。2025 年各月份的翘尾因素如图 25 所示，其中，第一季度的翘尾因素约为-0.4 个百分点；6 月的翘尾因素为 0 个百分点，是年内的最高点。

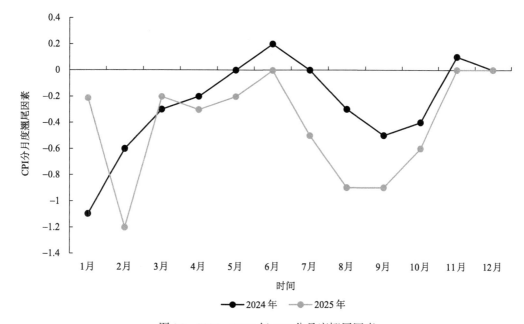

图 25　2024～2025 年 CPI 分月度翘尾因素

使用传导模型可以预测出 CPI 在 2025 年的月度环比涨幅，进而根据环比与同比的关系，可以计算出 CPI 月度同比涨幅，结果如图 26 所示。根据预测，2025 年全年 CPI 同比在 0.4% 至 1.1% 之间，在基准情景下将上涨 0.6%，整体来看，2025 年 CPI 呈现 "U" 形态势，预计第一季度同比增长 0.5%，第二季度有所回落，下半年将逐步回升，年内高点预计在 12 月，为 1.5% 左右。

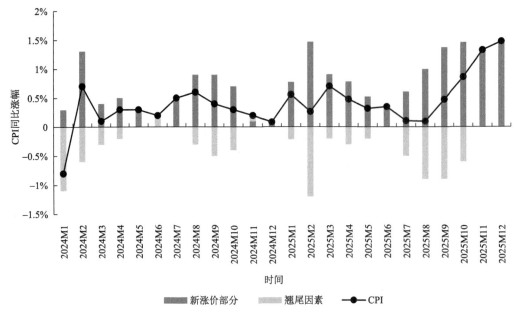

图 26　2025 年 CPI 月度同比预测数据（基准情景）

四、结论和政策建议

2024 年我国物价低位运行主要由于经济发展模式转型过程中产生的需求不足和流动性匮乏。尽管我国已采取诸多措施，但政策力度与经济体系流动性恢复所需的强度相比仍然偏弱。价格是经济中供给和需求的共同反映，推动物价水平合理回升是一个系统工程，为更好地通过宏观调控政策促进经济体系流动性恢复到合理水平，提出以下政策建议。

（1）建议进一步加强财政政策和货币政策的有机配合，提升政府有形之手促进经济体系流动性创造和恢复的能力。建议央行进一步加强在二级市场上的国债买卖，逐步将国债作为货币政策常规工具箱中的重要手段，让国债价格成为货币市场中的重要价格锚。除对国内发行长期国债外，建议加强对外发行人民币计价的长期国债，合理引流，吸引共建"一带一路"国家中愿意投资于中国中长期发展的投资者，用好外部流动性弥补由美元资产流动性匮乏导致的流动性输入不足。

（2）建议积极推动财政体制改革，提升财政在国民经济体系中的"平准"作用。推进增值税征收规则从以生产地原则为准向以消费地原则为准的转型，从激励机制角度提升地方政府鼓励消费的意愿，敦促全国统一大市场建设，从制度上拉动需求；完善国民经济统计核算体系，探索常规 GDP 统计从生产法核算向支出法核算的可能性，从制度层面增强对需求侧的重视。

（3）建议统筹加强推动物价回升政策与改善民生、促进经济协同发展政策的关联，增强政策施策的系统观。例如，可将提升农产品补贴价格与提升农民收入相结合，并同时为低收入群体发放消费券、消费补贴以降低食品价格波动对其影响；可在提升水电价格时，同步为低收入群体发放补助；增加针对低收入居民群体的直接补助或转移，提高低保水平特别是农村居民养老金水平。

（4）建议进一步推动房地产市场的稳定发展，提升消费者的投资信心与消费意愿，扩大市场需求，缓解产能过剩问题。例如，通过调整首付比例和贷款额度等方式进一步降低购房门槛，积极优化购房的税收政策，提高购房优惠力度，降低交易成本；完善租房市场的法律法规，加强市场监管，针对新市民等特定群体，加大保障性租赁住房的建设力度，平衡住房供需关系。通过这些措施，增强房地产市场的活跃度，同时避免房价的大幅波动，进而促进房地产相关的建筑材料和房屋租赁等行业价格水平的回升。

（5）建议实施综合性的就业保障与工资调整策略，稳定就业市场，保障工资的合理增长。在经济增速放缓和物价水平走低的背景下，企业对劳动力需求的下降使得就业市场竞争加剧，就业困难问题日益凸显，下岗失业、工资收入的减少使得消费者的购买力减弱，对商品和服务的需求减少，市场供过于求使得物价下跌，收入减少导致物价下降的螺旋紧缩风险将严重阻碍经济发展。在美国可能加征关税冲击国内就业的情况下，需要加大力度稳定就业和居民收入。例如，进一步完善社会保障制度，提高失业保险覆盖率，优化失业保险待遇，提高对失业的救济和保障水平。

2024 年中国财政形势回顾及 2025 年展望

骆晓强

报告摘要：2024 年，受房地产市场持续调整并向上下游传导影响，我国一般公共预算收入持续下降，1～10 月累计收入 184 981 亿元，同比下降 1.3%；全国政府性基金预算收入出现下降，1～10 月累计收入 35 462 亿元，同比下降 19%。与此同时，实施积极财政政策，财政支出总体扩张。一般公共预算支出保持较快增长，1～10 月累计支出 221 465 亿元，同比增长 2.7%。但全国政府性基金预算支出出现下降，1～10 月累计支出 70 107 亿元，同比下降 3.8%。2024 年财政收支保持平衡的压力较大。

2024 年，我国积极财政政策力度加大。1～9 月，主要体现在：财政支出规模继续扩大，2024 年安排财政赤字 4.06 万亿元，比上年年初预算增加 1800 亿元；新增地方政府专项债务限额 3.9 万亿元，比上年增加 1000 亿元；发行 1 万亿元超长期特别国债，全年一般公共预算支出规模达到 28.55 万亿元，持续保持较高的支出强度。持续实施研发费用税前加计扣除、先进制造业企业增值税加计抵减、科技成果转化税收减免等政策，完善对制造业企业技术改造的税收优惠政策。积极推进大规模设备更新和消费品以旧换新工作。更大力度支持基本民生保障，按照全国总体 3% 的比例提高退休人员基本养老金水平，大幅提高城乡居民基础养老金的最低标准、基本公共卫生服务经费财政补助标准和城乡居民基本医疗保险财政补助标准。2024 年 9 月 26 日中央政治局会议召开以后，又出台一系列增量政策，包括：加力支持地方化解政府债务风险，增加 6 万亿元地方政府债务限额置换存量隐性债务，分三年安排，2024～2026 年每年 2 万亿元，支持地方化解隐性债务；发行特别国债支持国有大型商业银行补充核心一级资本，提升这些银行抵御风险和信贷投放能力；叠加运用地方政府专项债券、专项资金、税收政策等工具，支持推动房地产市场止跌回稳；加大对重点群体的支持保障力度，向困难群众发放一次性生活补助，针对学生群体加大奖优助困力度，提升整体消费能力。2024 年财政扩张支持了经济恢复和发展。

考虑到 2025 年经济运行仍面临较大不确定性，财政收入增长仍不乐观，使用分税种模型预测，2025 年全年财政收入预计在 22 万亿～22.5 万亿元，比 2024 年预算收入（22.395 万亿元）的增长在 -1.8% 到 0.5% 之间。财政紧平衡可能成为新常态。

考虑到 2025 年我国经济面临较大不确定性，建议 2025 年积极的财政政策更加提质增效。在总量上适度扩大财政赤字和专项债规模，保障财政支出的力度，留有应对各类风险的余地。在结构上切实加大力度调整优化财政支出方向，财政资金配置到经济循环最薄弱环节和经济社会发展最迫切需要的地方，最大程度发挥好财政政策乘数效应。在管理上要继续防范和化解地方政府债务风险，防范金融风险向财政风险的传导，巩固财政运行基础，增强财政的可持续性。

一、2024 年中国财政运行情况

2024 年，我国经济运行总体平稳，但房地产市场持续下降，并向上下游传导，经济下行压力较大。为巩固经济复苏势头，财政政策继续加大力度。财政紧平衡状态进一步加剧。如表 1 所示，2024 年 1～10 月累计，全国一般公共预算收入 184 981 亿元，同比下降 1.3%；全国一般公共预算支出 221 465 亿元，同比增长 2.7%。受土地出让收入较大幅度下降影响，全国政府性基金预算收入 35 462 亿元，同比下降 19%；全国政府性基金预算支出 70 107 亿元，同比下降 3.8%。

表 1　2022～2024 年我国财政四本预算收支概况　　　　单位：亿元

项目	2022 年		2023 年		2024 年 1～10 月	
	收入	支出	收入	支出	收入	支出
一般公共预算	203 649	260 552	216 795	274 623	184 981	221 465
政府性基金预算	77 896	110 608	70 707	101 278	35 462	70 107
国有资本经营预算	5 696	3 395	6 742	101 278		
社会保险基金预算	102 448	90 603	113 020	99 096		

资料来源：2022 和 2023 年数据为决算数据，分别来自 http://yss.mof.gov.cn/2022zyjs/ 和 https://yss.mof.gov.cn/2023zyjs/；2024 年 1～10 月数据为预算执行数，根据财政部（https://gks.mof.gov.cn/tongjishuju/202411/t20241118_3947753.htm）网站数据整理；以下如无特殊说明，资料均来自以上网站

考虑到一般公共预算收支是我国政府财政收支的核心，下文主要分析一般公共预算收支情况。下文所称财政收入和支出专指一般公共预算收支，其概况如表 2 所示。需要说明的是，表 2 中财政收支差额为财政部公布数据，不等于财政收入减财政支出，按财政部定义，财政收支差额=收入总量（全国一般公共预算收入+全国财政使用结转结余及调入资金）–支出总量（全国一般公共预算支出+补充中央预算稳定调节基金）。

表 2　2020～2024 年全国一般公共预算收支概况

项目	2020 年	2021 年	2022 年	2023 年	2024 年 1～10 月
财政收入/亿元	182 914	202 555	203 649	216 795	184 992
财政支出/亿元	245 679	245 673	260 552	274 623	221 465
财政收支差额/亿元	−37 600	−35 700	−33 700	−48 800	−40 600
收支差额占 GDP 比重	−3.7%	−3.1%	−2.8%	−3.9%	−3.1%

注：2024 年财政收支差额为预算数，收支差额占 GDP 比重为作者估算

2024 年我国一般公共预算运行表现出以下特点。

（一）财政收入出现下降

2024 年受房地产市场持续调整并向上下游传导影响，叠加工业品出厂价格持续走低影响，我国一般公共预算收入出现下降，主要项目收入情况如表 3 所示。

表 3　财政收入主要项目收入情况

主要项目	2021 年/亿元	2022 年/亿元	2023 年/亿元	2024 年 1~10 月 金额/亿元	2024 年 1~10 月 同比增长
财政收入	202 555	203 649	216 795	184 981	−1.3%
各项税收	172 736	166 620	181 136	150 782	−4.5%
国内流转税	82 617	70 492	90 675	74 904	−3.8%
国内增值税	63 520	48 718	69 334	56 619	−5.1%
国内消费税	13 881	16 699	16 118	14 055	2.4%
城市维护建设税	5 217	5 075	5 223	4 230	−5.2%
进口环节税收	20 126	22 855	22 076	17 798	−0.5%
进口货物增值税、消费税	17 320	19 995	19 485	15 777	0
关税	2 806	2 860	2 591	2 021	−4.4%
出口货物退增值税、消费税	−18 158	−16 258	−17 122	−16 958	9.9%
所得税	56 035	58 618	55 877	50 454	−3.1%
企业所得税	42 042	43 695	41 102	38 467	−2.9%
个人所得税	13 993	14 923	14 775	11 987	−3.9%
土地和房地产相关税种收入	20 793	19 216	18 538	15 775	0.3%
车辆交通工具有关税收	4 596	3 523	3 853	3 001	−7.1%
印花税	4 076	4 390	3 784	2 920	−16.4%
资源环境税收	2 650	3 784	3 455	2 889	−2.1%
非税收入	29 819	37 029	35 659	34 199	15.3%
专项收入	8 118	8 452	8 078	6 921	−1.3%
行政事业性收费收入	4 155	4 215	4 068	3 412	0.9%
罚没收入	3 712	4 284	3 937	3 816	20.3%
国有资本经营收入	988	2 512	1 659	3 188	170.1%
国有资源（资产）有偿使用收入	10 081	14 579	15 054	14 246	14.1%
其他收入	2 764	2 987	2 864	2 615	8.1%

注：土地和房地产相关税种收入包括房产税、城镇土地使用税、土地增值税、耕地占用税和契税；车辆交通工具有关税收包括车船税、船舶吨税、车辆购置税；资源环境税收包括资源税、环境保护税和烟叶税。本表数据进行了舍入修约，因此各分项加总得到的数据和大项数据可能存在偏差，增长率数值也可能存在偏差

（1）税收收入出现下降。2024 年 1~10 月，全国税收收入 150 782 亿元，同比下降 4.5%。分税种看，国内增值税 56 619 亿元，同比下降 5.1%。国内消费税 14 055 亿元，

同比增长 2.4%。企业所得税 38 467 亿元，同比下降 2.9%。个人所得税 11 987 亿元，同比下降 3.9%。进口货物增值税、消费税 15 777 亿元，与上年同期持平；关税 2021 亿元，同比下降 4.4%。出口货物退增值税、消费税 16 958 亿元，同比增长 9.9%。城市维护建设税 4230 亿元，同比下降 5.2%。车辆交通工具有关税收中车辆购置税 2002 亿元，同比下降 11.6%。印花税 2920 亿元，同比下降 16.4%，其中，证券交易印花税 866 亿元，同比下降 46.4%。资源环境税收中资源税 2512 亿元，同比下降 4.2%。土地和房地产相关税种收入中，契税 4273 亿元，同比下降 12.2%；房产税 3953 亿元，同比增长 18.6%；城镇土地使用税 2066 亿元，同比增长 10.3%；土地增值税 4347 亿元，同比下降 8.3%；耕地占用税 1136 亿元，同比增长 22.5%。环境保护税 235 亿元，同比增长 18%。车船税、船舶吨税、烟叶税等其他各项税收收入合计 1140 亿元，同比增长 4.1%。从月度同比增幅看，税收收入在前三季度大多出现下降，10 月开始实现小幅增长，有企稳回升态势。

除 2023 年外，近几年税收收入持续低于 GDP 名义增速，2024 年偏低幅度更加明显。主要原因是不同行业的法定税率存在差异，享受的税收优惠也各不相同，导致行业税率存在明显差异。近年来，税率低的行业增长较快（如鼓励发展的信息产业、新能源汽车产业等），而税率高的行业（如传统能源工业、房地产业、金融业）增长较慢甚至出现下降（如房地产），这种经济结构的变化带来税收收入增速低于 GDP 名义增速，导致宏观税负出现了整体下降[①]。

（2）非税收入增长较快。2024 年 1～10 月，非税收入 34 199 亿元，同比增长 15.3%。其中，专项收入下降 1.3%，行政事业性收费收入增长 0.9%，罚没收入增长 20.3%，国有资本经营收入增长 170.1%，国有资源（资产）有偿使用收入增长 14.1%。1～10 月非税收入占财政收入的比重上升到 18.5%。非税收入的增长主要来自各级政府盘活各类资产、资源。

（3）地方财政收入出现明显分化。2024 年 1～10 月，中央一般公共预算收入 82 482 亿元，同比下降 3.9%；地方一般公共预算本级收入 102 499 亿元，同比增长 0.9%。分省份来看，22 个省份财政收入实现了增长，9 个省份出现下降。有 1 个省份财政收入增幅在 10% 以上，6 个省份财政收入增幅在 5% 到 10% 之间，15 个省份财政收入增幅在 0 到 5% 之间。9 个省份财政收入降幅在 0 到 5% 之间。地区财政收入的分化与各地经济结构有明显关联。

（二）财政支出保持较快增长

2024 年 1～10 月累计，全国一般公共预算支出 221 465 亿元，同比增长 2.7%。分中央和地方看，中央一般公共预算本级支出 32 658 亿元，同比增长 7.9%；地方一般公共预算支出 188 807 亿元，同比增长 1.8%。

---

① 详细分析见，骆晓强，鲍勤，汪寿阳. 2023. 经济结构变化对我国税收收入的影响：一个基于国民收入循环的分析框架[J]. 管理评论, 35（7）:28-42.

从主要支出项目情况看（表 4），重点支出得到较好保障：教育支出 32 573 亿元，同比增长 1.1%。科学技术支出 7421 亿元，同比增长 1.1%。文化体育与传媒支出 2809 亿元，同比下降 2.1%。社会保障和就业支出 34 931 亿元，同比增长 5.1%。卫生健康支出 16 521 亿元，同比下降 8.5%。节能环保支出 3958 亿元，同比下降 0.6%。城乡社区支出 16 462 亿元，同比增长 6.6%。农林水支出 19 967 亿元，同比增长 10.4%。交通运输支出 9179 亿元，同比下降 2.4%。债务付息支出 10 506 亿元，同比增长 8.2%。

表 4　财政支出主要项目

主要项目	2021 年/亿元	2022 年/亿元	2023 年/亿元	2024 年 1～10 月	
				金额/亿元	同比增长
一、一般公共服务支出	19 880	20 879	21 242	16 307	−3.3%
二、外交支出	493	490	572	427	−2.9%
三、国防支出	13 787	14 752	15 805	15 355	7.0%
四、公共安全支出	13 781	14 420	14 870	11 863	1.0%
五、教育支出	37 469	39 448	41 248	32 573	1.1%
六、科学技术支出	9 670	10 032	10 886	7 421	1.1%
七、文化体育与传媒支出	3 985	3 913	3 965	2 809	−2.1%
八、社会保障和就业支出	33 788	36 609	39 882	34 931	5.1%
九、卫生健康支出	19 143	22 537	22 396	16 521	−8.5%
十、节能环保支出	5 525	5 413	5 637	3 958	−0.6%
十一、城乡社区支出	19 454	19 425	20 536	16 462	6.6%
十二、农林水支出	22 035	22 500	23 990	19 967	10.4%
十三、交通运输支出	11 421	12 044	12 222	9 179	−2.4%
十四、资源勘探信息等支出	6 587.19	7 409.81	8 246	6 272	−2.3%
十五、商业服务业等支出	1 574	1 832	1 972	1 391	−7.1%
十六、金融支出	1 561	1 463	1 971	1 017	−24.4%
十七、援助其他地区支出	468	418	437	423	2.4%
十八、国土海洋气象等支出	2 283	2 453	2 646	2 044	2.6%
十九、住房保障支出	7 096	7 499	8 214	6 692	2.5%
二十、粮油物资储备支出	1 773	1 892	2 017	957	2.9%
二十一、灾害防治及应急管理支出	2 011	2 245	2 437	3 289	99.5%
二十二、债务付息支出	10 447	11 353	11 833	10 506	8.2%
二十三、债务发行费用支出	65	65	84	51	−6.4%
二十四、其他支出	1 376	1 461	1 515	1 048	−9.8%
支出合计	245 673	260 552	274 623	221 465	2.7%

注：主要支出项目数据为原始数据经舍入修约后得到，支出合计和增长率数据由原始数据计算所得

从我国财政支出结构的变化趋势看，2024 年 1～10 月社会保障和就业支出、债务付息支出等项目在财政支出中的占比继续上升，反映了人口老龄化及政府债务负担的上升。

二、2024 年中国积极财政政策实施情况

2024 年我国继续实施积极的财政政策，1～9 月，财政政策主要体现在以下方面。

（一）财政扩张力度继续提高

2024 年预算安排财政赤字 4.06 万亿元，比上年年初预算增加 1800 亿元；新增地方政府专项债务限额 3.9 万亿元，比上年增加 1000 亿元；发行 1 万亿元超长期特别国债。2024 年全年一般公共预算支出规模达到 28.55 万亿元，持续保持较高的支出强度。

（二）延续、优化和完善税费优惠政策

落实好结构性减税降费政策，持续实施研发费用税前加计扣除、先进制造业企业增值税加计抵减、科技成果转化税收减免等政策，完善对制造业企业技术改造的税收优惠政策。1～8 月，支持科技创新和制造业发展的主要政策减税降费及退税超 1.8 万亿元。

（三）积极扩大国内有效需求

督促地方用好增发国债资金，支持灾后恢复重建和提升防灾减灾救灾能力。做好超长期特别国债发行使用工作，支持国家重大战略和重点领域安全能力建设，安排 3000 亿元积极推进大规模设备更新和消费品以旧换新工作。持续加强地方政府专项债券管理，扩大投向领域和用作资本金范围，支持地方加大重点领域补短板力度。

（四）加强基层"三保"和重点领域保障

严控一般性支出，腾出资金保基本民生、保工资、保运转和重点领域支出。2024 年中央财政安排对地方转移支付超 10 万亿元，其中，均衡性转移支付增长 8.8%，县级基本财力保障机制奖补资金增长 8.6%，将更多的资金用于补充地方财力，支持地方兜牢基层"三保"（保基本民生、保工资、保运转支出）底线。同时，加大对科技、乡村全面振兴、生态文明建设等方面的支持力度，中央本级科技支出增长 10%，中央财政衔接推进乡村振兴补助资金安排 1770 亿元，下达 651 亿元支持打好污染防治攻坚战。完善促进区域协调发展的财税支持政策，扎实落实京津冀协同发展、长江经济带发展、长三角一体化发展等区域发展战略。

（五）更大力度支持基本民生保障

支持地方做好高校毕业生等重点群体就业、职业技能培训等工作。按照全国总体 3% 的比例提高退休人员基本养老金水平，大幅提高城乡居民基础养老金的最低标准。将基本公共卫生服务经费财政补助标准提高到每人每年 94 元，城乡居民基本医疗保险财政补助标准提高至每人每年 670 元。不断提高民生保障水平。

（六）抓实化解地方政府债务风险

压实地方主体责任，按照一省一策，落实各项化债措施。中央财政在 2023 年安排地方政府债务限额超过 2.2 万亿元的基础上，2024 年又安排 1.2 万亿元的额度，支持地方特别是高风险地区化解存量债务风险和清理拖欠企业账款等。

2024 年 9 月 26 日中央政治局会议召开后，按照会议部署，财政部在加快落实已确定政策的基础上，围绕稳增长、扩内需、化风险，陆续推出一揽子有针对性增量政策举措。主要包括以下几个方面。

一是加力支持地方化解政府债务风险，较大规模增加债务额度，支持地方化解隐性债务，地方可以腾出更多精力和财力空间来促发展、保民生。经全国人大常委会批准，在压实地方主体责任的基础上，增加 6 万亿元地方政府债务限额置换存量隐性债务。新增债务限额全部安排为专项债务限额，一次报批，分 3 年实施，2024～2026 年每年 2 万亿元，支持地方用于置换各类隐性债务。

二是发行特别国债支持国有大型商业银行补充核心一级资本，提升这些银行抵御风险和信贷投放能力，更好地服务实体经济发展。

三是叠加运用地方政府专项债券、专项资金、税收政策等工具，支持推动房地产市场止跌回稳。契税方面，将现行享受 1% 低税率优惠的面积标准由 90 平方米提高到 140 平方米；土地增值税方面，将各地区土地增值税预征率下限统一降低 0.5 个百分点；增值税方面，在有关城市取消普通住宅和非普通住宅标准后，对个人销售已购买 2 年以上（含 2 年）住房一律免征增值税；土地增值税方面，取消普通住宅和非普通住宅标准的城市，对纳税人建造销售增值额未超过扣除项目金额 20% 的普通标准住宅，继续实施免征土地增值税优惠政策。

四是加大对重点群体的支持保障力度，向困难群众发放一次性生活补助，针对学生群体加大奖优助困力度，提升整体消费能力。国庆节前，还向特困人员、孤儿等生活困难群众发放了一次性生活补助，提高困难群众收入，增强低收入群体的消费能力和意愿。从高校学生奖优和助困两方面，国家奖学金奖励名额翻倍，提高本专科生奖学金奖励标准，提高本专科生国家助学金资助标准，加大国家助学贷款支持力度（额度提高并降低利率）。

三、2025 年中国财政运行面临的形势

当前我国经济仍在恢复中，经济运行趋势决定财政运行状况。

（一）财政收支仍处于紧平衡状态

展望 2025 年，经济运行中的不确定性依然较多，从国外看，美国新政府对华政策存在较大变数，我国对美出口有被征高额关税的可能，对美出口企业及其雇员将面临较大冲击。从国内看，房地产市场在政策的支持下虽然有企稳迹象，但人口结构以及居民收入预期的变化使房地产回升的难度很大；内需不足决定物价水平仍将低位运行，特别是 PPI 仍可能是负增长。这些因素都不利于财政收入回到一个正常水平。税率高的行业发展减速、税率低的行业发展较快的局面仍将延续，税收的增速仍可能低于 GDP 名义增速。作为经济运行结果的财政收入可能仍将维持低速增长的局面。

财政支出方面，人口老龄化带来的养老、医疗卫生支出继续增加，债务负担加大带来的利息支出增加，同时，应对外部冲击、科技创新、节能环保支出增加，人民群众对美好生活的向往、对提高公共服务水平的要求等，意味着新增财政支出的需求依然很大。财政一般性支出经过几年压缩，可压缩空间也明显减小。财政支出总体需求依然较大。

总体上，2025 年财政收支仍处于紧平衡状态。从趋势看，随着土地市场的降温，财政收支紧平衡可能成为一种新常态。

（二）财政总量扩张受限，财政政策的效率仍待提高

一是财政配置资源规模不小，收入对总量扩张的约束越来越明显。2024 年我国一般公共预算支出占 GDP 的比重达到 22%，加上政府性基金支出、国有资本经营预算支出、社会保险基金支出，全口径的财政支出规模（包括土地收支）占 GDP 的规模超过 35%。而 2024 年我国税收占 GDP 的比重可能进一步下降到 13%左右，土地出让收入占 GDP 的比重进一步下降到 3%左右，人口老龄化还使社会保险费收入增长放缓，财政收入总规模扩大的难度进一步增加，财政收入规模对支出扩张的约束越来越明显。

二是财政支出方向和结构仍有待优化，财政资源配置效率和使用效率均亟须提高。从财政支出方向看，投资项目仍是大头，但政府投资成本高、效果差的情况日益显现，政府对消费和居民增收的支持仍待加强。在支出结构上，经济性支出比重依然较高，政府对经济事务的参与度依然较高，部分公共服务领域依然存在不足，一些领域缺钱、一些领域钱花不出去的现象并存。从财政资源配置效率看，资金错配、资金使用效率不高、资金浪费现象仍不少见。由于财政支出并没有流向边际消费倾向最高的居民，并没有流向经济最薄弱环节和最需要的地方，财政政策的乘数作用明显下降，可能已经明显低于 1。

三是化解财政风险工作取得积极进展，但关联风险向财政传导的可能依然不小。大规模化解地方隐性债后，我国地方政府的债务风险大大降低。但地方融资平台的债务风险，地方中小银行风险等关联风险还有向财政风险集聚传导的苗头。

四、2025 年财政收支预测和财政政策建议

（一）2025 年财政收支预测

综合 2025 年经济增速预测及经济结构变化，使用分税种模型预测，2025 年一般公共预算财政收入增速依然较低，全年财政收入规模预计为 22 万亿到 22.5 万亿元，比 2024 年预算收入（22.395 万亿元）的增长在–1.8%到 0.5%之间。

按照稳健的原则判断，财政支出刚性短期很难改变，社会保障、医疗卫生等与人口老龄化相关领域的支出需求依然较旺，乡村振兴、稳增长、科技创新、应对外部冲击等任务也需要财政支出支持，财政支出规模预计有一定幅度的扩张。

（二）2025 年财政政策建议

1. 适当扩大财政政策扩张力度，留有应对各类风险的余地

建议 2025 年积极的财政政策总量上保持适度扩张态势，保障财政支出的力度，并留有应对各类风险的余地。建议一般公共预算财政赤字安排足够的规模，继续增加专项债规模，继续发行一定规模的超长期国债，以留有余地，对冲可能遭遇的外部冲击和其他风险。在外部政策对我国经济产生较大冲击时，要及时出手，毫不犹豫加大财政支持力度，托底、助力，确保经济社会稳定运行。

2. 加大力度调整优化财政支出结构，提升财政政策的乘数效应

建议加大力度调整财政支出方向。政府带头过紧日子，进一步减少一般性支出，退出一般竞争性领域，大力减少无效的政府投资，将节约的资金直接用于增加居民家庭收入的转移支付。

建议对居民家庭的支持可重点考虑：一是要加快完善失业保险和保障制度，提高现有失业保险的覆盖面和便利度，建立完善具有保障性质的失业救济制度，救助没有参加失业保险的人员，以应对外部政策对劳动力市场的冲击，这一部分支出实质上是财政的自动稳定器功能的体现，支出额度会随着就业情况的恶化或改善而增加或减少，不会产生刚性支出；二是较大幅度提高城乡居民基本养老保险全国基础养老金最低标准，提高待遇水平，改善这类群体的生活水平；三是继续支持降低房贷的货币政策，确保居民家庭房贷支出稳定在可负担水平。

建议进一步减少对财政支出的使用方向的限制性规定以及考核检查，增加对地方政府的一般性转移支付，增强地方政府财政资金统筹和整合的能力，以便地方政府能及时响应当地经济社会发展的迫切需要，雪中送炭，更好发挥财政资金的经济社会效益。

建议进一步改革财政支出方式，减少财政资金使用过程中"跑冒滴漏"，多使用市场化方式带动民营资本、民营主体的参与，提高资金使用效率。

3. 切实加快推进财税体制改革，建立完善符合现代化要求的财税体制

建议加快推进财税体制改革。在收入方面，以稳定宏观税负、确保税收收入增长与 GDP 增长基本同步为基本目标，进一步清理优化税收优惠政策，废除一些明显侵蚀税基的税收优惠；研究建立完善与数字经济发展规律相一致的数字经济税收制度，让数字经济发展在财政收入上也有对应体现。

建议在支出方面，进一步强化预算约束，推进零基预算、绩效预算、强化预算的控制力。

建议在债务管理方面，要建立中央控制、地方自律、金融机构担责、市场约束的责权利相对称的地方政府债务管理体制机制。完善地方政府债券信息披露和信用评级制度，健全地方政府债务风险评估和预警机制，加大市场对地方政府债务融资的约束。积极支持金融风险的化解，建立完善风险防火墙，防范金融风险向财政传导。

2024 年中国货币政策回顾及 2025 年展望

郭 琨 乔柯南

报告摘要：2024 年，中国人民银行在以习近平同志为核心的党中央坚强领导下，贯彻落实"稳健的货币政策要灵活适度、精准有效"的原则，坚持实施支持性的货币政策，通过精准施策为实体经济提供高质量的金融支持。央行密切关注国内外经济环境和银行体系流动性水平，加大逆周期调节力度，灵活运用多种货币政策工具，为经济持续向好营造了良好的货币金融环境。通过"降准降息"等举措，央行将传统货币政策工具与创新型工具相结合，实现了对流动性的精准调控；同时，坚定推进利率市场化改革，有效降低社会综合融资成本，推动信贷结构持续优化。2024 年，央行核心货币政策举措包括：两次下调存款准备金率，释放约两万亿元长期流动性；下调逆回购中标利率、常备借贷便利利率和中期借贷便利利率，引导实际利率稳步下降；持续深化利率市场化改革，帮助居民和中小微企业降低融资成本，有力维护了实体经济的长期健康发展。

从货币政策传导的中间目标来看，2024 年中国金融体系保持平稳运行，市场流动性合理充裕，信贷结构持续优化，有效地支持了中国实体经济的高质量发展。具体而言，广义货币供应量 M2 同比增速有所回落，社会融资规模存量同比增速有所下降，间接融资方式仍旧是实体经济获取资金支持的主要渠道。信贷结构方面，结构性货币政策实现了精准支持中国经济高质量发展阶段的重大战略、重点领域、薄弱环节，信贷结构实现了持续优化。

展望 2025 年，中国货币政策将继续面临全球经济低速增长、经济政治形势不确定性提高、国内经济结构转型发展的多重压力。在这一背景下，货币政策还需兼顾将金融系统风险维持在合理区间的目标，这无疑对货币政策的科学性、时效性与精准性构成了严峻考验。基于"十四五"期间的经济发展目标和 2024 年中央金融工作会议精神，预计 2025 年中国货币政策将在货币政策和宏观审慎政策双支柱调控框架下，维持经济系统流动性于适度水平。此间，将更侧重运用创新型、结构性及组合型货币政策工具，并强化穿透式监管机制，以有效防范金融系统内的局部及系统性风险。

一、2024 年中国货币政策回顾

2024 年，中国人民银行（以下简称央行）在以习近平同志为核心的党中央坚强领导下，贯彻落实"稳健的货币政策要灵活适度、精准有效"的原则，坚持实施支持性的货币政策，通过精准施策为实体经济提供高质量的金融支持。央行密切监测国内外经济环境和银行体系流动性水平，加大逆周期调节力度，灵活运用多种货币政策工具，为经济持续向好营造了良好的货币金融环境。通过"降准降息"等举措，央行将传统货币政策工具与创新型工具相结合，实现了对流动性的精准调控；同时，坚定推进利率市场化改革，有效降低社会综合融资成本，推动信贷结构持续优化。

（一）央行资产负债表分析

2024 年，央行（货币当局）的总资产规模相比 2023 年略有增长（图 1）。从资产端构成来看，央行资产负债表显示，在国外资产、政府债权、对其他存款性公司债权、对其他金融性公司债权以及其他资产中，国外资产依然是占比最高的项目，其次为对其他存款性公司债权，而对其他金融性公司债权的占比则最小。截至 2024 年 10 月末，央行持有的国外资产总额约为 23.40 万亿元人民币，占总资产规模的 52.31%，较 2023 年末有所下降。其中，外汇占款为 22.07 万亿元人民币，呈现小幅增长态势；黄金持有量为 0.42 万亿元人民币，其余国外资产约为 0.91 万亿元人民币。尽管外汇占款仍在国外资产中占据主导地位，但其长期下降趋势仍在延续（图 2）。央行持有的对其他存款性公司债权规模约为 16.56 万亿元人民币，占总资产的 37.01%，与上年同期基本持平。

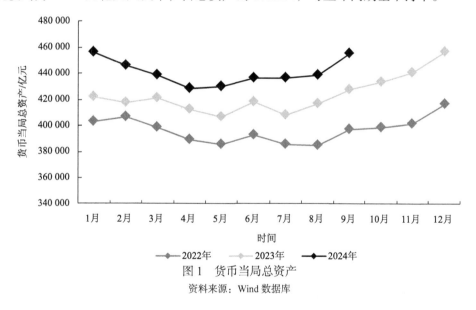

图 1　货币当局总资产

资料来源：Wind 数据库

央行资产负债表的负债端显示，在储备货币、不计入储备货币的金融性公司存款、债券发行、国外负债、政府存款、自有资金及其他负债中，储备货币占比最大，其次是政府存款。截至 2024 年 10 月末，储备货币总规模约为 36.18 万亿元人民币，占央行总负债的 80.88%。其中，货币发行规模约为 12.71 万亿元人民币，同比增速为 11.96%；其他金融性公司存款规模为 21.11 万亿元人民币，同比小幅下降 1.17%；非金融机构存款规模为 2.37 万亿元人民币，与上年同期基本持平。2024 年全年，其他金融性公司存款规模与 2023 年基本持平（图 3）；货币发行增速保持温和适度，且运行趋势与往年类似（图 4）。

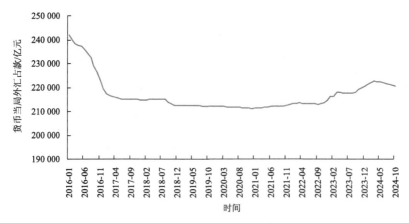

图 2　货币当局外汇占款

资料来源：Wind 数据库

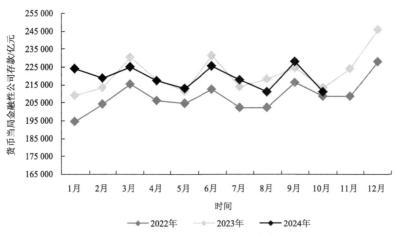

图 3　货币当局金融性公司存款

资料来源：Wind 数据库

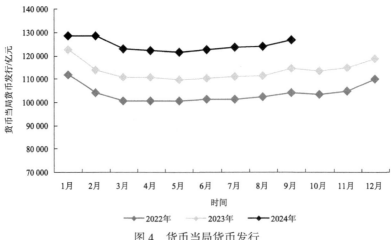

图 4　货币当局货币发行

资料来源：Wind 数据库

（二）货币政策操作

1. 两次降准助力流动性持续释放

调节存款准备金率是货币当局常用的总量型货币政策工具。2024 年 2 月 5 日，央行为了巩固实体经济的回升向好态势，满足春节期间流动性需求，并提振消费市场信心，决定下调金融机构存款准备金率 0.5 个百分点（不含已执行 5%存款准备金率的金融机构）。此次降准为全面降准，预计将向市场注入长期流动性约 1 万亿元。此次调整合理适度，降准后金融机构的加权平均准备金率约为 7.0%。2024 年 9 月 27 日，央行为了保持市场流动性合理充裕，再次下调金融机构存款准备金率 0.5 个百分点（同样不包括已执行 5%存款准备金率的金融机构）。这是央行 2024 年第二次实施全面降准，降准后金融机构的加权平均准备金率降至约 6.6%，预计将释放长期流动性约 1 万亿元。两次降准温和适度，有效支持了市场流动性的持续释放。

2. 灵活运用公开市场操作工具，引导市场利率稳步下行

公开市场操作是我国央行常备的货币政策工具，主要用于调节市场流动性，促进货币供应量的合理增长，并引导实际利率的合理运行。2024 年以来，央行密切监测金融系统流动性、宏观经济运行以及复杂多变的内外环境，持续实施灵活、精准的公开市场操作，秉持"稳健的货币政策要灵活适度、精准有效"的原则，确保市场流动性合理、充裕，并推动市场利率稳步下行（图 5 和图 6）。

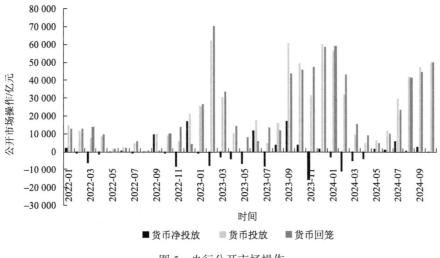

图 5　央行公开市场操作

资料来源：Wind 数据库

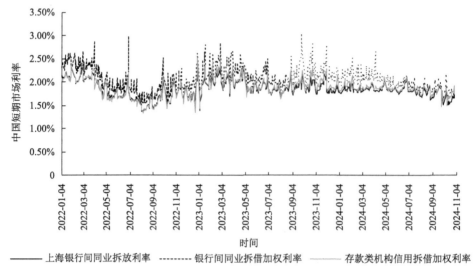

图 6　中国短期市场利率走势

资料来源：Wind 数据库

截至 2024 年 10 月末，央行累计开展 7 天期逆回购操作 26.39 万亿元，14 天期逆回购操作 2.54 万亿元，累计实现货币净投放为 –1.16 万亿元，较上年有所减少。例如，2024 年 9 月 2 日至 30 日，针对金融机构的季末资金需求，央行通过开展 7 天期逆回购操作 3.45 万亿元和 14 天期逆回购操作 1.30 万亿元，为市场提供了充足的季末流动性支持。

从中标利率来看，2024 年 1 月至 10 月，7 天期逆回购中标利率从年初的 1.80% 下调至 1.50%，14 天期逆回购中标利率则从 1.95% 降至 1.85%。市场短期实际利率通常围绕公开市场操作利率波动，此轮利率下调充分反映了央行推进利率市场化改革、引导实际利率稳步下降的决心。

3. 积极运用创新型政策工具，精准调控流动性

2024 年，央行灵活运用常备借贷便利和中期借贷便利等创新型政策工具向市场精准释放流动性。常备借贷便利于 2013 年设立，主要用于应对金融机构短期大额流动性需求。常备借贷便利利率通常作为利率走廊的上限，主要面向大型商业银行和政策性银行，操作期限一般为 1 到 3 个月。2024 年 1 月至 10 月，央行累计开展常备借贷便利操作 131.21 亿元，较上年同期有所下降；期末余额为 4.0 亿元，较上年同期下降 30.6 亿元。截至 2024 年 10 月末，隔夜、7 天和 1 个月常备借贷便利利率分别为 2.35%、2.50% 和 2.85%，均较上年年底下降 0.3%。作为另一个重要的创新型政策工具，中期借贷便利主要用于投放中期基础货币，期限通常为 3 个月、6 个月或 12 个月。中期借贷便利面向符合宏观审慎要求的大型商业银行和政策性银行，操作采用招标方式进行。2024 年 1 月至 10 月，央行累计开展中期借贷便利操作 3.89 万亿元，期限均为 1 年，较上年同期稍有下降；期末余额约为 6.79 万亿元，较上年同期增长约 1.11 万亿元。截至 2024 年 10 月底，1 年期中期借贷便利利率为 2.00%，较 2023 年 12 月末下降了 0.5 个百分点。

4. 深化利率市场化改革，切实降低社会综合融资成本

2024 年，央行继续推进利率市场化改革，为我国经济和金融发展提供了更为稳固的政策支撑。经过多年的努力，贷款市场报价利率（loan prime rate，LPR）已经逐步成为金融机构设定贷款利率的重要基准。随着 LPR 报价机制的深化，贷款利率的隐性下限被彻底打破，有效降低了居民和中小企业的融资成本，为其长期稳健发展创造了更加有利的金融环境。截至 2024 年 10 月末，1 年期 LPR 为 3.10%，较上年同期下降了 0.35 个百分点；5 年期以上 LPR 为 3.60%，同比下降了 0.60 个百分点（图 7）。LPR 的稳步下调，充分体现了央行货币政策的有效传导，展示了央行对经济走势的精准把握和有力支持。此轮贷款市场报价降息有效推动了信贷需求的回升，激发了居民的消费意愿，为市场注入了新动能，彰显了央行实施支持性货币政策、持续助力实体经济回升向好的决心。

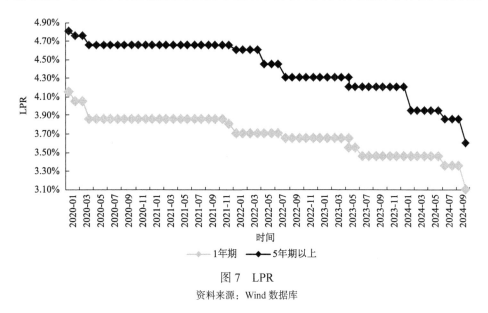

图 7 LPR

资料来源：Wind 数据库

二、2024 年中国货币政策重要指标分析

总体来看，2024 年中国货币政策保持了适度稳健，同时表现出较强的精准性、有效性和支持性，持续强化逆周期调节，为经济回暖向好营造了有利的货币金融条件。货币政策加大对重大战略、关键领域及薄弱环节的扶持，为经济稳定增长与高质量发展奠定了坚实的货币金融基础。特别地，央行与财政部成立联合工作组，显著增强了货币政策与财政政策的协同机制。在 8~9 月，央行净买入 3000 亿元国债的同时，等量投放基础货币，有效保障了政府债券发行的流动性环境。

从货币政策的实施效果来看，在经济增长方面，2024 年中国国民经济呈现稳中有进的态势，第一季度国民经济开局良好，GDP 同比增长 5.3%，比 2023 年第四季度环比增

长 1.6%;第二季度经济复苏力度有放缓,但工业生产情况持续改善,GDP 同比增长 4.7%;第三季度同比增长维持在 4.8%的较高水平,新质生产力稳步发展。在物价水平方面,2024 年 CPI 保持稳定,截止到 10 月 CPI 同比增长率为 0.3%。工业品价格在国际大宗商品价格总体波动下行的影响下仍旧持续下降趋势,但随着国内工业品需求的恢复,降幅有所收窄,截止到 10 月,PPI 同比增长率为−2.9%,PPIRM 同比增长率为−2.7%(图 8)。在就业方面,为了缓解就业压力,2024 年国家出台了一系列就业补贴、创业扶持政策,中国就业形势整体稳定,2024 年 1~10 月全国城镇调查失业率平均为 5.1%,失业率较 2023 年同期下降 0.2 个百分点,与此同时,全国居民人均可支配收入平稳增长,截至 2024 年三季度,全国居民人均可支配收入累计同比名义增长 5.2%。

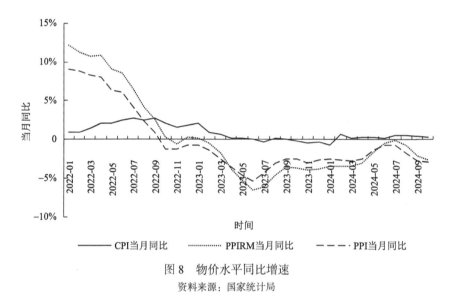

图 8　物价水平同比增速

资料来源:国家统计局

在国际经贸合作方面,2024 年中国国际收支续保持平衡发展,贸易结构基本保持平稳,前三季度经常账户顺差 10 441 亿元,进出口贸易保持稳步增长态势,出口总值和进口总值均保持上涨趋势,截至 2023 年第三季度,累计同比增长率分别为 4.1%和 62%;2024 年中国双向直接投资在国际形势错综复杂背景下保持平稳,在各类企业"走出去"的拉动下,前三季度对外股权性质直接投资净流出 987 亿美元,来华股权性质直接投资新增资本流入 600 亿美元。2024 年在中国新出台的各类金融支持政策驱动下,人民币汇率呈现稳中有升的整体趋势,截至 2024 年第三季度,人民币在岸及离岸市场兑美元分别累计上涨约 3.44%和 4%。

从货币政策的中间目标来看,2024 年中国金融体系在面对来自国际经济政治不确定性加剧,特别是美国一系列经济与科技封锁政策下,依旧保持平稳运行,市场流动性始终维持在适度的水平,在结构性货币政策工具持续发力下,市场融资结构不断优化,有效地支持了中国经济高质量发展的重点领域和关键环节。下文将展开详细分析。

（一）货币供应量和货币乘数

2024 年，中国广义货币供应量 M2 同比增速在上半年持续回落，第三季度开始保持在较为平稳的状态并且呈现出一定的上升趋势，9 月同比增速为 6.8%，较 2023 年同期增速下降 3.5 个百分点。同时，狭义货币供应量 M1 同比增速下降趋势更为显著，4 月即由正转负，9 月同比下降 7.4%（图 9）。2024 年下半年一揽子增量政策的出台，对市场信心的恢复提供了明显的支持，带来了广义货币供应量 M2 增速的企稳回升。这一系列趋势凸显出，2024 年中国货币当局在应对内部经济发展挑战与外部国际政治形势影响时，灵活调整政策，精准施策，确保了宏观流动性的适度性，为经济社会发展提供了有力支撑，展现出高度的政策精准性、有效性和支持性，持续强化逆周期调节，为经济回暖向好营造了有利的货币金融环境。

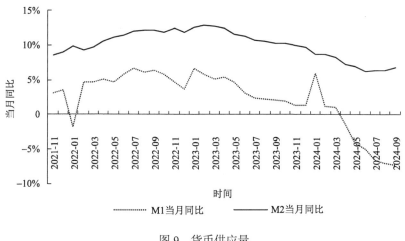

图 9　货币供应量

资料来源：国家统计局

（二）社会融资规模

社会融资规模是比广义货币供应量 M2 口径更宽、能更加全面地反映经济系统从金融体系中所获流动性规模的指标。根据央行的统计，截至 2024 年 10 月中国社会融资规模存量为 403.45 万亿元，同比增长 7.8%。从 2022 年到 2024 年社会融资规模存量同比增速来看（图 10），2024 年社会融资规模存量同比增速整体较 2023 年有所回落，全年呈现显著的下降趋势，但同比增速仍然维持在 7.5% 以上的水平，这与经济放缓带来的投资和融资需求降低具有紧密关联。从结构上看，截至 2024 年 10 月末，对实体经济发放的人民币贷款余额为 251.16 万亿元，同比增长 7.7%，占同期社会融资规模存量的 62.3%，比 2023 年同期高 0.8 个百分点；企业债券余额为 32.11 万亿元，同比增长 2.2%，扭转了2023 年的下降趋势；非金融企业境内股票余额为 11.63 万亿元，同比增长 2.5%。人民币贷款的比例依旧过半并且呈现上升趋势，间接融资仍旧是实体经济各主体获得金融支持的主要渠道，企业发行债券和股票等直接融资渠道整体规模依旧较小，但已经呈现出不断增长的趋势。从货币政策的传导效率来讲，当前以间接融资为主的社会融资结构更有利于货币政策直接传导机制的见效。

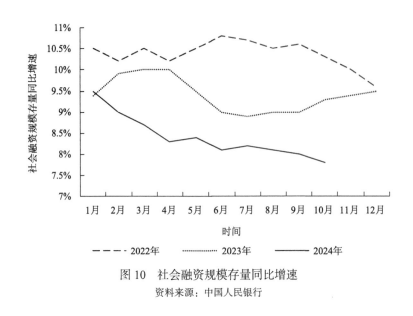

图 10　社会融资规模存量同比增速

资料来源：中国人民银行

（三）宏观杠杆率

2024 年，中国的宏观杠杆率有所回升。根据国家资产负债表研究中心的测算（图 11），截至 2024 年第三季度，实体经济部门杠杆率为 298.1%，较 2023 年末累计上涨 10.1 个百分点。分部门来看，中国居民部门杠杆率相对保持长期稳定，截至 2024 年第三季度，居民部门杠杆率为 63.2%，较 2023 年末的 63.5% 基本持平；地方政府债务仍旧是潜在的风险点，但增速有所下降，2024 年第三季度政府部门杠杆率为 60.3%，较 2023 年末上涨 4.2 个百分点。非金融企业部门杠杆率在 2024 年呈现平稳变化趋势，仅在一季度有一定程度的提升，截至第三季度，非金融企业部门杠杆率为 174.6%，较 2023 年末上升 6.2 个百分点，这也体现了在货币政策稳健运行下，结构性货币政策正在发挥更为重要的作用，货币政策和金融体系对于实体经济的支撑作用愈发凸显。

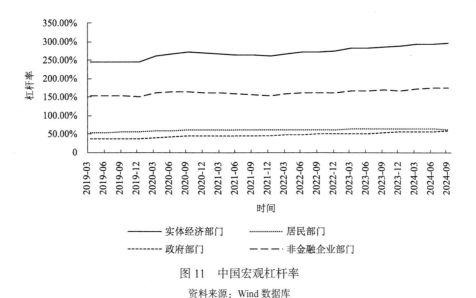

图 11　中国宏观杠杆率

资料来源：Wind 数据库

（四）信贷结构

从信贷结构上看，结构性货币政策实现了精准支持中国经济高质量发展阶段的重点领域和关键性行业，信贷结构实现了持续优化。2024 年，本外币工业中长期贷款余额同比增速虽然较 2023 年的历史高位有所下滑，但依旧维持在 15%以上的增长速度，有效地支撑了我国制造业的高质量发展，2024 年第三季度本外币工业中长期贷款余额达到 24.23 万亿元，同比增长 15.1%，增速比各项贷款高出 7.5 个百分点。与此同时，房地产人民币贷款余额在 2024 年仍旧维持同比负增长，2024 年国家出台了一系列稳定房地产市场的政策，对房地产投资起到了一定的企稳作用，第三季度末房地产开发贷款余额同比增长 2.7%，增速比 2023 年末升高 1.2 个百分点（图 12）。

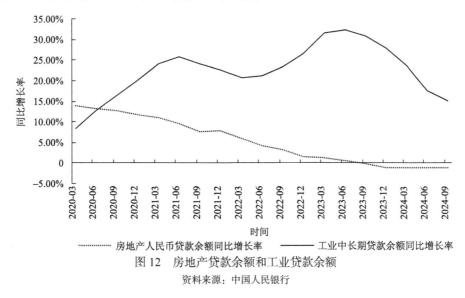

图 12　房地产贷款余额和工业贷款余额

资料来源：中国人民银行

根据 2023 年 10 月中央金融工作会议精神，要做好科技金融、绿色金融、普惠金融等五篇大文章。在科技金融方面，截至 2024 年第三季度末，获得贷款支持的高新技术企业达到 25.79 万家，获贷率高达 55.7%，比 2023 年同期高 1.1 个百分点，高新技术企业本外币贷款余额 16.03 万亿元，同比增长 9%，增速比各项贷款高 1.4 个百分点；与此同时，获得贷款支持的科技型中小企业 26.21 万家，获贷率已达到 46.8%，科技型中小企业本外币贷款余额 3.19 万亿元，同比增长 20.8%，增速比各项贷款高 13.2 个百分点；同时，设立 5000 亿元科技创新和技术改造再贷款，这都体现了科技金融作为未来发展重点的结构性变化趋势。在绿色金融方面，为了应对低碳转型发展带来的挑战，截至 2024 年第三季度末，本外币绿色贷款余额 35.75 万亿元，同比增长 25.1%，增速比各项贷款高 17.5 个百分点，其中，投向具有直接和间接碳减排效益项目的贷款分别为 11.86 万亿元和 12.04 万亿元，合计占绿色贷款的 66.9%；分用途看，基础设施绿色升级产业、清洁能源产业和节能环保产业贷款余额分别为 15.42 万亿元、9.38 万亿元和 5.01 万亿元，同比分别增长 23.9%、29% 和 21.2%，有效地支持了经济的低碳绿色转型。在普惠金融方面，截至 2024 年第三季度末，人民币普惠小微贷款余额 32.9 万亿元，同比增长 14.5%，增速比各项贷款高 6.4 个百分点，在支持中小微企业发展和乡村振兴方面都起到了不可替代的作用。

三、2025 年中国货币政策调控面临的基本形势分析

从国际形势上看，2025 年发达经济体通货膨胀高居不下的问题将有所缓解，全球经济增长乏力的态势也将有所缓和，但局部地缘政治冲突以及全球范围内的贸易摩擦和科技封锁等问题将进一步放大。第一，随着能源价格的回落，大宗商品价格维持在较低的水平，尽管受到失业率上升的困扰，但是主要发达国家的通货膨胀水平已经恢复到货币政策的目标区间，给中国带来输入性通货膨胀的可能性较小。第二，在地缘政治风险加剧、以中美为代表的大国博弈背景下，全球贸易保护主义压力进一步上升，特别是特朗普当选后预期会继续加大对中国商品的额外关税水平，这不仅会影响到中国对美国的出口，还会间接影响到中国的就业和经济增长；全球供应链、产业链在科技封锁下被碎片化，制约了中国在集成电路、人工智能等高科技领域的发展，相关行业企业的信用风险和流动性风险将有所上升。第三，全球低需求水平叠加美同盟贸易壁垒将对中国出口造成严重影响，一方面，全球经济低增长背景下整体需求有所回落，中国在部分产品上的成本优势也在逐渐被东南亚国家所追赶；另一方面，美国连同欧盟等国家和地区以各种理由对中国的光伏等产品出口进行封锁，阻碍了中国优势产业的国际竞争力提升，严重影响了相关行业的产能利用率。

从国内形势上看，尽管一揽子政策的出台有效地释放了刺激经济增长的信号，但是各类经济主体的信心还未完全恢复，在市场不确定性较强的背景下，对未来发展前景的预期仍不够乐观，这都将在 2025 年仍旧为经济社会发展带来一定的压力。第一，在市场信心不足的情况下，投资不足和消费不足的问题仍是 2025 年较大的挑战，如何持续向市场释放正向信号将成为 2025 年的重要挑战。第二，尽管以数据要素为核心的数字经济已

经成为经济高质量发展的重要动力，但是受限于关键硬件设备尚未实现自主可控，加之相关法律体系尚未完善，相关企业的发展也面临较大的不确定性。第三，房地产作为中国家庭部门最重要的资产组成部分，其贬值将会通过财富效应对经济带来一系列负面影响，尽管房地产投资有所回升，但房地产价格还未恢复到稳态。第四，人民币汇率在 2025 年或将进一步加大市场化和国际化的力度，随着共建"一带一路"倡议的持续推进，人民币的国际影响力将显著加大；但与此同时，受到 2025 年国际贸易摩擦可能进一步加剧的影响，特朗普政府或将对中国出口商品进一步加征关税，这将给人民币带来较大的贬值压力，人民币汇率双向波动的幅度也会有所加大。

四、2025 年中国货币政策展望

2024 年央行创新性地推出了一系列货币政策工具，包括国债买卖、便利互换以及股票回购增持再贷款等措施，同时与财政政策形成有效协同，提振了市场信心。2025 年中国货币政策仍旧面临全球经济低速增长、经济政治形势不确定性提高、国内经济结构转型发展的多重压力，同时还需要将金融系统的风险控制在合理的范围内，对货币政策的科学性、时效性、精准性都提出了较大的挑战。鉴于对 2025 年中国货币政策调控面临的内外部基本形势的判断及党的二十大报告对中国经济社会发展提出的总体目标、"十四五"期间的经济发展目标和中央金融工作会议精神，2025 年中国货币政策将进一步保持 2024 年的整体基调，在货币政策和宏观审慎政策双支柱调控框架下，进一步增强货币政策灵活性、动态性，积极发挥货币政策支持经济高质量发展和中国式现代化建设的作用，在整体上保持经济系统流动性维持在适度水平，更多利用创新型、结构性和组合型政策工具，加大对重大战略、重点领域、薄弱环节的扶持力度，同时加强穿透式监管以防范金融系统的局部风险和系统性风险。

整体上，货币政策将延续 2024 年的整体力度并进一步加大对关键领域和薄弱环节的支持力度，通过多种创新型货币政策工具加强对市场流动性的调节，确保经济体系的流动性合理可控，继续保持货币信贷和社会融资规模的增速与名义经济增速的基本匹配。2025 年，中国经济增长面临的内外部不确定性仍旧较大，因此假定三种可能的情景。一是乐观情景，全球经济和政策环境保持相对平稳，大国间博弈对抗有所减缓，国内经济主体信心快速恢复，房地产行业企稳回暖；二是中性情景，全球经济仍旧低速增长，美国等西方国家继续维持当前贸易管制和科技封锁，国内经济主体逐渐恢复经济上涨预期，房地产行业在部分地区回暖；三是悲观情景，全球经济开始下行，地缘政治风险进一步提高，美国等西方国家加大对我国贸易管制和科技封锁，产业链转移叠加转型风险对我国产业造成较大冲击。

在乐观情景下，中国货币政策或将在 2025 年延续 2024 年的稳健态势，预计中国广义货币供应量（M2）与社会融资规模增速都将温和放缓，宏观杠杆率，特别是地方政府部门的杠杆率将适度回调，居民部门的杠杆率或将有所上升。在此期间，全面降准的可能性偏低，且基准利率的下调空间相对有限。

在中性情景下,中国货币政策或将在2024年的基础上进一步加大对实体经济的扶持力度,预计2025年M2与社会融资规模增速将维持或略低于上一年水平,宏观杠杆率将在当前高位基础上实现小幅调整。预计2025年内将有1~2次降准操作,每次降准幅度在50个基点左右。同时,货币政策将与财政政策等协同发力,提升政策执行效率与时效性,央行国债持有比例也将有所上升。

在悲观情景下,中国货币政策或将采取更为积极的总量宽松措施,并聚焦于对内外部冲击影响显著的经济主体实施精准定向的结构化货币政策工具。在此情景下,预计M2和社会融资规模的增速将进一步加快,宏观杠杆率保持稳定。同时,降准和降息的频率及幅度均将增加,降准幅度或将为100至120个基点,降息幅度则在50至80个基点之间,以灵活应对内外部挑战,实施跨周期调节。鉴于悲观情境下流动性充裕与杠杆率上升,需紧密监控通货膨胀动态与市场风险,确保在促进经济增长与维护物价稳定之间找到平衡点,有效防范局部及系统性风险的快速累积。

从货币政策执行层面来看,2025年各类创新型货币政策工具的运用力度将进一步加大,货币政策的精准性和及时性将持续提高,实现对经济高质量发展重点领域和弱势经济主体的精准、快速支持。新型货币政策工具如短期流动性调节工具和常备借贷便利等,能够在银行体系流动性出现临时性波动时提供必要的流动性支持,有效调节市场短期资金供给,稳定市场资金供求的大幅波动;中期借贷便利等工具则可以通过调节金融机构中期融资的成本来对其资产负债表和市场预期产生影响,引导金融机构向符合国家政策导向的实体经济提供资金支持;证券、基金、保险公司互换便利等则可以通过提供流动性支持,增强资本市场的内在稳定性,提升资本市场的资金获取能力和股票投资能力。这些新型货币政策工具将在2025年发挥更大作用,通过提供流动性支持,帮助市场参与者管理风险,维护资本市场的整体稳定。与此同时,结构性货币政策工具也将继续发挥重要作用。2025年,货币政策在结构上也将持续改善对科技创新、绿色、小微企业和"三农"领域的金融服务。例如,在科技创新领域,将不仅继续加大对科技型中小企业的贷款支持力度,同时也将大力发挥直接融资的作用,逐渐恢复风险投资行业的信心,完善多层次的金融支持服务体系。但与此同时,也需要在精准支持的同时注重违约风险的管理和防范,密切关注普惠小微贷款行业集中度和区域集中度较高的问题,对违约风险进行实时监测与预警,并提前设计合理的不良贷款处置机制。

2025年,人民币汇率的市场化和国际化将持续推进。一方面,人民币对美元汇率在2025年双向波动幅度将有所加大,人民币贬值压力将有所上升,或将在7.0~7.5波动;另一方面,人民币国际化水平将持续提高,在共建"一带一路"倡议的持续推动下,人民币跨境结算的规模和占比将进一步提高,人民币在区域的国际化水平不断上升,人民币多边汇率也将在2025年保持稳定。但随着人民币汇率市场化程度的不断提高,央行将在坚持市场化决定作用的同时,保持汇率的弹性并强化预期引导,防范汇率超调风险,保持人民币汇率基本稳定在合理均衡水平上;相关经济主体必须加强对汇率风险的监测和对冲,积极利用人民币互换等衍生金融工具对应收账款、应付账款等与汇率相关的收支、资产、负债进行积极的动态风险管理。

2024 年中国国际收支形势回顾及 2025 年展望①

于　嫣　高凯隆　鲍　勤

报告摘要：2024 年，全球经济温和复苏，发达经济体通胀压力总体缓解，美欧货币政策转向宽松。我国经济运行总体平稳，国际收支保持基本平衡，货物贸易规模、服务贸易规模平稳增长，跨境资金流动和结售汇均保持平稳。展望 2025 年，特朗普的当选使国际政治经济局势更加复杂，我国面临的外部需求环境也遭遇挑战。

2025 年，预计我国经济整体将延续平稳增长的态势，国际收支将总体保持平稳，从结构上看将呈现持续优化态势。具体来看，2025 年，预计我国货物贸易规模仍将保持增长态势，但也面临着因美欧等发达经济体需求下降，以及全球产业链再调整和再布局进程带来的不确定性。根据预测，在基准情景下，假设美国对我国加征 10%左右的关税，且人民币汇率保持基本稳定，预计 2025 年我国国际收支口径下的货物贸易贷方和借方将分别达到 24.38 万亿元和 19.09 万亿元，均保持增长，增速分别为 1.6%和 1.3%，货物贸易顺差约为 5.29 万亿元；若美国对我国加征 60%左右的关税，且人民币不存在大幅贬值的情况，预计我国货物贸易贷方和借方增速将显著放缓，分别为 22.13 万亿元和 17.79 万亿元，增速分别为-7.8%和-5.6%，货物贸易顺差为 4.34 万亿元；若美国对我国加征中等规模的关税，且人民币贬值幅度超过 5%，预计我国货物贸易贷方和借方将分别达到 25.18 万亿元和 20.02 万亿元，增速分别为 4.9%和 6.2%，货物贸易顺差为 5.16 万亿元。服务贸易方面，预计 2025 年全球服务业将持续复苏，我国服务贸易仍将保持逆差，在基准情景下，预计 2025 年服务贸易逆差约为 1.95 万亿元，其中，服务贸易贷方和借方分别约为 2.78 万亿元和 4.73 万亿元。跨境资金流动方面，2025 年预计将保持平稳。根据中国科学院数学与系统科学研究院预测科学研究中心构建的中国跨境资金流动预警指标体系，预计 2025 年上半年我国跨境资金仍将存在一定的流出压力。为充分应对复杂严峻的国际经济形势，确保我国国际收支和宏观经济金融系统稳定，提出以下三点政策建议：①加强跨境资金流动监测预警；②推动人民币国际化；③持续推进高水平对外开放。

一、2025 年国际经济形势展望

2024 年，全球经济整体温和复苏。一方面，发达经济体通胀水平已明显回落，但一

---

① 本报告受国家自然科学基金项目（项目号：72073127）与中国科学院支持。

些新兴市场经济体面临的通胀压力依旧较大。另一方面，主要发达经济体货币政策出现分化，2023 年 9 月至 2024 年 6 月，美联储连续 7 次议息会议维持利率不变，但在 2024 年 9 月 18 日的议息会议上，决定将联邦基金利率目标区间下调 0.5 个百分点；欧洲中央银行先于美联储降息，2024 年 6 月将主要再融资操作利率、边际贷款便利利率和存款便利利率均下调 25 个基点；日本央行则进行反向操作，结束负利率政策，并于 2024 年 3 月、7 月两次加息，上调短期利率目标至 0.25%。在此背景下，主要国际机构大多认为全球经济增速有所提升。根据世界银行 2024 年 6 月发布的《全球经济展望》①，全球经济增长将从 2023 年的 2.1% 增长至 2024 年的 2.6%；其中，低收入经济体的经济增速将从 2023 年的 3.8% 提升至 2024 年的 5.0%，发达经济体 2024 年的经济增速将保持在 1.5%。经济合作与发展组织（Organization for Economic Cooperation and Development，OECD）2024 年 9 月发布报告②，预测 2024 年全球 GDP 增速将保持在 3.2% 的水平；其中，2024 年 G20（Group of 20，二十国集团）整体经济增速也为 3.2%。根据国际货币基金组织 2024 年 10 月发布的《世界经济展望》③，全球经济增长率预计将从 2023 年的 3.3% 上升至 2024 年的 3.2%；其中，发达经济体经济增长率仅为 1.7%，远低于 3.8% 的历史（2000~2019 年）平均水平。

2024 年，由于食品价格和能源大宗商品价格调整，全球大部分经济体的通胀水平有所下降，越来越多的国家通胀率达到或接近各自央行的目标。2024 年阿根廷和土耳其的通胀水平仍然较高，其他 G20 经济体的通胀水平如图 1 所示，除印度（2024 年 9 月同比增长率为 4.2%）、巴西（2024 年 9 月同比增长率为 4.4%）和墨西哥（2024 年 9 月同比增长率为 5.6%）外，其他经济体 2024 年 9 月的同比增长率几乎均接近或低于 3.0% 这一通常作为货币政策目标的水平。此外，最新数据预测显示，2025 年上半年，除德国、墨西哥、巴西和印度外，其余国家的翘尾因素（"翘尾因素"指的是上一年度的高物价或特殊经济波动对当前年度的通货膨胀产生的影响）均低于 2%，说明 2025 年上半年整体通胀压力并不大。

展望 2025 年，全球经济形势面临着较大的不确定性。一是特朗普当选及其政策的不确定性显著加大了全球政治经济风险，保护主义关税将导致全球贸易壁垒增加，使得国际贸易环境变得更加复杂和不确定，进而影响全球经济的稳定性。二是全球货币政策面临一定的不确定性，美联储在 2025 年的降息步伐或将受制于其加征关税导致的通胀风险。三是虚拟货币加大了全球经济金融风险。由于特朗普赢得美国总统大选、美联储降息和比特币现货 ETF（exchange traded fund，交易型开放式指数证券投资基金）不断流入，以比特币为代表的虚拟货币价格上涨，进一步挑战着全球金融秩序。在这一背景下，预计 2025 年全球经济将温和复苏，但经济增长的动力并不充足。参考三大国际机构（世

① World Bank. Global Economic Prospects. https://www.worldbank.org/en/publication/global-economic-prospects.

② OECD. OECD Economic Outlook, Interim Report September 2024: Turning the Corner. https://www.oecd-ilibrary.org/economics/oecd-economic-outlook/volume-2024/issue-1_1517c196-en.

③ International Monetary Fund. World Economic Outlook. https://www.imf.org/zh/Publications/WEO/Issues/2024/10/22/world-economic-outlook-october-2024.

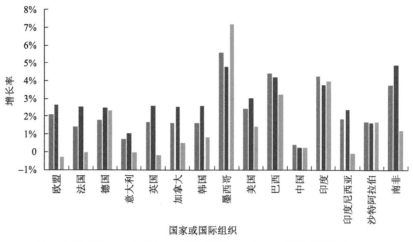

■ 2024年9月同比　　■ 2024年1～9月累计同比　　■ 2025年上半年翘尾影响

图 1　　G20 经济体 2024 年 1～9 月通货膨胀情况

资料来源：https://data-explorer.oecd.org

缺少的 G20 国家有：阿根廷、土耳其、澳大利亚、日本、俄罗斯。由于阿根廷和土耳其的数值较高，考虑到图的美观性，未将其放入图 1 中；由于澳大利亚、日本、俄罗斯这三个国家的数据缺失，故也未列入统计

界银行、OECD、国际货币基金组织）对 2025 年全球经济的预测：世界银行在 6 月发布的《全球经济展望》中预测 2025 年全球经济增速为 2.7%，其中，发达经济体为 1.6%，新兴市场和发展中经济体为 4.2%；OECD 在 9 月发布的《OECD 经济展望，2024 年 9 月中期报告：走向转折点》中预测 2025 年全球经济增速为 3.2%，其中，美国经济增速预期为 1.6%，欧洲地区经济增速预期较 2024 年翻倍，从 2024 年的 0.7% 快速拉升到 1.3%；国际货币基金组织在 10 月发布的《世界经济展望》中预测 2025 年全球经济增速为 3.2%，比 7 月份发布的《世界经济展望》中的对应数据下调了 0.1 个百分点，其中，发达经济体增速为 1.8%，新兴市场和发展中经济体增速为 4.2%。

二、2024 年中国国际收支主要账户分析和 2025 年展望

　　国际收支是一个国家与外部经济体之间经济往来的集中反映。在国际收支平衡表中，经常账户包括货物、服务、初次收入和二次收入，用贷方表示资金流入我国，用借方表示资金流出我国；资本和金融账户包括资本账户和金融账户，后者包括非储备性质的金融账户（包括直接投资、证券投资、金融衍生工具和其他投资）及储备资产。为了便于和我国宏观经济统计数据相比较，本报告采用人民币计价的国际收支数据进行分析。

　　2024 年，在复杂严峻的外部环境下，我国加大了经济政策的力度，经济运行整体保持平稳，对外贸易形势较好，支撑了我国国际收支保持基本平衡。根据国家外汇管理局

公布的 2024 年前三季度国际收支平衡表的粗算数据①，2024 年我国国际收支账户总体呈现基本平衡的良好格局。经常账户方面，2024 年前三季度，我国经常账户顺差 17 130 亿元，相比 2023 年同期增加 2512 亿元，继续发挥稳定国际收支的基本盘作用；经常账户顺差与同期 GDP 之比为 1.81%，位于合理区间。其中，货物贸易顺差 36 935 亿元，相比 2023 年同期降低 4923 亿元；服务贸易逆差 12 949 亿元，相比 2023 年同期增长 1073 亿元；初次收入逆差 7580 亿元，相比 2023 年同期增加 1305 亿元；二次收入顺差 724 亿元，相比 2023 年同期降低 34 亿元。资本和金融账户方面，2024 年前三季度逆差 19 229 亿元（包含 2024 年第三季度的净误差与遗漏），其中，直接投资呈现净流出态势。以下分别从货物贸易、服务贸易和直接投资三个部分进行分析。

（一）货物贸易规模稳步增长

2024 年，我国货物贸易总体呈现顺差格局，继续发挥稳定跨境资金流动的基本盘作用。根据国家外汇管理局公布的我国国际货物和服务贸易月度数据，2024 年 1~9 月，我国货物贸易顺差累计 35 691.60 亿元，与 2023 年同期相比增长 12.1%。货物贸易差额的大小受到货物贸易贷方和借方两个方面的影响，如图 2 和图 3 所示，2024 年 1~9 月，我国货物贸易贷方累计 174 727.83 亿元，相比 2023 年同期增长 6.42%；2024 年 1~9 月，我国货物贸易借方累计 139 036.22 亿元，相比 2023 年同期增长 0.5%。我国货物出口的高增长主要得益于全球消费需求的恢复，特别是汽车出口仍维持较高增速；同时，各类经营主体保持活跃，民营企业实现较快增长；从出口产品结构来看，我国高端装备出口和机电产品出口增长相对较快，高端装备、集成电路、汽车、家用电器出口增长率分别为 43.4%、22%、22.5% 和 15.5%；分区域来看，我国与"一带一路"共建国家和东盟国家之间的进出口增速高于 2023 年同期整体水平。

展望 2025 年，全球经济有望温和复苏，主要发达经济体货币政策进入降息周期，国际政治局势依然复杂多变，我国货物贸易可能面临更多的挑战。俄乌冲突、巴以冲突等地区冲突持续影响全球政治格局，区域市场的不稳定性增加；特朗普政府若采取对中国商品加征 60% 的关税政策，将会严重削弱中国对美国的出口，对中国经济带来显著负向冲击，甚至导致全球供应链的进一步割裂；在美国寻求与我国脱钩的情况下，我国的能源、金属和粮食等大宗商品的外贸将面临更多的不确定性；如果 2025 年发达经济体通胀水平再次抬升，各国降息步伐将可能放缓，这不利于全球经济恢复，不但会增加全球贸易成本，也会对我国出口带来冲击。根据世界贸易组织 2024 年 10 月发布的全球贸易预测结果②，预计 2024 年世界商品贸易量将增长 2.7%，略高于此前预测的 2.6%；预计 2025 年的贸易增长率为 3.0%，但地缘政治紧张局势加剧和经济政策不确定性增加或将对全球外贸产生负面影响。

---

① 参见国家外汇管理局网站：https://www.safe.gov.cn/safe/2024/1108/25332.html。

② World Trade Organization. World Trade Report 2024 highlights trade's role in supporting inclusiveness. https://www.wto.org/english/news_e/news24_e/wtr_09sep24_e.htm.

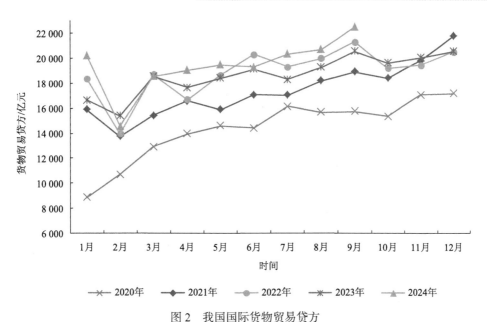

图 2　我国国际货物贸易贷方

资料来源：http://www.safe.gov.cn/safe/zghyhfwmy/index.html

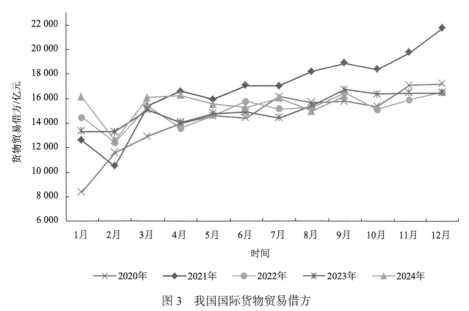

图 3　我国国际货物贸易借方

资料来源：http://www.safe.gov.cn/safe/zghyhfwmy/index.html

综合考虑各方面影响因素，预计 2025 年我国货物贸易总体规模将保持平稳，货物贸易的商品结构、区域结构等结构性变化将持续深化，货物贸易整体将继续维持顺差格局。基于中国科学院数学与系统科学研究院预测科学研究中心课题组建立的宏观经济预测模型，本报告预测 2024 年第四季度，我国国际收支口径的货物贸易贷方将达到 6.36 万亿元，货物贸易借方将达到 4.90 万亿元；2024 年全年我国国际收支口径的货物贸易顺差将达到 5.15 万亿元，比 2023 年增加约 0.94 万亿元。在全球经济不发生大规模衰退、我国经济持续恢复、美国对我国加征 10% 左右的关税，但人民币汇率保持基本稳定的基准情景假设下，预计 2025 年，我国国际收支口径的货物贸易顺差约为 5.29 万亿元，其中，货物贸易贷方约为 24.38 万亿元，增速 1.6%；货物贸易借方约为 19.09 万亿元，增速 1.3%。如果美国对我国加征 60% 左右关税，且人民币汇率保持基本稳定，预计 2025 年，我国国际收支口径的货物贸易顺差约为 4.34 万亿元，其中，货物贸易贷方约为 22.13 万亿元，增速-7.8%；货物贸易借方约为 17.79 万亿元，增速-5.6%。如果美国对我国加征中等规模的关税，且人民币贬值幅度超过 5%，预计 2025 年，我国国际收支口径的货物贸易顺差约为 5.16 万亿元，其中，货物贸易出口约为 25.18 万亿元，增速 4.9%；货物贸易进口约为 20.02 万亿元，增速 6.2%。

（二）服务贸易收支保持增长

2024 年，我国服务贸易规模平稳增长。根据国家外汇管理局公布的我国国际货物和服务贸易数据，2024 年 1～9 月，我国服务贸易逆差累计 12 806.47 亿元，比 2023 年同期增长 9.2%。从具体构成来看，如图 4 所示，我国服务贸易差额呈现结构性变化：2024 年 1～9 月，我国旅行项目逆差 11 330.51 亿元，比 2023 年同期增长了 24.33%，主要是由于个人跨境旅行呈现恢复态势，旅行支出呈现增长趋势；运输项目逆差 3202.42 亿元，比 2023 年同期减少 26.92%，主要是由于国际运输市场结构随着全球外贸结构变化而发生转变，对东盟国家的出口增长拉动了我国运输项目贷方的增长；在服务贸易顺差项目中，建设项目，电信、计算机和信息服务项目，以及其他商业服务顺差额都持续增长。2024 年 1～9 月，建设项目顺差 384.30 亿元，比 2023 年同期增长 18.61%，电信、计算机和信息服务项目顺差 1119.97 亿元，比 2023 年同期增长 21.21%；其他商业服务项目顺差 2100.39 亿元，比 2023 年同期增长 4.86%。

服务贸易差额受到服务贸易贷方和服务贸易借方两个项目变化的影响。从服务贸易贷方和借方来看，如图 5 和图 6 所示，2024 年 1～9 月，我国服务贸易贷方累计 19 640.93 亿元，相比 2023 年同期增长 17.4%，其中，运输项目贷方 5668.90 亿元，比 2023 年同期增长 23.9%；其他商业服务项目贷方 5527.09 亿元，比 2023 年同期增长 8.9%；电信、计算机和信息服务贷方 3259.93 亿元，比 2023 年同期增长 7.6%；建设项目贷方 838.81 亿元，比 2023 年同期增长 15.0%；旅行项目贷方 1921.79 亿元，比 2023 年同期增长 169.3%。2024 年 1～9 月，我国服务贸易借方累计 32 447.40 亿元，相比 2023 年同期增长 14.0%，其中，运输项目借方 8871.31 亿元，与 2023 年同期相比几乎持平；旅行项目借方 13 252.30 亿元，比 2023 年同期增长 34.9%，个人跨境旅行呈现恢复态势；其他商业服务项目借方 3426.69 亿元，比 2023 年同期增长 11.4%；知识产权使用费项目借方 2440.54 亿元，比 2023 年同期增长 7.9%；电信、计算机和信息服务项目借方 2139.96 亿元，与 2023 年同期相比几乎持平。

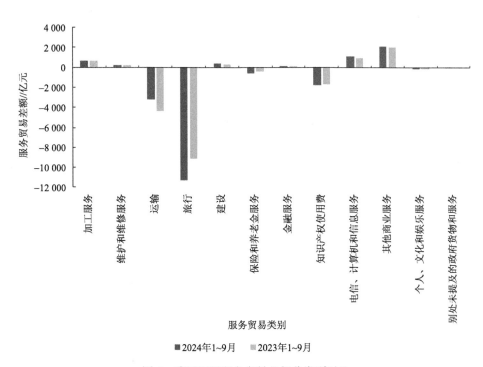

图 4　我国国际服务贸易差额分类别对比

资料来源：http://www.safe.gov.cn/safe/zghyhfwmy/index.html

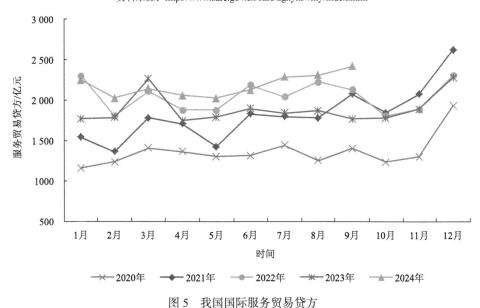

图 5　我国国际服务贸易贷方

资料来源：http://www.safe.gov.cn/safe/zghyhfwmy/index.html

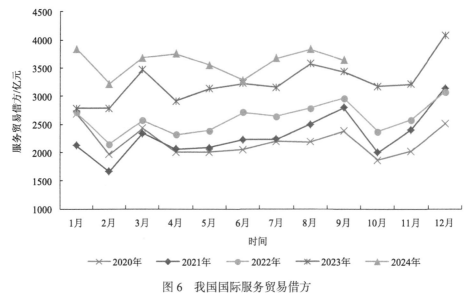

图 6 我国国际服务贸易借方

资料来源：http://www.safe.gov.cn/safe/zghyhfwmy/index.html

整体来看，2024 年我国服务贸易收支保持增长。一方面，居民出境旅游、留学等持续恢复，旅行支出增长；同时，我国持续优化外籍来华人员服务，境外人员来华旅行增加，带动旅行收入较快增长。另一方面，新兴生产性服务业顺差增加，随着我国制造业与服务业深度融合以及服务业的数字化转型升级，我国服务贸易发展将会继续提档升级，软件和信息技术服务业等新兴生产性服务业正在为服务贸易注入新的增长动能。此外，尽管面临资本外流的压力，我国服务贸易收支仍保持增长态势，这主要得益于我国服务贸易结构不断优化，尤其是高附加值服务贸易的快速增长。

展望 2025 年，在全球经济不确定性加大的背景下，我国经济的恢复进程仍是影响我国服务贸易发展的重要因素之一。具体来看：第一，144 小时过境免签政策的推出使得境外人员来华旅行增加，预计 2025 年旅行项目的借方和贷方仍将保持增长态势，推动服务贸易整体恢复。第二，全球数字经济的发展可能推动 2025 年与数字服务相关的贸易项目持续扩展。预计 2025 年我国在电信、计算机和信息服务方面的顺差显著增长，随着我国数字经济的进一步发展，这一领域的顺差将继续扩大。第三，受益于国际运输市场的逐步复苏，我国的运输和建设项目将持续恢复。预计到 2025 年，随着全球经济进一步复苏，运输领域的逆差可能会进一步减少。

基于中国科学院数学与系统科学研究院预测科学研究中心课题组建立的宏观经济预测模型，本报告预测 2024 年第四季度，我国服务贸易贷方约为 0.73 万亿元，借方约为 1.12 万亿元，2024 年全年，服务贸易逆差约为 1.69 万亿元，其中，服务贸易贷方约为 2.70 万亿元，服务贸易借方约为 4.39 万亿元。在全球经济不发生大规模衰退、我国经济持续恢复、美国对我国加征 10% 左右的关税，但人民币汇率保持基本稳定的基准情景假设下，预计 2025 年，我国服务贸易逆差约为 1.95 万亿元，其中，服务贸易贷方约为 2.78 万亿元，服务贸易借方约为 4.73 万亿元；预计 2025 年我国服务贸易结构将持续优化，电信、计算机和信息服务等顺差项目的贸易规模和贸易顺差将实现双增。

（三）直接投资呈现净流出态势

2024 年我国直接投资差额呈现净流出的态势。最新统计数据如图 7 所示，2024 年前三季度我国直接投资净流出 11 080 亿元。其中，从外国在华直接投资方面来看，2024 年前三季度，我国直接投资负债规模为 900 亿元，相比 2023 年同期（1023 亿元）缩减 123 亿元，减少幅度为 12.0%；从我国对外直接投资方面来看，2024 年前三季度，我国直接投资资产规模 10 179 亿元，与 2023 年同期（10 076 亿元）相比增加 103 亿元，增幅为 1.0%。中国直接投资资产规模呈现增长态势，主要有以下原因：首先，随着国内市场逐渐饱和，企业为了寻求新的增长点，通过海外并购来获取先进技术、知名品牌和关键资源，这加速了其全球化布局的步伐。其次，国内经济增速的放缓和产业结构的升级，促使资本流向那些能够提供更高回报的海外市场。再次，在"一带一路"倡议的推动下，中国企业积极参与共建国家，尤其是在东南亚和非洲等新兴市场的基础设施建设的投资。最后，中美之间的竞争加剧以及一些发达国家设置的投资壁垒，促使中国企业寻求更多元化的市场布局以分散风险。在金融政策层面，人民币国际化的稳步推进和外汇储备的多元化配置需求，也在一定程度上促进了资本的外流。2024 年 1～10 月，我国对外非金融类直接投资总额为 1158.3 亿美元，同比增长 10.6%；2024 年 1～10 月，我国企业对"一带一路"共建国家的非金融类直接投资为 266.5 亿美元，同比增长 3.0%。展望 2025 年，预计我国的直接投资仍呈现净流出态势。随着全球经济的复苏和我国经济的稳健增长，我国企业对外直接投资有望保持稳定，但若没有大规模的政策彻底扭转市场预期，则外商直接投资净流出的态势或将持续。

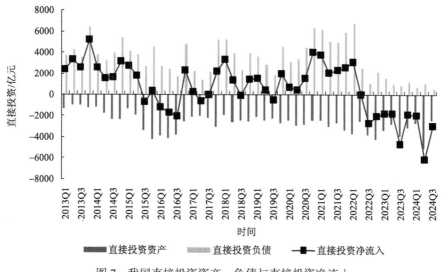

图 7　我国直接投资资产、负债与直接投资净流入

Q 表示季度

资料来源：https://www.safe.gov.cn/safe/2019/0627/13520.html

三、2024 年中国跨境资金流动状况分析及 2025 年展望

国际收支平衡表基于复式记账原则和权责发生制记录国际经济贸易往来，实际的跨境资本流动需要基于收付实现制原则记录。我国境内银行代客涉外收入支出数据可以体现实际的跨境资本流动情况，具体项目和国际收支平衡表相似。由于跨境资金收付能够更加直接地反映国际收支对于我国跨境资本流动和人民币汇率的影响，这一部分主要基于跨境资金收付数据和结售汇数据分析我国 2024 年的跨境资金流动状况，并结合跨境资金流动监测预警指标体系，对 2025 年我国跨境资金流动状况进行展望。

2024 年，在发达经济体经济缓慢复苏、我国经济社会发展全面向好的背景下，我国外汇市场整体运行平稳，跨境资金流动和结售汇均保持平稳，整体呈现逆差格局。具体来看，2024 年以来，我国的跨境资金流动主要呈现以下特点：一是银行结售汇总体呈现逆差格局。根据国家外汇管理局公布的数据，2024 年 1～9 月，我国银行结汇 119 140 亿元，比 2023 年同期增长了 1.78%；银行售汇 127 786 亿元，比 2023 年同期增长 6.77%；结售汇逆差 8646 亿元。二是跨境资金总体呈现净流出，跨境资金流动保持活跃。从银行代客涉外收付款数据来看，2024 年 1～9 月，我国银行代客涉外收入 373 863 亿元，比 2023 年同期增长 14.50%；银行代客涉外支出 373 677 亿元，比 2023 年同期增长 12.90%；银行代客涉外收付款逆差 186 亿元。三是售汇率小幅下降，跨境融资逐步趋稳。2024 年 1～9 月，银行售汇占银行代客涉外支出的比例为 34.20%，略低于 2023 年同期的 36.62%。四是结汇率稳中有降，企业外汇存款余额基本稳定。2024 年 1～9 月，银行结汇占银行代客涉外收入的比例为 31.87%，相比 2023 年同期的 36.33% 略有下降。截至 2024 年 10 月末，我国的外汇储备规模为 32 610.5 亿美元，较 9 月末下降了 553 亿美元，降幅约为 1.67%；较 2023 年同期增加了约 1340 亿美元，增长幅度约为 4.29%；较 2023 年末的 32 159 亿美元增加了 451.5 亿美元，增长幅度约为 1.40%。2024 年，全球经济仍面临较为复杂的外部环境，包括主要经济体的货币政策变化、地缘政治风险、汇率波动等因素，这些可能对外汇储备的波动产生一定影响。特别是美元指数的变化，仍然是影响我国外汇储备规模的一个重要因素。尽管如此，中国经济保持稳中向好的基本面未发生根本变化，这为外汇储备的稳定提供了有力支撑。根据 2024 年 10 月的数据，我国外汇储备规模略有下降，主要是受到美元走强、资产价格波动以及汇率折算等因素的影响。但总体来看，随着经济复苏的持续，我国外汇储备规模有望在未来继续保持相对稳定。

展望 2025 年，我国的外汇市场和跨境资金流动有望继续保持平稳运行态势。随着国内经济持续回升，跨境资金流动趋向均衡，外汇市场呈现较强韧性，市场预期和交易总体理性有序，人民币汇率在合理均衡水平上保持基本稳定。2024 年 9 月，美联储宣布降息 50 个基点，实行两年多的紧缩政策开始转向，中美利差的缩小有助于降低资本外流的压力。在中美利差收窄的背景下，我国通过引导市场主体加强利率和汇率风险管理，优化外债币种和期限结构，对冲境内外利差变化产生的市场风险。同时，面对可能的贸易摩擦以及特朗普 2.0 政策，人民币汇率的灵活性可以帮助缓解外部冲击。因此，我国经

济韧性强、潜力足、回旋余地大，长期向好的基本面并没有发生改变，预计跨境资金流动将继续保持平稳。

根据中国科学院数学与系统科学研究院预测科学研究中心构建的中国跨境资金流动预警指标体系，截至 2024 年 10 月，从表征当前我国跨境资金流动状况的一致合成指数（图 8）来看，2024 年我国跨境资金整体呈现流出压力逐步缓解的态势，一致合成指数自 2024 年 2 月达到近期低点 76.71 以来持续回升，特别是 9 月份，我国结售汇差额转正带动一致合成指数达到近期高点 86.40。2024 年 10 月，跨境资金流动一致合成指数为86.24，比上月下降 0.16。从具有 4 个月左右预警期的先行合成指数来看，2024 年 10 月，先行合成指数为 94.98，比 9 月下降 0.47，说明近期我国跨境资金仍然存在一定的流出压力。

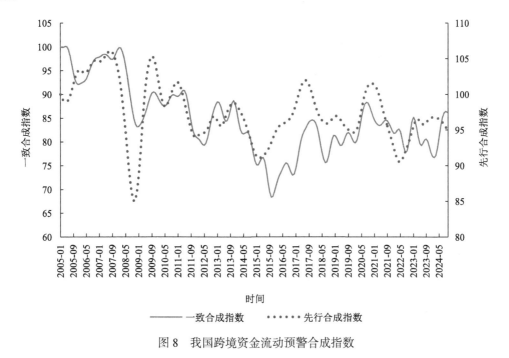

图 8　我国跨境资金流动预警合成指数

四、政　策　建　议

为充分应对复杂严峻的国际经济形势，确保我国国际收支和宏观经济金融系统的稳定，建议加快以人民币为主导的国际经贸车道建设，在美元主导的旧有秩序下，加强监测预警，以主动出击化解潜在风险。具体政策建议如下。

一是加强跨境资金流动监测预警。在全球经济不确定性加剧的背景下，我国应加强跨境资金流动的监测与预警，建议搭建对外金融风险管理平台系统，动态全面监测对外金融各个维度的发展态势，系统量化评估对外金融风险，设计风险管理与应对预案，营造规范、公平、健康的发展环境。例如，针对我国实体在外股权债权和产业链供应链的"美元化"程度开展摸底调查与动态监测；针对中资金融机构在外分支机构，加强业务开展、交易审查和内部制度建设等方面的合规管理，通过关键节点数据开展动态监测预警；针对外部经济金融政策、国际金融机构投资策略变化、以人民币为标的的衍生品市场动态等建立舆情指数，动态监管相关风险，预测国际资本流动趋势。

二是推动人民币国际化。加强外汇储备多元化管理，稳步推进人民币国际化，夯实以人民币主导的国际经贸车道建设。建议加强在外分支金融机构建设，强化制度保障，优化人民币计价、人民币结算、人民币投融资等人民币交易的全流程体验；要完善人民币汇率形成机制，进一步建立以市场供求为基础、参考一篮子货币进行调节、有管理的浮动汇率制度；要加强国际金融合作，积极建设多边和双边金融合作机制，通过丝路基金、亚洲基础设施投资银行等平台，推动国际金融体系多极化；同时，要继续推动货币互换、跨境贸易等领域的发展，扩大"去美元化"的朋友圈，促进人民币资金在实体经济和资本市场之间循环。

三是持续推进高水平对外开放。稳步推进金融市场改革与开放，加强国际沟通与交流，释放可持续的一致性政策信号。要持续扩大金融市场对外开放程度，提高国内资本市场的吸引力，提升市场流动性和成熟度；积极参与全球经济治理，共同维护全球金融稳定，提升国际社会信心；稳步扩大制度型开放，既对标国际一流水平，又积极参与国际规则制定；维护以世界贸易组织为核心的多边贸易体制，全面深入参与世界贸易组织改革；深化外贸体制改革，加快建设贸易强国，进一步提升国际分工地位，向全球价值链中高端迈进；同时，深化外商投资和对外投资管理体制改革，打造"投资中国"品牌，坚持高质量"引进来"和高水平"走出去"相结合。

行业经济景气分析与预测

2024 年中国农业生产形势分析与 2025 年展望

林　康　陈卓文　高　翔　杨翠红　陈锡康

报告摘要：2024 年，中央加大对粮食生产的支持力度，有效调动了农民的种粮积极性，全年粮食播种面积有所增加；虽然局部气象灾害带来了一定影响，但全国层面农业灾情是近几年较轻的一年，叠加粮油等主要作物大面积单产提升行动取得明显成效，全年粮食单产水平进一步提高。整体来看，全年粮食再获丰收，首次迈上 1.4 万亿斤新台阶。2024 年全国粮食总产量 70 650 万吨，比 2023 年增加 1109 万吨，增长 1.6%。其中谷物产量 65 229 万吨，比 2023 年增加 1086 万吨，增长 1.7%。分季来看，全国夏粮总产量 14 989.0 万吨，比 2023 年增加 373.8 万吨，增长 2.6%；早稻总产量 2817.4 万吨，比 2023 年减少 16.3 万吨，下降 0.6%。秋粮产量 52 843.4 万吨，比 2023 年增加 751.4 万吨，增长 1.4%。油料方面，预计 2024 年我国油料播种面积和产量将双增。

展望 2025 年，我们对粮食、棉花和油料的主要分析和预测如下。

第一，预计 2025 年，我国粮食播种面积可能将持平略增。如果天气正常，不出现大的自然灾害，且在中国粮食进口配额不出现大幅提高的情况下，预计 2025 年全年粮食将增产，其中夏粮增产，秋粮持平略增。

2025 年我国粮食生产既有有利因素的支持，同时又面临着一些不利因素的严峻考验。有利条件主要如下：面对国际粮食市场的波动，中央和地方政府出台了一系列促进粮食生产的利好政策；且预计化肥等农资价格将有所回落，小麦、稻谷将继续实行最低收购价政策。以上因素将会提升粮农的种粮积极性。此外，2024 年秋冬种进展总体顺利，夯实了 2025 年夏粮丰收的基础；生物育种产业化将扩面提速，"两新"政策（指的是 2024 年 3 月国务院印发的《推动大规模设备更新和消费品以旧换新行动方案》）也将加快农业机械结构调整，在助推我国粮食单产水平提高的同时，能够有力支撑粮食生产能力的提升。不利因素如下：粮食价格增长乏力；同时，特朗普可能迫使我国从美国进口大量农产品，且目前我国对粮食主产区的利益补偿机制存在补偿强度不足等问题，以上因素均将挫伤粮农的种粮积极性。

第二，预计 2025 年我国棉花播种面积将下降，产量将持平略减。主要依据如下：非新疆棉区生产规模将进一步收缩，新疆棉区植棉面积也呈现出下降态势，总体植棉面积难以扩大；在棉花价格持续下跌的同时，棉花下游生产需求存在较大不确定性，打击了棉农的植棉积极性；但是，新疆棉花目标价格的补贴稳定，且与质量挂钩，这相当于给棉农吃下了一颗"定心丸"，同时将有效提升棉花生产加工质量。

第三，预计 2025 年我国油料播种面积持平略增，其中油菜籽播种面积持平略增，花生播种面积持平。如果后期天气正常，预计油料产量将有所增加。主要依据如下：中央及地方政府加大油菜种植的政策扶持力度，从播种环节就着手落实大面积单产提升措施；但是，油菜籽和花生价格走低，叠加生产成本逐年增加将打击农户的种植积极性；此外，花生由于连年增产，预计后续播种面积增长空间有限。

一、2024 年我国农业生产形势分析

（一）2024 年夏粮增产，早稻持平略减，秋粮增产，全年粮食产量首次突破 1.4 万亿斤

2024 年中央财政加大对粮食生产支持力度，三大主粮完全成本保险和种植收入保险实现全覆盖，小麦、早稻最低收购价提高，有效调动了农民种粮积极性，全年粮食播种面积有所增加。尽管华南地区遭遇"龙舟水"和超强台风，长江中下游地区出现"暴力梅"，黄淮海地区经历干旱和旱涝急转，东北地区出现阶段性低温和极端暴雨等严重气象灾害，但从全国来看，2024 年的农业灾情相对较轻；叠加玉米单产提升工程的接续实施以及大豆单产提升工程的启动，2024 年全年粮食单产有所增加。总体来看，2024 年粮食生产具有"政策好、人努力、天帮忙"等有利条件，全年粮食产量再创新高，首次迈上 1.4 万亿斤新台阶。

根据国家统计局发布的数据[①]，2024 年全国夏粮播种面积 39 919.7 万亩，比 2023 年增加 6.8 万亩，增长 0.02%，保持稳定；其中小麦播种面积 34 636 万亩，比 2023 年增加 47.5 万亩，增长 0.1%。全国夏粮单位面积产量 375.48 千克/亩，比 2023 年增加 9.38 千克/亩，增长 2.6%；其中小麦单位面积产量 399.1 千克/亩，比 2023 年增加 10.0 千克/亩，增长 2.6%。全国夏粮总产量 14 989 万吨，比 2023 年增加 374 万吨，增长 2.6%；其中小麦产量 13 822 万吨，比 2023 年增加 365.8 万吨，增长 2.7%。2024 年我国夏粮获得丰收，为稳定全年粮食生产奠定了扎实基础。

国家统计局发布的全国早稻生产数据显示[②]，2024 年全国早稻播种面积 7132.2 万亩，比 2023 年增加 32.5 万亩，增长 0.5%；全国早稻单位面积产量 395.0 千克/亩，比 2023 年减少 4.1 千克/亩，下降 1.0%；全国早稻总产量 2817.4 万吨，比 2023 年减少 16.3 万吨，下降 0.6%。早稻产量虽然略有下降，但仍连续 4 年保持在 2800 万吨（560 亿斤）以上，总体保持稳定。早稻单产有所下降的主要原因是广东、湖南、江西等地在早稻生

---

① 国家统计局关于 2024 年夏粮产量数据的公告. https://www.stats.gov.cn/sj/zxfb/202407/t20240712_1955558.html，2024-07-12. 后根据甘肃、宁夏、新疆等部分地区小麦实际产量对全国夏粮数据进行了修正，详见：国家统计局关于 2024 年粮食产量数据的公告. https://www.stats.gov.cn/sj/zxfb/202412/t20241213_1957744.html，2024-12-13.

② 国家统计局关于 2024 年早稻产量数据的公告. https://www.stats.gov.cn/zwfwck/sjfb/202408/t20240823_1956083.html，2024-08-23.

长关键期降雨偏多且持续时间较长，导致局部地区发生严重洪涝灾害，部分低洼田块成灾或绝收。

2024 年，全国秋粮产量 52 843.4 万吨，比 2023 年增产 751.4 万吨，增长 1.4%[①]。从面积看，2024 年部分地区通过加强耕地保护和用途管控、推进土地综合整治、扩大复播粮食面积等方式扩大了秋粮种植面积。根据国家统计局公布的数据，2024 年秋粮播种面积为 131 926.8 万亩，相比于 2023 年的 131 440.2 万亩增长了 0.4%。从单产看，一方面，2023 年收获期受严重"烂场雨"天气影响而导致单产下降的小麦，在今年实现恢复性增长，提高了全年秋粮的单产水平；另一方面，农业农村部深入推进粮油等主要作物大面积单产提升行动，重点推广合理增密、水肥一体、"一喷三防""一喷多促"等技术，有效提升了粮食单产水平。根据国家统计局公布的数据，2024 年秋粮单产为 400.6 千克/亩，相比于 2023 年的 396.3 千克/亩增长了 1.1%。整体而言，全国绝大部分省份是增产的，个别省份因灾减产，有增有减，但增的明显比减的多。

2024 年，全国粮食产量首次迈上 1.4 万亿斤新台阶，进一步夯实了国家粮食安全根基，为推进乡村全面振兴、建设农业强国奠定了坚实基础，为巩固和增强经济回升向好态势、持续推动高质量发展提供了有力支撑，也为稳定全球粮食市场、维护世界粮食安全作出了积极贡献。

（二）2024 年我国棉花播种面积、单产和总产实现三增

面积方面[②]，2024 年，全国棉花播种面积 4257.4 万亩，比 2023 年增加 75.2 万亩，增长 1.8%，且棉花种植结构进一步向优势区域——新疆棉区集中。今年受国家政策支持，新疆地区棉花播种迎来恢复性增长，棉花播种面积比 2023 年增加 3.3%，同时其种植面积占全国比重提高至 86.2%，较 2023 年提高 1.2 个百分点。其他棉区受种植收益和种植结构调整等因素影响，棉花播种面积下降 1.1%，自 2009 年以来连续 16 年下降。

单产方面，2024 年，全国棉花单产 144.8 公斤/亩，比 2023 年增加 10.4 公斤/亩，增长 7.7%。分地区看，新疆棉花自播种以来，光温水充足，整体气象条件利于棉花生长发育，长势明显好于 2023 年，尤其是在采摘期，新疆晴好天气多，有利于提高棉花产量和品质。新疆棉花单产 154.9 公斤/亩，比 2023 年增加 11.0 公斤/亩，增长 7.6%。长江流域棉区今年农业气象条件与 2023 年相当，植棉技术提高、品种优化，棉花单产稳中有增，棉花单产 73.2 公斤/亩，比 2023 年增加 1.8 公斤/亩，增长 2.5%；黄河流域棉区前期高温干旱，后期降雨较多，棉花生产略受影响，单产 83.7 公斤/亩，比 2023 年减少 0.1 公斤/亩，下降 0.1%。

总产方面，根据国家统计局发布的数据，2024 年，全国棉花产量 616.4 万吨，比 2023

[①] 国家统计局农村司副司长魏锋华解读粮食生产情况. https://www.stats.gov.cn/sj/sjjd/202412/t20241213_1957743.html，2024-12-13.

[②] 国家统计局关于 2024 年棉花产量的公告. https://www.stats.gov.cn/sj/zxfb/202412/t20241225_1957879.html，2024-12-25.

年增加 54.6 万吨，增长 9.7%。其中，新疆棉花产量 568.6 万吨，比 2023 年增加 57.4 万吨，增长 11.2%，占全国总量的 92.2%，比 2023 年提高 1.2 个百分点；其他地区棉花产量 47.8 万吨，比 2022 年减少 2.8 万吨，下降 5.53%。

（三）2024 年全年我国油料播种面积、产量预计双增

油菜籽方面，2024 年我国重点推广了油菜直播密植等高产技术模式，为油料增产丰收奠定了基础。农业农村部副部长张兴旺在国务院新闻办公室举办的 2024 年前三季度农业农村经济运行情况发布会上指出，2024 年油菜籽面积、单产、总产实现"三增"。分省来看，四川、湖北、湖南、安徽、贵州、江西 6 省是我国油菜籽主产区，2018～2023 年这 6 省的油菜籽产量均占到了全国产量的 70% 以上。据农民日报消息①，2024 年四川在高起点上继续扩种油菜超过 55 万亩，面积达 2170 万亩，且多地单产创新高，油菜籽大丰收。湖北省 2024 年夏收油菜面积 1892.54 万亩，同比增长 3.2%，总产 292.04 万吨，同比增长 2.1%，夏油面积和总产均创历史新高②。湖南省初步预计 2023～2024 年油菜种植面积 2255 万亩，较 2023 年增加 33 万亩③。2024 年前三季度安徽省油菜籽产量 110.8 万吨、增长 0.2%④。江西省 2024 年全省夏收油菜面积 900.3 万亩，总产量 87.6 万吨，首次突破 80 万吨大关，亩均单产 97.3 千克，居历史第二高位⑤。贵州省 2024 年油菜面积达 800 万亩以上⑥。综上，预计 2024 年全年我国油菜籽播种面积和产量双增。

花生方面，由于与玉米、大豆等作物相比，花生的种植收益相对较高，这对农民种植积极性起到了较强支撑作用，因此预计 2024 年花生播种面积将增长。根据《全国农产品成本收益资料汇编 2024》，2023 年花生每亩纯收入⑦为 1378.53 元，远高于玉米和大豆的 897.22 元和 370.14 元。2024 年 10 月，从各产区调研情况来看，相比于 2023 年，预计东北产区花生种植面积增长 5%～20%，河北产区增长 5%，河南产区增长 10% 左右，山东产区增长 5%～8%⑧。产量方面，据农业农村部市场预警专家委员会 2024 年 11 月预测，2024/25 年度花生油产量将达到 383 万吨，相比于 2023/24 年度的 360 万吨上涨 6.4%。就具体省份而言，河南作为全国最大的花生主产区，2023 年花生产量占全国花生产量的

① 四川油菜籽大丰收，多地单产创新高，但价格走势相对低迷——种油菜有赚头吗？看种植大户算细账. https://nyj.nanyang.gov.cn/2024/07-22/538519.html，2024-07-22.

② 我省夏季粮油生产获农业农村部通报表扬. https://nyt.hubei.gov.cn/bmdt/yw/mtksn/202408/t20240827_5316202.shtml，2024-08-27.

③ 品种研发、推广、应用一体化推进，湖南油菜产业链建设居全国领先水平. https://news.qq.com/rain/a/20240701A007J800，2024-07-01.

④ 2024 年前三季度全省经济运行情况. https://tjj.ah.gov.cn/ssah/qwfbjd/qwfb/149659281.html，2024-10-24.

⑤ 我省夏收油菜总产首次突破 80 万吨. https://www.jiangxi.gov.cn/art/2024/10/30/art_393_5047657.html，2024-10-30.

⑥ "秸"尽所能助推农业绿色发展——贵州省积极开展油菜秸秆综合利用. https://www.guizhou.gov.cn/home/gzyw/202405/t20240503_84469863.html?isMobile=false，2024-05-03.

⑦ 每亩纯收入=产值合计–物质与服务费用–流转地租金.

⑧ Mysteel 解读：2024 年花生种植面积、产量和种植成本情况. https://ncp.mysteel.com/a/24102611/32CB86CE59114948.html，2024-10-26.

33.2%。据新华财经 2024 年 11 月 14 日消息①，各产区加权平均后初步测算河南地区 2024 季新花生产量约 467.22 万吨，同比增加 2.25%。花生主产区播种面积的增加也将有利于全国花生增产。

综上，预计 2024 年全年我国油料播种面积、产量将双增。

二、2025 年中国农业生产形势预测

（一）2025 年粮食生产形势预测

由于目前对农业生产的判断还缺乏资料，很多作物在 2025 年的种植趋势尚存在严重不确定性。初步预计 2025 年我国粮食播种面积持平略增。如果天气正常、不出现大的自然灾害，且在中国粮食进口配额不出现大幅提高的情况下，预计 2025 年全国粮食将增产，其中夏粮增产，秋粮持平略增。

1. 2025 年中国粮食生产的有利条件

1）粮食安全是"国之大者"，中央和地方政府出台了一系列促进粮食生产的利好政策

近年来，极端气候增多、地缘冲突加剧，全球粮食危机不断加剧。例如，联合国粮食及农业组织（Food and Agriculture Organization of the United Nations，FAO）2024 年 4 月 3 日发布的《2024 年全球粮食危机报告》指出，2023 年全球 59 个国家和地区的约 2.816 亿人口面临严重的粮食不安全问题，比 2022 年增加约 2400 万人，连续 5 年出现增长。

在全球粮食危机频发的背景下，中央多次从战略高度角度强调国内粮食安全的重要性，并为我国粮食生产提供了一系列政策保障。例如，2024 年 2 月 3 日，中央连续第二十一年发布以"三农"为主题的中央一号文件，并将"确保国家粮食安全"放在首位，强调要抓好粮食和重要农产品生产，稳定粮食播种面积，把粮食增产的重心放到大面积提高单产上，确保粮食产量保持在 1.3 万亿斤以上。2024 年 9 月 3 日，全国粮油等主要作物大面积单产提升工作推进会在安徽省宿州市召开②，会议强调，要深入学习领会习近平总书记重要指示批示精神，深刻认识实施粮油等主要作物大面积单产提升行动的重大意义，以新质生产力为引领，推动良田良种、良机良法融合配套，强化新技术突破、新装备应用，带动粮油等主要作物大面积均衡增产。

2024 年 8 月 29 日，农业农村部指出③，要加大中央财政支持、完善融资担保体系、

---

① 调研显示：2024 产季河南产区新花生产量小增 种植成本下降理论收益下滑. https://www.cnfin.com/dz-lb/detail/20241114/4138795_1.html，2024-11-14.

② 农业农村部召开全国粮油等主要作物大面积单产提升工作推进会. http://www.moa.gov.cn/xw/zwdt/202409/t20240904_6461908.htm，2024-09-04.

③ 关于政协第十四届全国委员会第二次会议第 03573 号（农业水利类 264 号）提案答复的函. http://www.moa.gov.cn/govpublic/NCJJTZ/202409/t20240906_6462058.htm，2024-09-06.

完善服务评价体系，引导有条件的农业社会化服务主体推进资源整合，减少同质化竞争，提升服务质效。同时，将会同财政部，支持各类服务主体围绕粮食和重要农产品生产，重点面向小农户开展农业社会化服务；整合信贷直通车服务功能，引导推动金融机构创新产品服务，提升服务质效，支持农业社会化服务发展。①2024 年 8 月 30 日，农业农村部指出②，要健全政策体系，推动扶持政策的落实：2024 年中央财政安排 40 亿元支持开展粮油规模种植主体单产提升行动，对关键技术措施应用到位、实现单产提升目标的规模种粮主体给予奖补；同时，农业农村部将继续加强与有关部门的沟通协调，积极指导地方结合实际，统筹安排高标准农田建设任务和资金；深入实施新型农业经营主体提升行动，不断提高新型农业经营主体规范管理水平和生产经营能力。

分省来看，各地政府同样始终把保障国家粮食安全摆在首位，着力提高粮食综合生产能力。例如，黑龙江省委书记许勤表示③，全省上下要提高政治站位，牢记嘱托，强化担当，深入实施千万吨粮食增产计划，持续提升粮食综合产能，建好建强国家重要商品粮生产基地，当好国家最稳固、最可靠、最坚实的"大粮仓"。2024 年 9 月，河南卫视报道，河南充分利用中央财政资金，加大省财政资金支持力度，持续向粮食主产区倾斜，逐步形成"补贴粮食生产、补贴优质粮食、支持适度规模经营、支持高质量农机"的补贴体系，稳步提升粮食综合生产能力。下一步，河南省将打造小麦、花生、生猪等 20 条优势特色农业产业链，发展冷链食品、休闲食品、酒饮品等，建立"产、购、储、加、销"一体化全产业链条，培育万亿级现代食品产业集群，围绕"农"字，把传统农业建成现代化大产业。④安徽省农业农村厅副厅长潘鑫表示⑤，"粮食安全是'国之大者'，也是安徽作为农业大省必须扛牢的政治责任""认真落实藏粮于地、藏粮于技战略，多种粮、种好粮""深入实施良田、良种、良机、良法、优链、优农工程，加快构建现代粮食产业体系、生产体系、经营体系，建设江淮粮仓，让'中国碗'多装优质'安徽粮'，在保障国家粮食安全格局中展现安徽更大担当、贡献安徽更多力量"。

考虑到 2025 年全球粮食紧缺形势可能更加严峻，预计国内粮食生产的政策支持力度将在 2025 年继续维持并加强。

2）2024 年秋冬种进展总体顺利，夯实了我国 2025 年夏粮丰收基础

秋冬种是翌年农业生产的开始，是来年粮食丰收的基础。因此，各部门多次强调秋冬种的重要性，确保秋冬种高质量推进。2024 年 10 月 25 日，在国务院新闻办公室举行的 2024 年前三季度农业农村经济运行情况发布会上，农业农村部总农艺师、种植业管理

① 关于政协第十四届全国委员会第二次会议第 01333 号（农业水利类 111 号）提案答复的函. http://www.moa.gov.cn/govpublic/NCJJTZ/202409/t20240910_6462235.htm，2024-09-06.

② 关于政协第十四届全国委员会第二次会议第 01049 号（农业水利类 087 号）提案答复的函摘要. http://www.moa.gov.cn/govpublic/NCJJTZ/202409/t20240904_6461878.htm，2024-09-04.

③ 许勤：深入实施千万吨粮食增产计划 坚决当好国家粮食安全压舱石. https://www.hlj.gov.cn/hljapp/c116167/202408/c00_31757462.shtml，2024-08-05.

④ 央媒看河南 | 小麦连"链" 产业成"串". https://www.henan.gov.cn/2024/10-20/3075732.html，2024-10-20.

⑤ 省农业农村厅副厅长潘鑫：加快构建现代粮食产业体系 让"中国碗"多装优质"安徽粮". https://finance.sina.cn/2024-11-19/detail-incwpyiw6337237.d.html，2024-11-19.

司（农药管理司）司长潘文博表示，农业农村部在秋分前就作了全面部署安排，从播种环节就着手落实大面积单产提升措施。例如，2024 年 9 月 24 日制定发布了《2024 年全国小麦秋冬种技术意见》。此外，2024 年 10 月农业农村部种植业管理司会同全国农业技术推广服务中心、农业农村部农药检定所，派出 6 个工作组赴 14 个重点省份，从抓面积落实、抓冬前管理、抓防灾减灾三个方面指导各地抓好秋冬种生产。

整体来看，2024 年，各地多措并举，不断提升秋冬种质量，秋冬种进展总体顺利。据央视新闻消息[1]，9 月底至 11 月中旬黄淮海主产区出现三场大范围降雨，及时补充了土壤墒情，利于小麦播种出苗；与此同时，各地大力推进小麦、油菜大面积单产提升，重点抓好小麦精量播种、播后镇压和油菜密植等措施，推广应用高性能播种机，整地播种质量明显提高。截至 2024 年 11 月 15 日，全国秋冬种接近尾声，冬小麦播种已过九成。

3）全球石油供给过剩，预计 2025 年化肥等农资价格将有所回落，种粮成本的降低将有效提振粮农生产积极性

由于全球经济增长缓慢以及 OPEC+国家的持续生产过剩，当前全球石油供应严重过剩。2024 年 10 月，世界银行指出，OPEC+国家目前每天比配额多生产 700 万桶石油，几乎是 2019 年的两倍。此外，当前特朗普已赢得 2024 年美国大选，其在竞选时多次宣称要结束俄乌冲突。如果特朗普履行竞选承诺，将有利于俄罗斯能源生产，进一步增加全球能源供给。根据世界银行 2024 年 10 月发布的《大宗商品市场展望》，由于供给过剩，预计 2025 年能源价格下降 6%，其中布伦特油价将从 2024 年每桶约 80 美元降至约 73 美元，下降 9%，达到四年来的最低水平。

能源作为化肥的生产原料，其价格的回落将有效降低化肥价格。由于我国化肥等农资全球化程度高，受全球能源价格影响较大，因此，预计 2025 年化肥价格将有所回落，种粮成本下降将提高我国粮农种粮的积极性。如图 1 所示，2024 年 11 月 18 日我国化肥综合批发价格指数为 2508.66，相比于 2023 年 11 月 20 日下降了 16.0%。

4）生物育种产业化扩面提速，助推我国粮食单产水平提高

种子是农业的"芯片"，在提升粮食单产水平中发挥着至关重要的作用。近年来我国育种产业发展逐渐加快。例如，2024 年 1 月 23 日农业农村部副部长邓小刚指出，2023 年我国转基因玉米大豆产业化应用试点任务顺利完成[2]。不久后的 2024 年中央一号文件提出要"推动生物育种产业化扩面提速"。据报道[3]，2024 年共有八个省份允许种植转基因玉米大豆，其中，吉林、内蒙古、辽宁、河北在全省推广，云南、四川、广西、甘肃等地放开部分区域，远多于 2023 年试点的 5 省区 20 个县。转基因玉米大豆一方面能够直接提高单产水平，另一方面能够通过增强抗虫性和耐药性，减少虫害损失，间接提高单产水平。综上，在扩面提速政策指引下，预计 2025 年转基因玉米大豆推广面积将持续增长，进一步助推我国粮食单产水平提高。

① 全国秋冬种接近尾声 各地夯实产能基础. http://www.moa.gov.cn/xw/shipin/202411/t20241115_6466327.htm，2024-11-15.

② 国务院新闻办发布会介绍 2023 年农业农村经济运行情况. https://www.gov.cn/zhengce/202401/content_6927914.htm，2024-01-23.

③ 转基因粮食产业化进入示范阶段. https://epaper.nfncb.cn/nfnc/content/20240525/Articel08001MT.htm，2024-05-25.

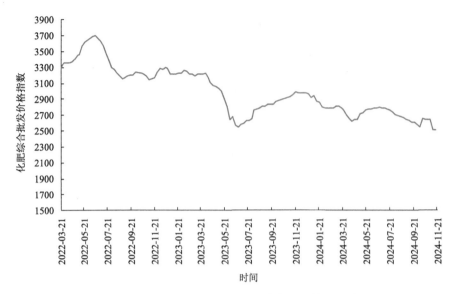

图 1　2022 年 3 月到 2024 年 11 月化肥综合批发价格指数走势图

资料来源：Wind 数据库

5）最低收购价政策和粮食质量国家标准有关问题的规定让粮农吃下一颗"定心丸"

2024 年 9 月 23 日，《国家发展改革委等部门关于公布 2025—2026 年小麦最低收购价格的通知》中提到，"国家继续在小麦主产区实行最低收购价政策，最低收购价水平改为两年一定。综合考虑粮食生产成本、市场供求、国内外市场价格和产业发展等因素，经国务院批准，2025 年和 2026 年当年生产的小麦（三等）最低收购价为每 50 公斤 119 元"。相比 2024 年，每斤提高了 0.01 元。预计 2025 年稻谷的最低收购价政策也将继续实行。

此外，2024 年 9 月 14 日，国家发展和改革委员会等部门发布了《关于执行粮食质量国家标准有关问题的规定》，其中提到，不属于本规定适用范围的粮食收购、销售活动，如参照本规定执行扣量标准的，也要执行相应增量标准，不得只扣不增。整体而言，该规定大幅降低了最低收购价稻谷非标准品的扣量标准，折合入库净价明显提高，进而提高了实际售粮价格，保护了种粮农民利益。

上述政策将保证农民种粮的基本收益，让粮农吃下"定心丸"，有效提振粮农种粮积极性。

6）"两新"政策加快农业机械结构调整，助推我国粮食单产水平提高，并降低种植成本

2024 年 3 月，"两新"政策指出要"持续实施好农业机械报废更新补贴政策，结合农业生产需要和农业机械化发展水平阶段，扎实推进老旧农业机械报废更新，加快农业机械结构调整"。随后农业农村部办公厅等部门在 2024 年 9 月联合印发了《关于加大工作力度持续实施好农业机械报废更新补贴政策的补充通知》，明确指出要"扩大报废补贴范围、提高报废补贴标准"。例如，各省可在《农业农村部办公厅 财政部办公厅关于加

大工作力度持续实施好农业机械报废更新补贴政策的通知》规定的 9 个农机种类基础上，结合实际自行确定不超过 6 个机具种类新增纳入报废补贴范围；20 马力以下拖拉机单台最高报废补贴额由 1000 元提高到 1500 元；联合收割机、水稻插秧机、播种机报废并新购置同种类机具按不超过 50%提高报废补贴标准，单台最高报废补贴额不超过 3 万元；报废并更新购置采棉机，单台最高报废补贴额由 3 万元提高到 6 万元。

"两新"政策为农业机械化带来了新的发展机遇，预计 2025 年我国农机装备结构将大幅优化，在助推我国粮食单产水平提高的同时降低种植成本，进而保障我国粮食安全。

2. 2025 年中国粮食生产的不利因素

1）粮食价格增长乏力，打击粮农种粮积极性

如图 2 所示，2023 年 11 月至今，粮食主产区的三种主要粮食（小麦、玉米、粳稻）价格增长乏力。例如，全国小麦收购周均价在 2023 年 11 月至 2024 年 6 月呈现下降趋势，在 2024 年 6 月之后价格波动不大。2024 年 6 月 14 日全国小麦收购周均价为 2492.3 元/吨，相比于 2023 年 11 月 3 日下降了 18.1%；2024 年 11 月 8 日，全国小麦收购周均价为 2479.71 元/吨，相比于 2024 年 6 月 14 日下降了 0.51%，比 2023 年同期低 18.3%。全国玉米收购周均价在样本数据期间，整体呈现波动下降态势，且在 2024 年 9 月 8 日后出现了较大幅度的下降。数据显示，2024 年 11 月 8 日全国玉米收购周均价为 2250.23 元/吨，相比于 2024 年 9 月 6 日下降了 6.2%，相比于 2023 年同期则下降了 16.6%。全国粳稻收购周均价在 2024 年 4 月至 2024 年 5 月、2024 年 10 月至 2024 年 11 月各有一波小范围的涨幅，但总体依然呈现下降态势。2024 年 11 月 8 日全国粳稻收购周均价为 2804.62 元/吨，相比于 2024 年 5 月 3 日下降了 3.7%。总体而言，三种粮食作物价格下降将对粮农的种粮积极性带来负面影响。

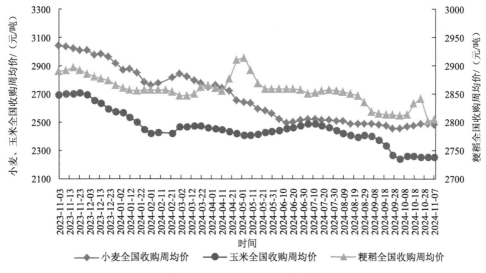

图 2　2023 年 11 月到 2024 年 11 月三种主要粮食全国收购周均价走势图

资料来源：中华粮网大数据平台（https://idc.cngrain.com/#/）

2）特朗普再次入主白宫，可能迫使我国从美国进口大量农产品，进而打击国内粮农种粮积极性

在任期间掀起中美经贸摩擦的美国前总统特朗普即将在 2025 年 1 月再次入主白宫。回顾上一任期，特朗普通过加征关税的方式迫使我国与美国签订了《中华人民共和国政府和美利坚合众国政府经济贸易协议》，要求我国扩大自美国进口的大豆和玉米等农产品，以减少美方贸易逆差。鉴于特朗普一直秉持"美国优先"策略，其在下一任期极可能通过同样的方式延续甚至强化此类协议，进而迫使我国从美国进口大量农产品。例如，他在竞选期间就曾多次宣称将对中国商品征收 60% 的关税。

美国农产品通常具有规模化、机械化的成本优势，大量进入我国市场后，会拉低国内相关农产品的市场价格，进而导致粮农预期收益下降，打击粮农种粮积极性。

3）对粮食主产区的利益补偿机制有待完善，在一定程度上打击了粮食主产区的种粮积极性

粮食主产区是我国粮食生产的核心区，13 个主产区粮食产量占全国总产量比重近80%。然而，为了承担保障国家粮食安全的重任，主产区把大量资源投入经济效益较低的粮食生产，牺牲了很多市场机会。这导致"粮财倒挂""高产穷县"等问题突出。例如，2023 年主产区不变价人均 GDP 为 50 688 元/人，低于主销区的 80 823 元/人和全国平均水平的 55 256 元/人。

长期以来，我国通过实施粮食主产区利益补偿机制，对主产区提供了一定程度的补偿。然而，这一机制仍存在明显的不足之处。首先，以产粮大县奖励为核心的利益补偿规模虽然逐年扩大，但其补偿强度与激励效果仍有较大的提升空间。其次，当前的利益补偿主要依赖中央政府主导的纵向补偿模式，补偿主体较为单一，非主产区向主产区提供横向利益补偿的机制尚未有效建立。最后，在补偿范围和对象的选择上，主要集中于县级政府，而对省级政府的补偿标准明显偏低，未能充分体现省级层面的利益诉求和实际贡献。

在此背景下，主产区政府面临提升粮食生产和农民种粮积极性的重大考验。

（二）2025 年棉花生产形势预测

初步预计，如果天气情况正常，2025 年我国棉花播种面积下降，产量将持平略减。可供判断的主要依据如下。

1. 非新疆棉区生产规模将进一步收缩，新疆棉区植棉面积也显现出下降态势，总体植棉面积难以增长

如图 3 所示，自 2009 年起，非新疆地区棉花种植面积逐年减少，2009 年非新疆地区棉花播种面积为 314.63 万公顷，到 2023 年减少为 41.88 万公顷，在此期间减少了 272.75万公顷，年平均减少率为 13.4%。预计 2025 年非新疆地区植棉面积将进一步下降。2009年新疆地区棉花播种面积为 133.84 万公顷，到 2023 年增长为 236.93 万公顷，在此期间

增加了 103.09 万公顷，年平均增长率为 4.2%。自 2015 年公布《关于认真做好新疆棉花种植面积调减工作的通知》以来，新疆地区逐步引导棉花向优势产区集中，逐步退出次宜棉区和低产棉区棉花种植。在调减政策的影响下，新疆地区棉花播种面积已显现出下降态势。2023 年新疆棉花种植面积相比于 2022 年下降了 5.1%，叠加非新疆地区棉花种植面积下降 16.8% 的影响，2023 年全国棉花播种面积下降了 7.1%。综上，全国植棉面积边际增长已较难实现，难以推动全国总体产量的提升。

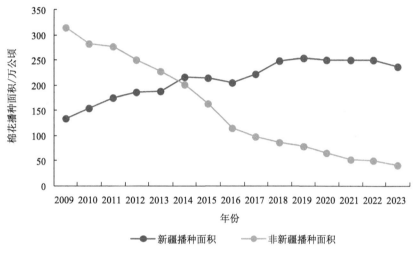

图 3　新疆地区及非新疆地区棉花播种面积

资料来源：国家统计局

2. 棉花价格持续下跌，打击棉农的植棉积极性

2024 年北半球棉花播种顺利且长势良好，全球棉花产量大幅增长，加之全球纺织品服装消费需求偏弱，国际棉价持续下跌。2024 年 11 月 18 日 Cotlook A 指数为 79.35 美分/磅，相比于 2023 年同期下降了 12.7%。此外，2024 年我国棉花进口大幅增加，根据中国海关总署统计月报公布的数据，2024 年 1～10 月，我国累计进口棉花 237 万吨，相比于 2023 年同期增长了 71.4%。两类因素叠加导致国内棉花价格持续下跌。以我国 3128B 棉花的价格（图 4）为例，2024 年 11 月 19 日我国棉花价格为 15 287 元/吨，相比于 2023 年同期下降了 9.5%。在价格的影响下，预计 2025 年棉农植棉积极性将受到一定冲击。

3. 特朗普再度上台，棉花下游生产需求存在较大不确定性，打击棉农的植棉积极性

2024 年前三季度我国纺织业行业整体发展良好，利润保持较快增长。然而，中国棉花网发布的 2024 年 11 月 4～8 日中国棉花市场周报显示[①]，当前纺织市场新增订单有所减少，纱线库存有所上升，部分企业适当降低开机率以维持资金链运转。此外，市场普

---

① 美国大选尘埃落定　棉花消费前景不容乐观——中国棉花市场周报（2024 年 11 月 4-8 日）．https://www.toutiao.com/article/7435666637763849251/?upstream_biz=doubao&source=m_redirect&wid=1732240856249，2024-11-10.

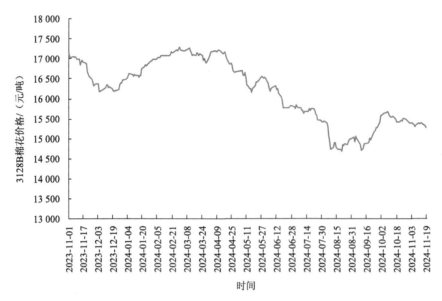

图 4   2023 年 11 月以来我国 3128B 棉花价格趋势图
资料来源：中国棉花协会（http://www.china-cotton.org/search）

遍认为，特朗普入主白宫后可能对我国商品大幅加征关税，进而对我国纺织服装出口造成强烈冲击。根据工业和信息化部的数据①，2024 年 1～9 月，我国纺织业出口虽然延续增长态势，但增速已有所放缓，9 月当月，纺织品服装对全球出口 247.8 亿美元，同比下降 3.8%。在此背景下，2025 年我国棉花下游生产需求存在较大不确定性，部分棉农可能会持观望态度，进而打击棉农的植棉积极性。

4. 新疆棉花目标价格补贴稳定且与质量挂钩，棉农吃下"定心丸"的同时能够有效提升棉花生产加工质量

根据国家发展和改革委员会、财政部 2023 年 4 月 10 日印发的《关于完善棉花目标价格政策实施措施的通知》，2023～2025 年新疆棉花目标价格水平为每吨 18 600 元，如遇棉花市场形势重大变化，报请国务院同意后可及时调整。该政策的发布给新疆棉农吃下了"定心丸"。

与此同时，2024 年 9 月 10 日，新疆市场监督管理局等部门发布了《新疆棉花目标价格补贴与质量挂钩政策实施方案（2024—2025 年）》，该方案指出要根据当年棉花目标价格补贴到位情况，对参与质量补贴的棉花实际种植者交售的籽棉，经过公证检验，符合质量补贴优质棉花标准的，按 0.35 元/千克进行质量补贴。这一政策将有效激励优质棉花生产，提升棉花生产加工质量，促进棉花产业高质量发展。

---

① 2024 年 1-9 月纺织业运行情况. https://wap.miit.gov.cn/gxsj/tjfx/xfpgy/fz/art/2024/art_2c406cdbf19d458a8f210345ae363a96.html，2024-11-04.

（三）2025 年油料生产形势预测

预计 2025 年我国油料播种面积持平略增，其中油菜籽播种面积持平略增，花生播种面积持平。如果后期天气正常，预计 2025 年油料产量将增加，其中油菜籽产量增加，花生产量持平略增。判断的主要依据如下。

1. 中央及地方政府加大油菜种植的政策扶持力度，为 2025 年油料增产奠定了基础

在中央层面，农业农村部秋分前就作了全面部署安排，制定发布了冬小麦冬油菜播种技术指导意见[①]。此外，2024 年 10 月 22 日，农业农村部种植业管理司会同全国农业技术推广服务中心召开了全国油菜秋冬种暨大面积单产提升工作推进会，会议指出，要巩固好油菜扩种成果，全面分析 2024 年油菜秋冬种和大面积单产提升工作的有利条件与不利因素，全力以赴完成好 2024 年油菜秋冬种各项任务和单产提升行动既定目标，为提升我国油料稳定安全供给能力作出应有贡献。会议还强调，各地要按照农业农村部《油菜单产提升三年工作方案（2024—2026 年）》要求，全力抓好 2024 年油菜秋冬种和大面积单产提升工作。首先是压实面积落实，各省份要明确重点区域，用好耕地轮作、扩种油菜、产油大县等政策，实施稻油、稻再油、稻稻油轮作等方式，切实把目标任务落实到户到田；其次是抓好单产提升，要分区域、分熟制进一步优化技术模式，强化关键技术到位率，加大生产培训与指导力度，切实解决实际生产中单产提升堵点；最后是强化防灾减灾，要加大油菜种子包衣、"一促四防"等技术推广力度，因地制宜改进收获机械，加强与气象部门沟通会商，提前落实防御措施。农业农村部最新农情调度显示（2024 年 11 月 15 日消息）[②]，目前，全国冬油菜播种面积已过九成半。

与此同时，各级政府积极响应中央号召，层层压实油料扩种任务。例如，2024 年 10 月四川省召开全省小春生产暨主要粮油作物单产提升培训会[③]，会议指出，国际国内形势复杂严峻，增小麦、扩油菜事关粮食安全，必须发挥好农业"压舱石"作用，抓牢抓实粮食这个核心竞争力。为加快优良油菜品种的推广应用和更新换代，夯实油菜产业提质增效基础，湖北省农业农村厅办公室 2024 年 7 月 3 日印发了《2024 年湖北省重大品种（水稻、油菜）研发推广应用一体化试点工作实施方案》[④]。该方案指出，2024 年要遴选单产水平高、优质专用性好、推广潜力大的水稻和油菜品种予以补助，补助水稻、油菜重大品种 25 个左右，新增推广面积达到 200 万亩以上，带动自育品种市场份额提升 2 个百分点以上，单产提升 3% 以上。2024 年，湖南秋冬种油菜的生产目标为 2255 万亩，

① 实录 | 国新办就 2024 年前三季度农业农村经济运行情况举行发布会. https://www.iprcc.org.cn/article/4Jz8WAkOrza，2024-11-06.

② 全国秋冬种接近尾声 各地夯实产能基础. http://www.moa.gov.cn/xw/shipin/202411/t20241115_6466327.htm，2024-11-15.

③ 全省小春生产暨主要粮油作物单产提升培训会在绵阳市三台县召开. https://nynct.sc.gov.cn/nynct/c100625/2023/11/6/8abb9302b1fe4a3ca6ffd06d9cd467eb.shtml，2024-11-06.

④ 省农业农村厅办公室关于印发 2024 年湖北省重大品种（水稻、油菜）研发推广应用一体化试点工作实施方案的通知. https://nyt.hubei.gov.cn/bmdt/yw/ywtz/tzyglc_9023/202407/t20240704_5259859.shtml，2024-07-04.

全省油菜大面积单产提升目标为 5%以上①。2024 年 9 月 30 日，安徽省农业农村厅印发《2024 年全省小麦秋种技术指导意见》《2024 年全省油菜秋种技术指导意见》，指出要保障全省秋种工作任务落实落细，扎实推进大面积单产提升，加快建设千亿斤江淮粮仓②。2022 年贵州省农业农村厅 9 月 12 日组织召开视频会议③，强调要以县为单位落实油菜种子储备，组织油菜项目重点县开展以坝区为单位的集中育苗试点，提高移栽水平，不断加大农机社会化服务化，确保秋冬种机械化生产需求。

2. 油菜籽价格走低叠加生产成本逐年增加或将打击农户 2025 年种植油菜籽的积极性

图 5 是 2023 年 11 月到 2024 年 11 月油菜籽全国收购周均价走势图，可以看出，2024 年国产油菜籽价格呈现下跌态势。2024 年 9 月 6 日，油菜籽收购周均价为 5904 元/吨，相比于 2023 年 11 月 3 日下降了 12.6%。虽然 2024 年 9 月至 11 月油菜籽价格有所回升，但仍处于较低水平。2024 年 11 月 8 日，油菜籽收购周均价为 5924 元/吨，虽然相比于 2024 年 9 月 6 日上涨了 0.3%，但相比于 2023 年同期仍下降了 12.6%。冬油菜种植期间，油菜籽价格偏低将在一定程度上打击农户种植冬油菜的积极性，进而给 2025 年油菜籽产量带来负面影响。此外，近年来我国较高的油菜籽生产成本将进一步抑制农民的种植积极性。根据《全国农产品成本收益资料汇编 2024》，2023 年油菜籽每亩生产总成本为 980.74 元，相比于 2022 年增长了 1.2%，相比于十年前增长了 16.2%。

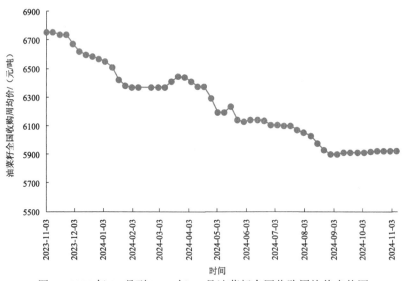

图 5　2023 年 11 月到 2024 年 11 月油菜籽全国收购周均价走势图

资料来源：中华粮网大数据平台（https://idc.cngrain.com/#/）

---

① 湖南省农业农村厅办公室关于抓紧落实油菜机械化播栽技术培训促进大面积提单产的通知. https://agri.hunan.gov.cn/agri/ztzl/c102414/c102416/202409/t20240927_33469405.html，2024-09-27.

② 安徽省农业农村厅关于印发 2024 年全省小麦油菜秋种技术指导意见的通知. https://nync.ah.gov.cn/snzx/tzgg/57533351.html，2024-10-08.

③ 全省秋冬种工作视频会议召开. https://nynct.guizhou.gov.cn/xwzx/tpyw/202209/t20220914_76452681.html，2024-09-14.

3. 花生价格呈波动下降态势且生产成本逐年增加，将在一定程度上打击农户种植积极性

2023 年 11 月到 2024 年 11 月花生全国收购周均价走势图如图 6 所示，可以看出，2024 年 4 月前我国花生全国收购周均价呈现波动上升趋势，2024 年 4 月 5 日花生全国收购周均价为 10 619.59 元/吨，较 2023 年 11 月 10 日上涨 18%。然而，随着新季花生的逐步上市，市场上花生供应量显著增加，花生价格逐步下降。2024 年 11 月 8 日，花生平均收购周均价为 8377.84 元/吨，较 2023 年 4 月 5 日下降 21.1%，相比于 2023 年同期下降了 6.9%。整体而言，2024 年我国花生价格相比于 2023 年有所下降。这将对农民种植积极性带来一定负面影响。此外，近年来我国较高的花生生产成本也将进一步抑制农民种植积极性。根据《全国农产品成本收益资料汇编 2024》，2023 年花生每亩生产总成本为 1592.32 元，相比于 2022 年增长了 4.8%，相比于十年前增长了 20.9%。

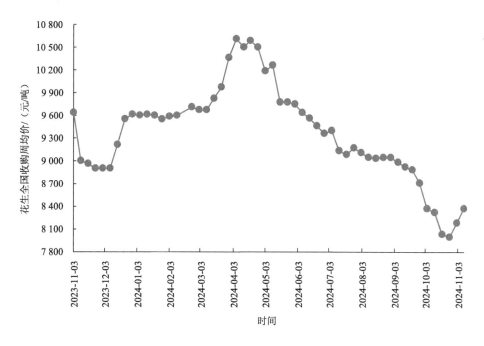

图 6　2023 年 11 月到 2024 年 11 月花生全国收购周均价走势图

资料来源：中华粮网大数据平台（https://idc.cngrain.com/#/）

4. 花生连年增产，预计后续播种面积增长空间有限

据历年《中国统计年鉴》数据，花生产量自 2014 年起逐年递增，2023 年全国花生产量为 1923.07 万吨，相比于 2014 年增长了 20.9%。由于多年增产，花生边际种植面积增速已有所收敛，2017 年至 2023 年年均增速仅为 0.7%。在 2023 年花生播种面积增加较多（+2.4%），且 2024 年预计仍有较大增长的背景下，预计 2025 年花生播种面积将持平。

三、政 策 建 议

1. 构建多元化粮食价格支持体系，提振粮价的同时增强粮农种粮积极性

为应对粮食价格增长乏力对农民种粮积极性造成的不利影响，建议积极构建多元化的粮食价格支持体系。具体而言，首先建议加大农业补贴力度，除了传统的种植补贴，增设品质提升补贴等，鼓励粮农生产高质量粮食，以优质优价提升整体收益。例如，将补贴力度与粮食质量、种植品种、生态保护挂钩，对于采用绿色生态种植方法、生产出优质品种粮食的农户给予额外补贴。其次，建议推动粮食产业一体化发展，扶持粮食加工企业，通过延长产业链，增加粮食附加值，间接带动原粮价格上升。例如，对发展特色粮食加工产品的企业给予税收优惠与技术支持，使企业能够以更高价格收购原粮，形成产业良性循环，从而有效提振粮农种粮积极性。再次，建议加大对农技推广的支持力度，通过降低成本提高收益，例如推广高产抗灾品种、智慧农业技术及精准种植模式，让农民在价格增长乏力的情况下依然能够实现收益增长。最后，建议提高粮食完全成本保险金额、建立有效的农业再保险体系、研究实施收入保险试点，以增强农民种植收益的稳定性，从而提高农民的种植积极性。

2. 提前制定预案，应对进口冲击，保障国内粮食生产核心地位

面对外部压力导致的农产品大量进口的冲击，建议构建一套全面且具有前瞻性的应对预案。具体而言，首先建议建立农产品贸易预警机制，密切关注国际农产品市场动态与各国贸易政策变化，及时发布预警信息，为国内粮食生产与贸易决策提供依据。其次，建议强化农业贸易规则研究与运用，利用世界贸易组织规则等合法手段，应对不合理的贸易施压，保护国内农业产业与粮农利益。再次，建议进一步优化粮食储备体系，将进口粮食视为调节供应的补充而非替代品，确保国内粮食生产的核心地位。最后，建议强化国内粮食市场监管力度，规范市场秩序，把握粮食进口规模和节奏，防止低价进口粮食扰乱市场价格体系，保障粮农合理收益。

3. 加快健全利益补偿机制，激发粮食主产区生产活力

建议加快健全利益补偿机制，形成合理的收益分配格局。具体而言，首先建议按照"谁种粮谁受益、谁缺粮谁补偿"的原则，探索粮食主产区与主销区的横向补偿机制，依据粮食主产区的粮食产量和调出量等核心指标计算贡献度，确定各地区应获的补偿金额；依据粮食主销区的粮食净调入量等核心指标计算依赖度，确定各地区应支付的补偿

金额。其次，建议加快形成多元化的粮食产销合作体系，如通过推动主销区为主产区提供资金和技术，并共同建立粮食生产基地和加工园区的方式，形成利益共享的粮食生产链条，构建粮食产业发展共同体。最后，建议建立跨区域生态补偿机制，对承担重要生态功能的粮食主产区，由受益地区给予相应补偿，保障主产区在生态保护与粮食生产之间实现平衡发展。

2024 年中国工业行业分析与 2025 年展望

陈仲一　冯　晗　林　卓　刘启涵　刘水寒　彭君辉　任伊诺
尚　维　宋朋洋　王　珏　吴雪霏　徐田婷

报告摘要： 2024 年，中国工业经济保持平稳增长，高质量发展取得积极成效。国家统计局数据显示，2024 年 1～10 月全国规模以上工业企业的增加值实现了 5.8% 的同比增长，整体展现出稳定复苏与持续向好的态势。中国科学院数学与系统科学研究院预测科学研究中心构建的反映我国工业行业经济运行状况的综合警情指数和景气信号灯显示，在 2024 年 1～10 月，我国工业行业综合警情指数维持在中等相对偏低的位置，1～2 月呈现上升趋势，6 月达到峰值，但在 8～10 月持续走低。展望未来，高科技产业与数字经济的蓬勃发展将为工业行业注入强劲的增长动能，进一步推动工业经济向更高质量、更高效率的发展阶段迈进。鉴于当前国内外复杂多变的环境和形势，我们依照基准情景、乐观情景、悲观情景对 2025 年我国规模以上工业增加值的同比增速进行预测。模型预测结果表明：2025 年规模以上工业增加值增速在基准情景、乐观情景和悲观情景下预计分别为 5.0%、5.3% 和 4.6%。

一、2024 年工业行业经济运行状况分析

2024 年初，工业经济保持平稳增长，高质量发展取得积极进展，实现良好开局。国家统计局数据显示，2024 年 1～10 月，全国规模以上工业增加值同比增长 5.8%，其中，10 月全国规模以上工业增加值当期同比增长 5.3%，比 9 月下降 0.1 个百分点。分月来看，1～2 月达到 7.0%，3 月降至 4.5%，4～9 月同比增速略有下滑，9～10 月同比增速小幅上升。分三大门类看，10 月份，采矿业增加值同比增长 4.6%，制造业增长 5.4%，电力、热力、燃气及水生产和供应业增长 5.4%；分行业看，10 月份，41 个大类行业中有 35 个行业增加值保持同比增长，总体保持稳定恢复态势。

2024 年 1～10 月，制造业采购经理指数（purchasing managers' index，PMI）有 3 个月位于荣枯线以上，7 个月位于收缩区间，整体水平略低于 2023 年同期，表明我国制造业景气水平与 2023 年相比有所下降 [图 1（a）]。从供给端看 [图 1（b）]，2024 年 1～10 月，生产指数有 8 个月位于扩张区间，2 个月处于收缩区间，与 2023 年同期持平，表明 2024 年生产趋于平稳态势。从需求端来看 [图 1（b）]，1～10 月，新订单指数整体略

低于 2023 年同期水平，表明制造业市场需求有所下降。综上所述，2024 年我国制造业在生产方面的景气度有所增强，然而市场需求则呈现出轻微的下滑态势。

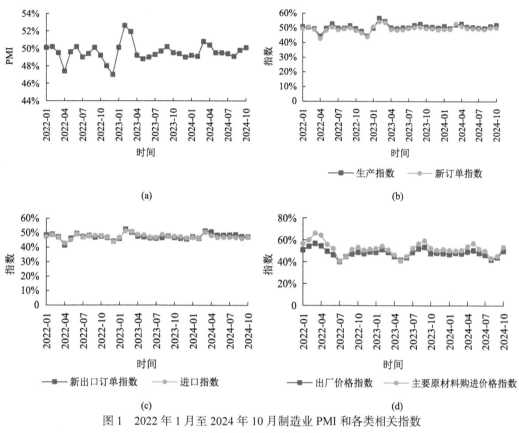

图 1　2022 年 1 月至 2024 年 10 月制造业 PMI 和各类相关指数

资料来源：Wind 数据库

同时，2024 年 1～10 月新出口订单指数和进口指数呈现出先升后降的态势[图 1(c)]，新出口订单指数和进口指数均在 2024 年 3 月高于荣枯线，打破了连续 11 个月位于荣枯线以下的局面，之后再次出现下降态势，这一特征延续了 2023 年的走势，表明当前外贸景气程度依然面临较为严峻的形势。1～10 月主要原材料购进价格指数和出厂价格指数呈现先升后降再升的态势，主要原材料购进价格指数在 1～6 月均位于荣枯线以上，7 月降至荣枯线以下并且连续 3 个月位于收缩区间；出厂价格指数在 5 月位于荣枯线以上；3～5 月、9～10 月主要原材料购进价格指数上升快于出厂价格指数，反映出企业面临的生产投入成本压力依然较大，如图 1（d）所示。

（一）工业企业营业收入与利润

2024 年，我国工业企业产销衔接状况持续好转，营业收入改善明显。1～9 月，全国规模以上工业企业营业收入累计值为 99.2 万亿元，同比增长 2.1%，增速较 1～8 月回落

0.3 个百分点（图 2）。

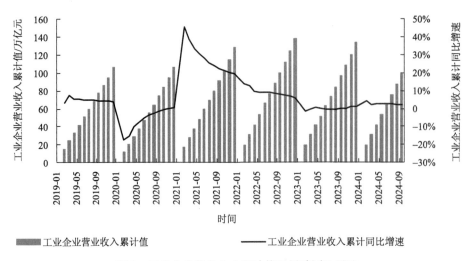

图 2　工业企业营业收入累计值及累计同比增速
资料来源：Wind 数据库

　　从我们重点关注的 12 个行业来看，2024 年 1～9 月，有 8 个行业实现同比增长，4 个行业实现同比下降。具体来说，电力、热力生产和供应业，化学原料及化学制品制造业（以下简称化工行业），计算机、通信和其他电子设备制造业（以下简称计算机行业）以及有色金属冶炼及压延加工业（以下简称有色金属行业）的同比增速表现较为突出，分别达到了 4.3%、4.5%、7.5% 和 15.0%。这些行业的显著增长主要得益于国内新能源产业的快速发展及政府政策的扶持、数字经济与 5G 网络建设的不断推进，以及国外出口需求的持续增加等多重积极因素的共同作用。医药制造业，纺织服装、服饰业（以下简称服装业），汽车制造业和纺织业的营业收入增长速度相对较慢，同比增速分别为 0.2%、1%、2.6% 和 3.9%。与此同时，多个重点行业的营业收入则呈现出累计同比下降的趋势，例如，石油、煤炭及其他燃料加工业（以下简称石化行业）同比下降 1%；而黑色金属冶炼和压延加工业（以下简称钢铁行业）、煤炭开采和洗选业（以下简称煤炭行业）、非金属矿物制品业的降幅较大，同比增速分别降为 -6%、-10.4% 和 -11.7%。这些行业的下滑主要受房地产、基建行业市场表现低迷，以及国内外市场需求疲软等多重不利因素的制约。

　　从工业企业利润总额来看，我国工业企业的利润状况总体呈现企稳迹象。2024 年 1～9 月，全国规模以上工业企业累计实现利润总额 52 281.6 亿元，虽然同比下降 3.5%（图 3），但降幅较 2023 年同期收窄了 5.5 个百分点。这表明尽管工业企业仍面临着成本上升和需求波动等多重挑战，但其盈利状况已有所改善，展现出一定的韧性。

　　从关注的主要行业来看，2024 年 1～9 月，有色金属行业，电力、热力生产和供应业，纺织业以及计算机行业的利润显著增长，同比增速分别达到了 52.5%、13.8%、11.5% 和 7.1%，这主要得益于国内外市场需求的回升、有色金属价格的上涨、科技企业和制造业的减税降费政策等利好因素的共同作用。这些积极因素不仅提升了企业的盈利能力，

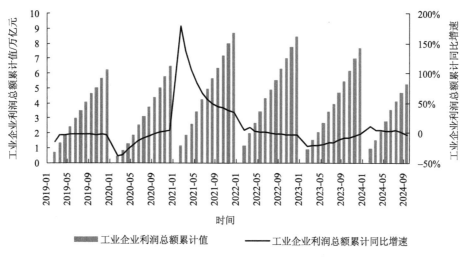

图 3　规模以上工业企业利润总额累计值及累计同比增速
资料来源：Wind 数据库

也为我国工业经济的持续发展注入了新的活力。同时，也有部分行业，如煤炭行业、非金属矿物制品业、石化行业、钢铁行业的利润在 1～9 月出现同比大幅下降，降幅分别为 21.9%、51.0%、185.0% 和 256.0%。其中，煤炭行业受到清洁能源替代以及环保和碳减排政策的双重约束，产量同比下降，国内外需求减少；非金属矿物制品业因房地产和基础设施建设需求的萎缩而订单量大幅减少，出口虽然增加，但价格下降；石化行业受到全球油价波动以及新能源替代与政策限制的双重打击，国内有效需求不足，产品价格回升不及预期，成本压力大；钢铁行业因长期存在的产能过剩问题，产品价格持续低迷。

综合来看，2024 年我国工业企业呈现营收增、利润降的态势，体现了市场需求韧性，也显现了成本压力及复杂环境对企业盈利的影响。长期来看，政府促消费的政策与人工智能、物联网、5G 技术日趋成熟，将驱动传统制造业向智能制造转型，提升效率，降成本，增营收，强化盈利能力。同时，环保政策趋严与新能源快速发展，将使高污染、高能耗行业面临更大挑战，新能源、新材料产业将迎来发展新机遇。

（二）第二产业固定资产投资

2024 年，面对低迷的国际经济形势，中央以"精准发力，聚焦高质量发展"作为政府投资的落脚点，加大投资力度，努力发挥政府投资带动效应，促进我国第二产业固定资产投资完成额平稳增长。1～10 月，我国第二产业固定资产投资完成额累计同比增速为 12.2%，同比增速明显回升。其中，10 月累计同比增速较 2023 年同期上升 3.2 个百分点（图 4）。随着近期国家经济刺激政策的密集出台和市场需求的逐步回暖，宏观经济总体环境持续改善，工业产业投资将延续前三季度的增长趋势，总体来看稳中向好。

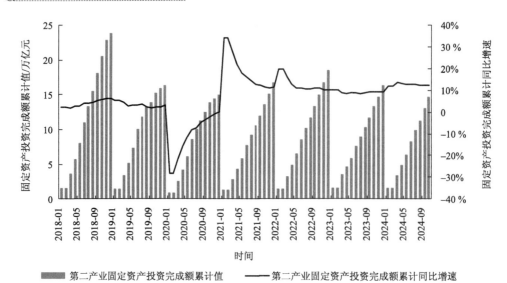

图 4　第二产业固定资产投资完成额累计值及累计同比增速

资料来源：Wind 数据库

从细分行业来看，在我们关注的 12 个重点行业中，大多数行业的固定资产投资完成额累计同比逐月回升，与 2023 年同期相比上涨显著，部分行业表现出一定的周期性波动。

在产业链的上游，原材料领域的固定资产投资完成额呈现出不同的周期性波动特征，但整体上已趋于稳定并展现出向好的态势，其中部分产业更是在稳定中实现了稳步前进。2024 年 1~10 月，煤炭行业固定资产投资完成额累计同比增长 8.6%，较 2023 年同期下降 0.4 个百分点；化工行业固定资产投资完成额累计同比增长 11.2%，较 2023 年同期下降 2.2 个百分点。在矿物领域，金属及非金属矿物作为支撑国民经济发展的基础性原材料，相关产业投资持续增长，2024 年 1~10 月非金属矿物制品业固定资产投资完成额累计同比增长 2.3%，较 2023 年同期上升 3 个百分点，止跌回升的趋势表明相关下游产业的需求持续回暖；钢铁行业运行稳中向好，固定资产投资完成额累计同比增长 4.3 个百分点；有色金属行业固定资产投资完成额累计同比增长显著，达到了 25.9%。由此可见，原材料端投资环境得到了显著改善。

能源端作为国家发展布局及战略转型的重要抓手，其投资额变化具有重要的"工业冷暖指示灯"作用。2024 年 1~10 月石化行业固定资产投资完成额累计同比增长 8.1%，较 2023 年同期上升 28.8 个百分点；电力、热力生产和供应业的固定资产投资完成额持续高速增长，累计同比增速达 29.8%。能源端投资整体增长明显，表明工业投资及制造业需求有所回暖。

在产业链下游，各产品端的制造业投资由于需求差异，呈现出不同的涨跌态势。随着整体经济的回暖，作为刚需消费品，纺织业及服装业需求逐步回升，2024 年 1~10 月固定资产投资完成额累计同比分别上涨 16.4 个百分点和 21.8 个百分点。非刚需消费品的市场需求及投资情况呈现出明显的分化态势：以生物医药、电子信息为代表的高科技产业投资环境日益改善，2024 年 1~10 月，医药制造业固定资产投资完成额累计同比增长

6.2%，计算机行业同比增长 13.2%，增幅显著；相比而言，汽车制造业投资情况相对低迷，2024 年 1～10 月固定资产投资完成额累计同比增速仅为 5.9%，较 2023 年同期下降 12.8 个百分点，预示着该产业在未来面临市场筛选及转型升级的压力。

长期来看，国民经济回暖推动我国工业产业稳中向好，投资环境持续改善。产业链上游原材料与能源稳健增长，工业安全保障日益完善；下游制造业因需求与国家战略调整而分化，高端制造业顺应市场与国家导向步入高速发展阶段，中低端制造业或面临筛选淘汰。

（三）工业企业出口交货值

2024 年我国工业企业的出口活动展现出持续的回暖态势，对国内生产总值的增长产生了显著的正面拉动效应。2024 年 1～10 月，我国工业企业出口交货值累计同比上升 3.8%，较 2023 年上升了 8 个百分点（图 5）。回暖的主要原因包括国内经济活动呈现企稳回升的良好趋势、外贸经营主体继续展现出蓬勃的活力与韧性、经济全球化进程中的红利持续得到释放以及出口目的地的多元化战略有效降低了外部风险。

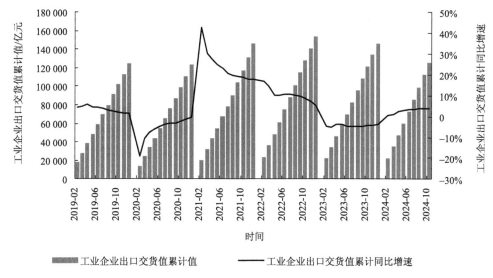

图 5　工业企业出口交货值及累计同比增速

资料来源：Wind 数据库

分行业看，2024 年我国重点商品的出口表现整体呈现出积极的增长态势，绝大多数行业展现出强劲的出口增长动力。其中，有色金属行业的出口交货值增长尤为突出，累计同比增幅高达 23.8%，这一数据充分反映了我国在该领域进行的产业升级、技术创新和固定资产投资等所取得的显著成效。汽车制造业的出口交货值同样保持强劲的增长势头，累计同比增幅达到 16.2%。值得注意的是，新能源汽车的竞争力正在持续增强，已成为推动汽车制造业出口增长的重要力量。此外，纺织业、服装业、化工行业、医药制造业等传统出口行业也均实现了正增长，这进一步凸显了我国出口结构的多元化和强大韧性。

然而，我们也观察到一些行业的增长面临挑战。计算机行业的出口交货值增长幅度相对较小，累计同比增幅约为 0.7%。这可能与全球科技市场竞争格局的变化、技术迭代速度的加快以及贸易保护主义的抬头等多重因素有关。同时，石化行业以及煤炭行业的出口交货值累计同比出现下滑，这主要受到国际能源市场价格波动、地缘政治局势以及替代能源发展等多重因素的影响。电力、热力生产和供应业的出口交货值累计同比下降 5.6%，较 2023 年大幅下滑 12.7 个百分点。这既反映了过去长期贸易顺差导致的市场饱和状态，也体现了全球能源转型对该行业出口的深刻影响。

综合来看，在国内相关产业投资升级已完成的基础上，尽管人民币兑美元汇率呈现波动态势，且全球经济仍处于下行阶段，但我国 2024 年的工业出口交货值累计同比增速明显回升，取得了令人瞩目的成绩。然而，我们也应清醒地认识到，全球经济下行的趋势在短期内不会改变，产品生产端和需求端仍将面临一定的压力。此外，国外货币紧缩政策的负面影响也将逐渐显现，全球经济增速将继续回落，出口也将受到全球需求萎缩的制约。从长期来看，国际地缘政治冲突不断、全球经济复苏乏力，尤其是外部需求持续低迷，以及其他国家相继出台的孤立保护政策，都将对我国工业出口构成诸多不稳定因素。因此，未来的出口增速仍可能面临较大的下行压力。

（四）工业企业产成品存货

2024 年 1～9 月，我国工业企业产成品存货金额累计同比增速达 4.6%，较 2023 年同期高出 1.5 个百分点（图 6）。9 月末，工业企业产成品存货周转天数为 20 天，同比增加 0.2 天。这反映了企业在库存管理上的谨慎态度，以及市场需求和供应链环境对企业存货管理的影响。与 2023 年企业从主动去库存转向被动去库存不同，2024 年 1～7 月，企业产成品存货在短暂波动后，累计同比增速持续上扬，7 月更是触及 5.2% 的高位，标志着企业由被动去库存迈入主动补库存阶段。然而，8～9 月该增速略有回调，这可能与自 2024 年 2 月起逐步回落的工业增加值产出缺口有关，该缺口领先存货增速约半年，对后续工业库存回补构成挑战。此外，下半年 PPI 增速回归正增长的可能性较小，工业补库存的持续性面临不确定性。

分行业来看，不同行业的产成品存货之间差异性较大。化工行业、有色金属行业、煤炭行业、非金属矿物制品业、钢铁行业、石化行业等上游产业的产成品存货主要处于主动补库存阶段。其中，化工行业 2024 年 1～9 月累计同比增速为 7.5%，相比 2023 年同期上升 8.4 个百分点；有色金属行业 2024 年 1～9 月累计同比增速为 11.9%，相比 2023 年同期上升 6.3 个百分点；煤炭行业 2024 年 1～9 月累计同比增速为 1.8%，相比 2023 年同期下降 7.5 个百分点；电力、热力生产和供应业 2024 年 1～9 月累计同比增速为 −7.9%，相比 2023 年同期下降 32.9 个百分点；非金属矿物制品业 2024 年 1～9 月累计同比增速为 5.7%，相比 2023 年同期上升 5.4 个百分点；钢铁行业 2024 年 1～9 月累计同

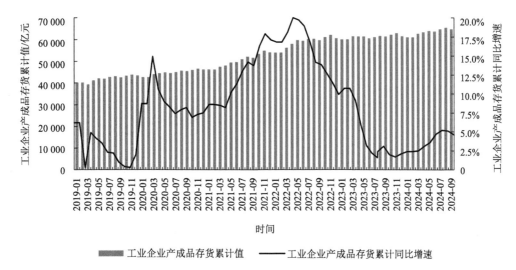

图 6　工业企业产成品存货累计值及累计同比增速

资料来源：Wind 数据库

比增速为-4.1%，相比 2023 年同期下降 5.3 个百分点；石化行业 2024 年 1～9 月累计同比增速为 14.7%，相比 2023 年同期上升 23.6 个百分点。

与居民生活相关的服装业、纺织业、汽车制造业以及计算机行业 2024 年从主动补库存阶段转向被动补库存阶段。服装业 2024 年 1～9 月累计同比增速为 5.7%，相比 2023 年同期上升 8.4 个百分点；纺织业 2024 年 1～9 月累计同比增速为 6.6%，相比 2023 年同期上升 2.8 个百分点；汽车制造业 2024 年 1～9 月累计同比增速为 6.7%，相比 2023 年同期上升 5.1 个百分点；计算机行业 2024 年 1～9 月累计同比增速为 8.6%，相比 2023 年同期上升 7.0 个百分点。此外，医药制造业处于被动去库存的状态，医药制造业 2024 年 1～9 月累计同比增速为-0.6%，相比 2023 年同期下降 11.3 个百分点。

展望未来，2025 年我国工业企业产成品存货的情况将受到市场需求、供应链稳定性和企业财务状况等多种因素的影响。未来我们需要密切关注这些因素的变化以及它们对企业存货管理决策的影响。同时，企业也应根据自身的实际情况和市场环境来制定合理的存货管理策略，以应对未来的挑战和机遇。

（五）工业企业资产负债率

经过长达一年半的资不抵债困境，2024 年我国工业企业资产合计同比增速首次超越负债增速，这一转折标志着企业财务状况的显著好转。2024 年 2～10 月，工业企业资产与负债的累计同比增速均呈现逐月放缓态势（图 7）。从资产与负债的整体增长态势来看，负债的累计同比增速下降幅度持续大于资产的累计同比增速的下降幅度。工业企业资产累计同比增速与负债累计同比增速之间的差值，由 2 月的 0.3 个百分点逐步缩减至 10 月的 0.1 个百分点，显示出资产与负债累计同比增速的差距日益缩小，两者增长态势趋于同步。

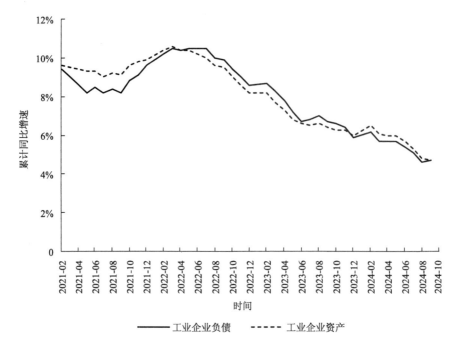

图 7　工业企业负债与工业企业资产累计同比增速

资料来源：Wind 经济数据库

2024 年以来，中国工业企业资产负债率呈现轻微上扬趋势。具体而言，2 月资产负债率为 57.1%，3 月升至 57.3%，4 月与 5 月则分别维持在 57.3%和 57.5%。6 月，该比率进一步攀升至 57.6%，7 月与 8 月保持稳定。9 月，资产负债率微增至 57.7%，创下近年新高（图 8）。

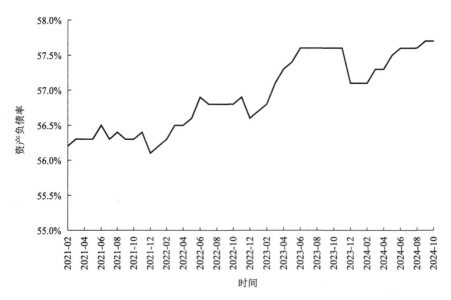

图 8　工业企业资产负债率的变化情况

资料来源：Wind 经济数据库

分行业来看，1～10 月，石化行业，钢铁行业，汽车制造业，电力、热力生产和供应业四大行业的资产负债率持续高于 60%。其中，石化行业受能源价格波动及全球市场影响，财务稳定性脆弱，资产负债率居高不下；钢铁行业、汽车制造业的资产负债率则逐步上升，尤其是汽车制造业，涨幅达 2%，或与行业面临技术革新、市场竞争加剧及消费者需求变化等挑战相关；电力、热力生产和供应业因建设和维护发电设施需巨额资本支出，资产负债率维持在 68% 左右。煤炭行业、非金属矿物制品业、有色金属行业、化工行业、服装业，以及计算机行业 1～10 月的资产负债率基本处于 50%～60% 的合理区间。服装业资产负债率上涨明显，有色金属行业、计算机行业等的资产负债率略有波动，其余三个行业的资产负债率保持稳定。此外，医药制造业 1～9 月的资产负债率保持在 50% 以下，在 39.39% 至 40.08% 之间波动，显示出稳健的财务结构。该行业低负债的特点有助于其降低财务风险，尤其是面对市场波动和政策变化时；同时，医药制造业的获现能力强，经营活动现金流量净额持续增长，维持了低负债水平。

展望未来，我国工业企业资产负债情况或将保持平稳，但需关注库存增速、价格变动及不同所有制企业资产负债率分化情况。这些因素将共同塑造工业企业的财务状况与投资决策。

二、工业行业综合警情指数与景气信号灯

中国科学院数学与系统科学研究院预测科学研究中心构建了反映我国工业行业经济运行状况的综合警情指数和景气信号灯，后者由规模以上工业增加值、工业企业利润总额、规模以上营业收入、工业出口交货值、工业企业应收账款净额、工业企业亏损面（逆转）、工业企业资产负债率（逆转）、工业企业产成品存货（逆转）、工业生产者出厂价格指数、工业固定资产投资完成额 10 个预警指标构成。

在 2024 年 1～10 月，我国工业行业综合警情指数维持在中等相对偏低的位置。前两个月呈现上升趋势，在 3 月又出现回落，并在 6 月达到峰值，从 7 月开始又出现明显的下降趋势，并在 8 月至 10 月持续走低（图 9）。

全球经济增长放缓叠加国际贸易环境的错综复杂，为我国工业发展增添了不少压力。尤其是地缘政治紧张局势的升级，使得国际原材料市场价格波动加剧，进一步压缩了我国工业企业的利润空间。欧美国家对我国实施了一系列针对性制裁，特别是针对新能源汽车、光伏产业及半导体等关键领域，这些制裁措施不仅限制了我国相关产品的出口，也对工业行业的整体发展带来了不小的冲击。同时，国内工业行业正处于产业结构调整和升级的关键时期，面临着转型与升级的诸多难题，这也增加了工业企业的经营风险和市场不确定性。为应对此挑战，首先，国家推出了一系列宏观经济调控举措，包括优化营商环境、加强基础设施建设等，这些政策有效降低了企业的融资成本，促进了经济的稳健增长，为工业行业的稳定发展提供了有力保障。其次，为支持新能源、新材料等战略性新兴产业的发展，国家加大了对科技创新的投入，鼓励企业加大研发投入、提升自主创新能力，这有助于推动工业行业向高端化、智能化、绿色化方向转型。

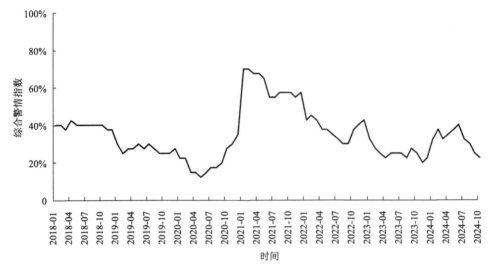

图 9　工业企业综合警情指数
资料来源：Wind 数据库

接下来分析 2024 年 1 月至 10 月的工业企业景气信号灯状态（图 10）。2024 年，规模以上工业增加值从前两个月的"正常"状态，降到 3 月至 6 月的"趋冷"和 7 月至 10 月的"过冷"状态。工业企业资产负债率（逆转）在整个期间大多保持"正常"状态，甚至在 3 月至 6 月达到了"趋热"状态，显示出企业在债务管理方面相对稳健，但依然面临一定的财务压力；工业生产者出厂价格指数在前四个月维持"趋冷"状态，随后在 5 月至 8 月回升至"正常"水平，在 9 月再次出现"趋冷"，10 月跌至"过冷"状态，反映出工业产品价格的波动较大，通胀压力较小；工业企业营业收入在大部分时间处于"趋冷"状态，在 8 月陷入"过冷"状态，显示出市场需求疲软，企业收入增长乏力；工业企业利润总额在 2024 年 1 月至 10 月的大部分月份处于"正常"水平，但 9 月表现为"过冷"，表明尽管企业盈利有所回升，但增长动能依然不足；工业出口交货值在年初表现为"趋冷"，但 8 月回升至"正常"状态，又在 10 月回到"趋冷"状态，显示出外贸环境依然不稳定，出口需求恢复状态不太乐观；工业企业应收账款净额在多数月份表现为"过冷"，仅在 2 月和 6 月有所改善，反映出企业在回款方面压力较大，短期流动性偏紧；工业企业亏损面（逆转）在全期持续表现为"过冷"，表明亏损企业比例较高，盈利改善效果有限；工业企业产成品存货（逆转）在整个期间维持"趋热"状态，显示出企业库存水平较高，市场需求不足，库存积压严重；工业固定资产投资完成额在 1 月至 10 月全期表现为"正常"，表明企业投资增长动力比较充足，对未来经济前景信心较为充足。总体来看，工业企业景气信号灯状态显示出行业面临增长乏力、利润承压、库存积压和投资活跃度低迷的多重挑战，经济复苏基础尚不稳固。

指标	2024 年									
	1 月	2 月	3 月	4 月	5 月	6 月	7 月	8 月	9 月	10 月
1.规模以上工业增加值	○	○	◎	◎	◎	◎	⊗	⊗	⊗	⊗
2.工业企业资产负债率（逆转）	○	○	⊙	⊙	⊙	⊙	○	○	○	○
3.工业生产者出厂价格指数	◎	◎	◎	◎	◎	◎	○	○	◎	⊗
4.工业企业营业收入	◎	◎	⊗	◎	◎	○	○	⊗	⊗	⊗
5.工业企业利润总额	○	○	○	○	○	○	○	◎	⊗	○
6.工业出口交货值	⊗	◎	○	○	◎	○	○	○	○	○
7.工业企业应收账款净额	⊗	◎	◎	⊗	⊗	◎	⊗	⊗	⊗	⊗
8.工业企业亏损面（逆转）	⊗	⊗	⊗	⊗	⊗	⊗	⊗	⊗	⊗	⊗
9.工业企业产成品存货（逆转）	⊙	⊙	⊙	⊙	⊙	⊙	⊙	⊙	⊙	⊙
10.工业固定资产投资完成额	○	○	○	○	○	○	○	○	○	○

图 10　工业企业景气信号灯

⊙表示趋热，○表示正常，◎表示趋冷，⊗表示过冷

三、2025 年工业经济发展展望与政策建议

（一）工业经济发展影响因素分析

2025 年我国工业经济的发展同时面临着重大的机遇与挑战，具体分析如下。

从国际来看，根据世界贸易组织发布的最新报告《全球贸易展望与统计》（2024 年 10 月），2025 年全球商品贸易增速约为 3.0%，2025 年全球实际 GDP 增速约为 2.7%。世界贸易组织对 2025 年贸易增长的估计虽然比 2024 年乐观，但是其所预测的贸易增长率仍然处于较低水平。这反映了疫情后全球经济发展放缓的大趋势，发达经济体和发展中经济体的增长潜力都在下降，全球各国长期的经济低迷也意味着我国工业生产的外需会继续下降。除此以外，当今国际政治局势依然保持着紧张态势。俄乌冲突仍在持续，巴以局势继续恶化，特朗普的上台也可能导致美国加大贸易保护的力度。这些都将对世界经济的发展以及我国的工业生产造成负面影响。

从国内来看，我国工业经济所面临的情况同样复杂。房地产市场的表现长期低迷，国内投资仍然乏力，导致居民收入下降，消费意愿较弱，国内市场依然不容乐观。预计 2025 年国内消费低迷的态势可能会持续，进而从需求端影响工业经济的发展。但同时，高科技产业和数字经济也为工业发展带来了强劲的动力。首先，国内半导体和新能源等高新技术产业蓬勃发展，电子产品配件国产化率逐渐提高，高新技术相关市场逐渐扩大，为我国工业经济增长带来了巨大的助推力。其次，数字经济与第三产业的发展创造了新的需求和市场，推动了工业生产的发展。例如，智能手机、智能穿戴、智能家居设备、

智能化甚至无人化的新能源电动汽车等产品的兴起，为计算机行业等相关工业部门带来了巨大的市场红利。最后，随着互联网技术的发展，尤其是深度学习技术的普及，数据安全、网络安全、人工智能等新型服务需求为相关行业提供了新的增长机会。伴随着人工智能技术的发展，以半导体行业为代表的相关实体工业产业，也会迎来前所未有的广阔市场。

2024 年 3 月 20 日，习近平总书记在新时代推动中部地区崛起座谈会上强调，要"立足实体经济这个根基，做大做强先进制造业，积极推进新型工业化，改造提升传统产业，培育壮大新兴产业，超前布局建设未来产业，加快构建以先进制造业为支撑的现代化产业体系"。[①]只要紧跟党中央的步伐，踏踏实实地走好每一步，中国工业经济就有望实现更加稳健和可持续的增长。

（二）2025 年工业经济形势发展预测

目前，国际形势错综复杂，外部压力日渐严峻。鉴于复杂的国际环境，我们分别依照基准情景、乐观情景、悲观情景对 2025 年我国规模以上工业增加值的累计同比增速进行预测（图 11）。

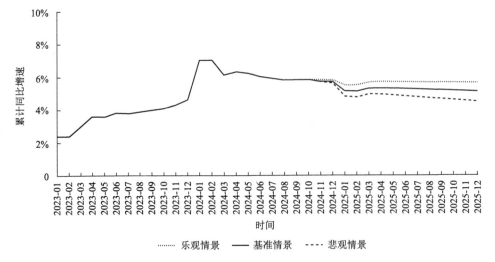

图 11　2023 年、2024 年工业增加值累计同比增速及 2025 年预测
资料来源：Wind 数据库

基准情景：国际环境和全球经济呈现出一种相对稳定的态势，中国经济也处在良性的增长区间，经济下行压力与经济回稳的积极影响因素基本处于平衡状态，整体经济状况相对稳定。在该情景下，预计 2025 年规模以上工业增加值累计同比增速为 5.0%。

---

① 习近平主持召开新时代推动中部地区崛起座谈会强调：在更高起点上扎实推动中部地区崛起. https://www.gov.cn/yaowen/liebiao/202403/content_6940500.htm，2024-10-20.

乐观情景：全球经济出现平稳增长的态势，国际矛盾和地区冲突相对缓和，多边贸易畅通，中国经济发展拥有相对稳定的外部环境。同时，国内稳增长政策施行顺利，以高新技术为核心的新经济增长点不断涌现，消费和投资平稳增长，市场活力明显提升，GDP 等经济指标增长较快，显示出良好的经济运行态势。在该情景下，预计 2025 年规模以上工业增加值累计同比增速约为 5.3%。

悲观情景：随着特朗普上台，美国的贸易保护主义更加严重，对中国的经济打压日趋紧迫，中美贸易战可能会再次打响，中国面对的国际经济压力会更加严峻。加之全球经济下行压力仍较为明显，国际市场前景尚不明朗，中国的经济发展可能会受到此类外部因素的影响，从而呈现出增长乏力的态势。在该情景下，预计 2025 年规模以上工业增加值累计同比增速约为 4.6%。

（三）政策建议

1. 聚焦产业短板弱项，加快核心技术攻关

聚集产业技术的短板和弱项，精准有效发力，加大对产业技术关键核心领域的资金、人员投入，尤其要加大对面临关键核心技术"卡脖子"问题企业的支持力度。通过设立专项资金、加强财政补贴、引导社会资本投入、优先支持股债融资等方式，减轻企业研发成本，助推企业突破关键核心技术。持续完善基础研究对产业技术的支撑体系，加强产业技术前沿领域探索，充分调动企业核心技术攻关的积极性和主动性，为促进工业经济发展奠定坚实的技术基础。

2. 加强数字技术应用，推动产业转型升级

数字技术的应用是推动产业优化升级的关键，要促进数字经济与实体经济融合发展，推动传统产业转型升级。加快工业互联网和工业物联网的发展，实现在工业机器人、工业软件和人工智能等关键技术和核心领域的突破，通过工业互联网和工业物联网赋能传统制造业，推进传统制造业实现产业模式和组织模式变革，促进传统制造业向高端化、智能化、绿色化方向发展。持续加大高端装备制造业的研发投入，拓展智能制造装备、新能源汽车与环保装备等领域的产业链，加快推动产业优化升级。

3. 完善产业梯度转移，促进区域协调发展

通过政策引导优化产业空间布局，鼓励支持各地因地制宜，充分发挥自身比较优势，形成各个区域协同发展、相互促进、资源互补的产业格局。推动东部地区与中西部地区对接合作，支持共建产业园区，从东部地区向中西部地区推动梯度有序的产业转移，提升中西部地区产业转移承接能力，构建促进区域协调发展的现代化产业分工体系，因地制宜发展新质生产力。

4. 破解企业经营困境，助推工业企业发展

加大助企帮扶力度，落实助企纾困政策，减轻工业企业负担，尤其要提升中小工业企业的生存能力。对于企业融资难、融资贵的问题，要加大对企业，尤其是中小工业企业的金融支持力度，引导资金投向融资困难但又有发展前景的工业企业，降低企业生产经营成本。对于企业用工难、用工贵的问题，要完善劳动力市场供需平衡机制，为企业用工和劳动者就业牵线搭桥，引导企业到中西部地区吸纳异地劳动力。

5. 参与国际产业分工，提升产业链条地位

当前，全球新一轮科技革命和产业变革正在重构世界经济版图，不断推动全球产业链和价值链的深化与重塑。我们要顺应这一时代趋势，加强国际合作，深入参与国际产业分工，提升我国在全球产业链条中的地位。充分利用 RCEP 等区域合作机制，拓展新产业新业态合作。推动更高水平的对外开放，适应全球绿色发展趋势，吸引外资进入我国的绿色低碳产业，构建资源节约型和环境友好型产业体系，打通国内国际双循环，更好地融入全球产业链和价值链体系，提升我国的产业国际化水平。

6. 深入推进新型工业化，培育发展新领域新赛道

新型工业化是发展实体经济的重要基础，是经济高质量发展的重要支撑。要以创新为内生动力，通过技术创新、管理创新和模式创新不断提升劳动生产率和产品附加值，实现质量和效益双提升的高质量发展。加快建立新一代信息技术、生物技术和新能源技术等新型工业化建设的重要载体，推动工业化与信息化、数字化、网络化、智能化一体发展，促进新一代信息技术、新能源、新材料、生物医药、绿色低碳等领域交叉融合。全面推进绿色低碳制造、绿色文明消费、绿色指标考核，培育发展新领域新赛道。以守住安全发展为底线，不断增强产业链供应链韧性和安全水平，加快构建以国内大循环为主体、国内国际双循环相互促进的新发展格局。

2024 年中国房地产市场形势分析与 2025 年展望[①]

董纪昌　李秀婷　董　志　庚　辰　郭家豪　许满月

报告摘要： 2024 年以来，中央及各地政府积极调整优化房地产调控政策，传递稳定房地产市场的明确信号，市场下行趋势有所放缓。房地产开发投资同比持续下降，商品房销售面积和销售额降幅逐步收窄，房屋销售价格同比较快下降。

展望 2025 年，促进房地产市场回稳的各项政策有望加快落地落实，且仍有一定的优化调整空间，"去库存"和"保交房"工作将深入推进，有助于推动市场预期好转，促进房地产市场逐步止降回稳。但是，长期来看供需基本面发生变化导致房地产市场呈下行态势，短期内，由于预期波动和房地产企业的流动性风险等因素，市场走势面临不确定性。市场止降回稳的关键在于政策实际落实力度与预期改善情况。

基于以上因素分析，本报告运用综合集成模型，对 2025 年房地产市场走势进行分情景预测。从供给层面来看，基准情景下预计房地产开发投资额同比降幅会收窄；悲观情景下预计房地产开发投资额将持续减少；乐观情景下房地产开发投资额也可能回升。从需求层面来看，基准情景下预计全年商品房销售面积同比下降 7.0%～11.0%，商品房销售价格同比小幅下降或持平；悲观情景下预计全年商品房销售面积同比下降 12.0%～16.0%，商品房销售价格同比下降 3.0%～5.0%；乐观情景下预计商品房销售面积同比持平或小幅下跌 2.0%～5.0%，商品房销售价格同比小幅增长。

一、当前房地产市场运行情况分析

（一）房地产调控政策回顾

1. 持续优化购房政策，更好满足新时代人民群众住房需求

（1）完善个人住房贷款利率定价机制，降低购房利息支出。2024 年 2 月以来，中国人民银行先后三次引导下调 LPR，其中，2 月 20 日，5 年期当月 LPR 下调 25 个基点；7 月 22 日，1 年期和 5 年期当月 LPR 均下调 10 个基点，分别至 3.35% 和 3.85%（图 1）；10 月 21 日，1 年期和 5 年期当月 LPR 均下调 25 个基点。由此，个人住房贷款加权平均利率稳步下降。2024 年第二季度，个人住房贷款加权平均利率为 3.45%，环比一季度下

① 本报告得到国家自然科学基金（72334006、71974180、71974190、72004214）的资助。

降了 24 个基点,相对 2023 年同期下降了 66 个基点(图 2)。2024 年第三季度,个人住房贷款加权平均利率进一步下降至 3.33%。2024 年 9 月 29 日,中国人民银行发布关于完善商业性个人住房贷款利率定价机制的公告(中国人民银行公告〔2024〕第 11 号),宣布将完善商业性个人住房贷款利率定价机制,允许存量房贷利率根据市场情况调整。此外,根据中国人民银行发布的公告和利率自律机制倡议,各家商业银行原则上应在 2024 年 10 月 31 日前对符合条件的存量房贷开展批量调整。调整的存量房贷包括首套、二套及以上,对于加点幅度高于-30 基点的存量房贷利率,将统一调整到不低于-30 基点。①此次调整预计使得存量房贷利率平均下降约 0.5 个百分点,有助于进一步降低借款人房贷利息支出,稳定购房者预期,提振市场信心。11 月 1 日,中国人民银行进一步强调,存量房贷利率与全国新发放房贷利率偏离达到一定幅度时,借款人可与银行自主协商、动态调整存量房贷利率。

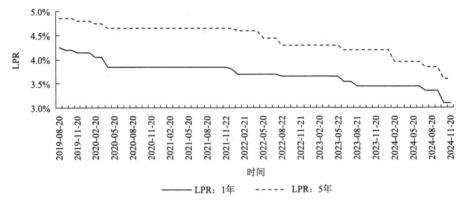

图 1 2019 年 8 月至 2024 年 11 月的 LPR 变化情况

资料来源:同花顺 iFind 数据库

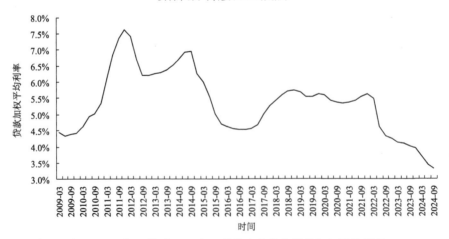

图 2 2009 年 3 月至 2024 年 9 月的个人住房贷款加权平均利率

资料来源:同花顺 iFind 数据库

---

① 主要商业银行批量集中调整存量房贷利率 促消费利民生. https://www.gov.cn/yaowen/liebiao/202410/content_698325 2.htm,2024-11-01.

（2）优化个人住房信贷政策，支持购房融资需求。2024 年 9 月 24 日，中国人民银行和国家金融监督管理总局联合印发《关于优化个人住房贷款最低首付款比例政策的通知》，其中提到："对于贷款购买住房的居民家庭，商业性个人住房贷款不再区分首套、二套住房，最低首付款比例统一为不低于 15%。在全国统一的最低首付款比例基础上，中国人民银行各省级分行、国家金融监督管理总局各派出机构按照因城施策原则，根据辖区各城市政府调控要求，自主确定辖区各城市是否设定差别化的最低首付款比例政策，并确定辖区各城市最低首付款比例下限"。此外，多地调整了住房公积金政策，包括提高贷款额度、降低首付比例、支持提取公积金支付购房首付款等。

（3）退出或调减购房限制性政策，支持刚性住房需求与多样化改善性需求。2024 年 7 月 18 日，党的二十届三中全会决定强调，充分赋予各城市政府房地产市场调控自主权，因城施策，允许有关城市取消或调减住房限购政策、取消普通住宅和非普通住宅标准。7 月 31 日，郑州市住房保障和房地产管理局印发《关于取消商品住房销售价格指导的通知》。9 月 29 日，广州市全面取消居民家庭在广州市购买住房的各项限购政策；上海市调整住房限购政策，将增值税征免年限由 5 年调整为 2 年。9 月 30 日，北京市优化非本市户籍居民家庭购房的社会保险或个人所得税缴纳年限要求；深圳市优化了分区住房限购政策，取消了商品住房和商务公寓转让限制，将增值税征免年限由 5 年调整为 2 年；厦门市取消了住房限售、优化住房套数认定等。11 月以来，北京、上海、深圳、广州先后宣布取消普通住宅和非普通住宅标准，并调整了契税政策和个人所得税政策，对个人购买家庭唯一住房和家庭第二套住房，只要面积不超过 140 平方米的，统一按 1% 的税率缴纳契税，对个人转让住房未提供完整、准确的房屋原值凭证，不能正确计算房屋原值和应纳税额的，实行个人所得税核定征税，以转让收入的 1% 核定应纳个人所得税额。这些政策调整降低了居民购房的税收负担，尤其是对于购买改善性住房的居民。

2. 坚持消化存量和优化增量相结合，做好"去库存"和"保交房"各项工作

（1）建立房地产融资协调机制，推行房地产"白名单"贷款项目。2024 年 1 月，住房和城乡建设部联合国家金融监督管理总局印发《关于建立城市房地产融资协调机制的通知》，指导各地建立城市房地产融资协调机制，由各城市提出可以给予融资支持的房地产项目名单，并向金融机构推送，以精准支持房地产项目合理融资需求。6 月，两部门再次联合印发《关于进一步发挥城市房地产融资协调机制作用 满足房地产项目合理融资需求的通知》，为优化完善城市房地产融资协调机制提出了多项可操作、可落地的工作举措，全力支持房地产在建项目融资和建设交付，有力推进房地产高质量发展。截至 9 月 30 日，全国 297 个地级及以上城市均已建立房地产融资协调机制，银行已审批"白名单"项目超过 5700 个，审批通过融资金额达 1.43 万亿元。截至 10 月 31 日，"白名单"项目贷款审批通过金额超过 3 万亿元。预计到 2024 年底，"白名单"项目贷款审批通过金额将超过 4 万亿元。

（2）积极盘活存量土地资源，支持收购存量商品房用作保障性住房。2024 年 5 月，自然资源部支持地方政府以合理价格收回、收购闲置存量住宅用地，帮助企业解困，促进土地节约集约利用。6月，中国人民银行向21家全国性银行印发《关于设立保障性住房再贷款有关事宜的通知》（银发〔2024〕110号），提供低成本再贷款资金3000亿元，激励全国性银行机构按照市场化原则，向城市政府选定的地方国有企业发放贷款，支持以合理价格收购已建成未出售的商品房，用作保障性住房。7月30日，中共中央政治局会议强调，仍需重点防范化解房地产领域风险，做好"去库存"和"保交房"各项工作，坚持消化存量和优化增量相结合，加快构建房地产发展新模式等。9月26日，中共中央政治局会议指出，要促进房地产市场止跌回稳，对商品房建设要严控增量、优化存量、提高质量，加大"白名单"项目贷款投放力度，支持盘活存量闲置土地。9月27日，中国人民银行办公厅发布《关于优化保障性住房再贷款有关要求的通知》，对于金融机构发放的符合要求的贷款，中国人民银行向金融机构发放再贷款的比例从贷款本金的60%提升到100%。11月7日，自然资源部发布《关于运用地方政府专项债券资金收回收购存量闲置土地的通知》，标志着专项债用于土地储备正式重启，一定程度上解决了收购存量土地的资金问题，有助于提升地方政府参与盘活存量土地的积极性，改善企业的资金状况与市场供求关系。此外，11月13日，国家税务总局发布《关于降低土地增值税预征率下限的公告》，将土地增值税预征率下限降低0.5个百分点，有利于降低企业预征预缴的土地增值税，降低企业资金压力。

（3）延长部分房地产金融政策期限，满足房地产行业合理融资需求。2024年9月24日，中国人民银行和国家金融监督管理总局联合印发《关于延长部分房地产金融政策期限的通知》，将《中国人民银行 中国银行保险监督管理委员会关于做好当前金融支持房地产市场平稳健康发展工作的通知》（银发〔2022〕254号）中支持开发贷款、信托贷款等存量融资合理展期政策的适用期限延长至2026年12月31日，将《中国人民银行办公厅 国家金融监督管理总局办公厅关于做好经营性物业贷款管理的通知》（银办发〔2024〕8号）中有关政策有适用期限的，将适用期限延长至2026年12月31日。

（二）房地产市场运行情况①

1. 房地产开发投资同比持续下降

2024年1～10月，房地产开发投资累计86 308.85亿元，同比下降10.3%，降幅环比1～9月扩大0.2个百分点，同比扩大1.0个百分点（图3）；房屋新开工面积累计同比下降22.6%，降幅较1～9月份有所扩大；房屋施工面积累计同比下降12.4%，降幅同比扩大5.1个百分点；房屋竣工面积累计同比下降23.9%，降幅环比收窄0.5个百分点，同比扩大42.9个百分点（图4）。从房地产开发投资构成看，建筑工程、安装工程累计同比

---

① 从2023年开始房地产开发投资、商品房销售面积等指标的增速均按可比口径计算。报告期数据与上年公布的同期数据之间存在不可比因素，不能直接相比计算增速。因此，本报告对退房的商品房销售数据进行了修订，对统计执法检查中发现的问题数据进行了改正，对非房地产开发性质的项目投资以及具有抵押性质的销售数据进行了剔除。

下降 10.8% 和 16.8%，降幅同比下降 1.1 个百分点和扩大 10.9 个百分点。土地购置费累计同比下降 7.4%，降幅环比扩大 0.5 个百分点，同比扩大 2.6 个百分点（图 5）。

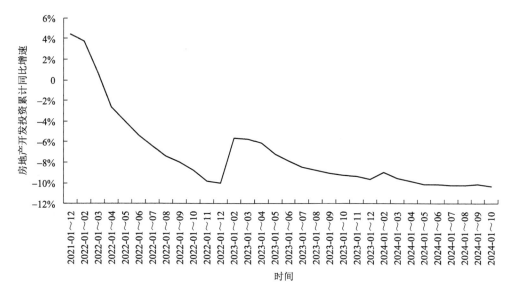

图 3　2021 年 12 月至 2024 年 10 月房地产开发投资额累计同比增速

资料来源：同花顺 iFind 数据库

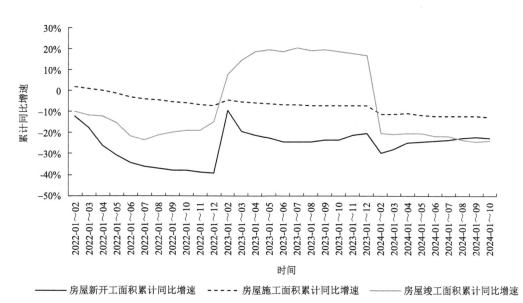

图 4　2022 年 2 月至 2024 年 10 月房屋新开工、施工与竣工面积累计同比增速

资料来源：同花顺 iFind 数据库

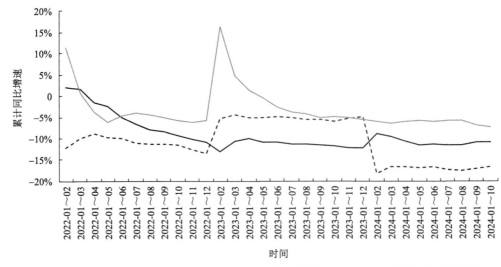

图 5   2022 年 2 月至 2024 年 10 月房地产开发投资各项构成累计同比增速

资料来源：同花顺 iFind 数据库

2. 商品房销售面积和销售额降幅逐步收窄

2024 年 1～10 月，全国商品房销售面积累计 77 930.16 万平方米，同比下降 15.8%，降幅环比收窄 1.3 个百分点，同比扩大 8.0 个百分点。30 个大中城市商品房销售面积累计同比下降 29.96%，10 月当月同比下降 6.33%，降幅环比扩大了 4.5 个百分点。商品房销售额累计 76 854.90 亿元，同比下降 20.90%，降幅环比收窄 1.8 个百分点，同比扩大 16 个百分点（图 6）。

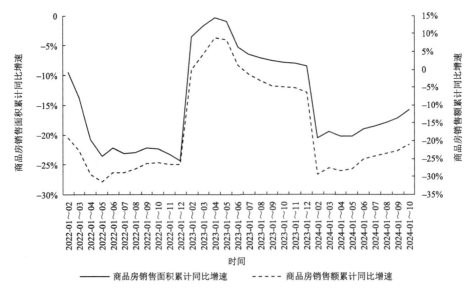

图 6   2022 年 2 月至 2024 年 10 月商品房销售面积、销售额及累计同比增速

资料来源：同花顺 iFind 数据库

3. 房屋销售价格同比较快下降

2024 年以来，全国商品房销售价格持续下降，6 月之后降幅逐步收窄。1～10 月，全国商品房销售价格累计同比下降 6.03%，降幅环比收窄 0.66 个百分点（图 7）。

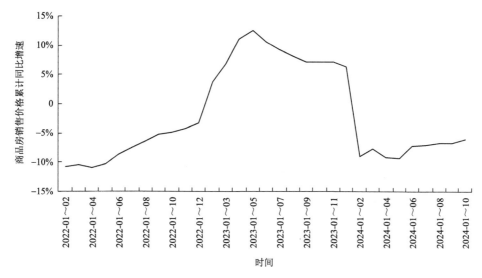

图 7　2022 年 2 月至 2024 年 10 月全国商品房销售价格累计同比增速

资料来源：国家统计局

2024 年 10 月，70 个大中城市新建商品住宅价格指数同比下降 6.2%，其中，一线城市同比下降 4.6%，二线城市同比下降 6.0%，三线城市同比下降 6.6%（图 8）。70 个大中城市中新建商品住宅价格指数同比上涨的城市有 3 个（上海、西安、太原），增幅最高的城市同比上涨 5.0%（上海），同比下降的城市有 67 个，降幅最大的城市同比下跌 11.5%（金华）。

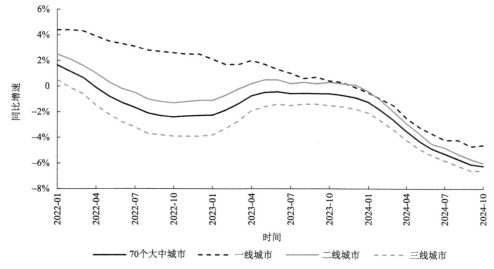

图 8　2022 年 1 月至 2024 年 10 月新建商品住宅价格指数的同比增速

资料来源：同花顺 iFind 数据库

2024 年 10 月，70 个大中城市二手住宅价格指数当月同比下降 8.94%，降幅环比 1～9 月收窄 0.08 个百分点。其中，一线城市同比下降 9.60%，二线城市同比下降 8.80%，三线城市同比下降 9.00%（图 9）。70 个大中城市中二手住宅价格指数全部同比下跌，降幅最大的城市是厦门，下跌幅度为 14.5%。

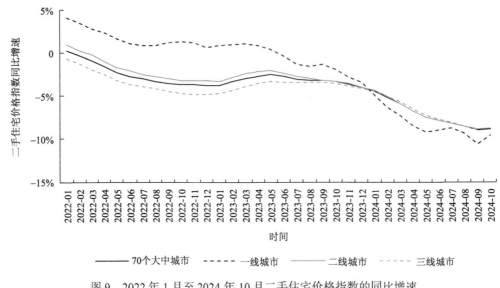

图 9　2022 年 1 月至 2024 年 10 月二手住宅价格指数的同比增速
资料来源：同花顺 iFind 数据库

（三）房地产市场下行的原因分析

1. 长期供需基本面发生变化导致房地产市场呈下行态势

（1）生育率快速下降。我国生育率的下降最早始于 20 世纪 70 年代初，并于 20 世纪 80 年代完成生育转变过程。虽起步相对较晚，但下降速度反超多数亚洲国家，总和生育率于 1992 年便降至可替代水平之下，快步迈入低生育国家队列，进入了更为迅速的生育率下降通道。据统计，2016 年以来，全年出生人口及人口出生率持续快速下降，2023 年人口出生率降至 6.4‰，全年出生人口仅为 902 万人，创下新中国成立以来的最低水平（图 10）。

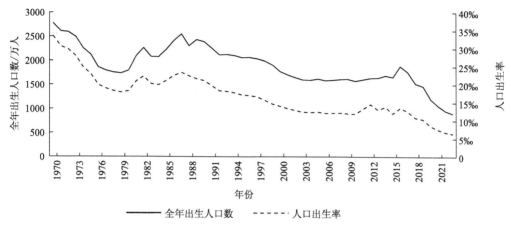

图 10　1970～2023 年全年出生人口数和人口出生率

资料来源：同花顺 iFind 数据库

（2）老龄化进程明显加快。2023 年末，65 岁及以上老人已达 2.2 亿，占比从 2010 年的 8.9%快速增加到 2023 年 15.4%，平均每年增加 0.5 个百分点（图 11）。

图 11　1991～2023 年 65 岁及以上人口比重及其增速

资料来源：同花顺 iFind 数据库

（3）城镇化速度放缓。2016～2023 年，我国城镇化进程放缓，城镇化率的年度增加值除 2023 年以外整体呈现快速下滑态势（图 12）。2023 年，我国城镇化率达到 66.2%。2019～2023 年城镇化率提高 3.45 个百分点。

（4）居民住房条件得到较大改善，住房刚性需求将有所减弱。住房市场化改革以来，我国房地产市场快速发展，居民住房条件得到明显改善，城市人均住宅建筑面积持续较快增长，并于 2016 年超过 36 平方米（图 13），基本达到发达国家的平均水平。由此，未来住房刚性需求相对过去十年将有所减弱。

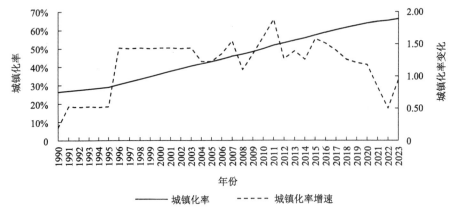

图 12　1990～2023 年城镇化率及其增速

资料来源：同花顺 iFind 数据库

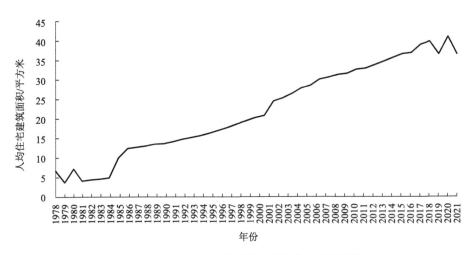

图 13　1978～2021 年全国城市人均住宅建筑面积

资料来源：同花顺 iFind 数据库

2. 短期预期转弱是造成房地产市场持续下行的主要因素

在需求层面，居民预期转弱，市场信心不足，导致购房需求不能及时释放，商品房销售同比快速下降。在供给层面，房地产企业面临着销售下降、库存积压的双重困境，到位资金持续下降，加大了企业的资金压力，由此房地产开发投资下降较快，进而引发居民对新房交付的担忧，打击了市场信心，导致商品房销售进一步低迷，陷入"销售下降—企业现金流恶化与债务偿付困难—市场信心不足—新房销售进一步下降"的负向循环。

二、房地产市场未来走势预测

展望未来，2024 年 9 月 26 日召开的中央政治局会议明确提出，要促进房地产市场止跌回稳。房地产调控政策将进一步优化调整，各项促进房地产市场平稳健康发展的政策有望加快落地落实，"去库存"和"保交房"工作将深入推进，有助于推动市场预期好转，促进房地产市场逐步止降回稳。但是，由于预期波动和房地产企业的流动性风险等因素，短期内市场走势面临不确定性，市场止降回稳所需时间主要取决于政策实际落实力度与预期改善情况。

（一）房地产市场未来走势的影响因素分析

1. 行业融资状况有所改善，但债务违约风险仍然严峻

（1）房地产开发企业资金来源降幅逐步收窄。2024 年 1～10 月，房地产开发企业资金来源合计累计同比下降 19.2%，降幅连续 5 个月收窄，但降幅仍远高于 2023 年同期，其中国内贷款、自筹资金、定金及预付款、个人按揭贷款累计同比下降 6.4%、10.5%、27.7%、32.8%，定金及预付款、个人按揭贷款降幅环比均有所收窄（图 14）。

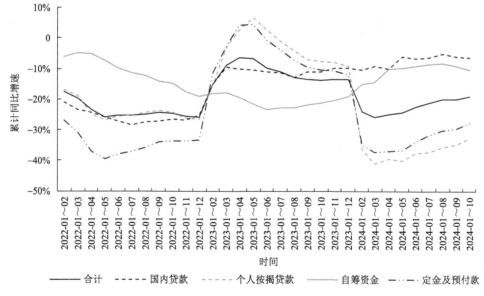

图 14　房地产开发企业资金来源累计同比增速
资料来源：同花顺 iFind 数据库

（2）房地产贷款持续负增长。2024 年第三季度，金融机构房地产贷款余额同比下降 1.0%，已经连续四个季度下降。其中，房地产开发贷款余额同比增长 2.7%，增幅环比缩小 0.1 个百分点（图 15）。

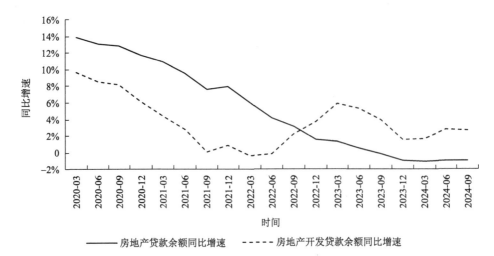

图 15　金融机构房地产贷款余额同比增速

资料来源：同花顺 iFind 数据库

（3）房地产企业债务违约风险仍较为严峻。截至 2024 年 11 月 24 日，累计 105 家房地产企业信用债发行主体发生实质性违约，涉及债券 698 只，违约金额 5502.5 亿元，违约日债券余额 1.2 万亿元，余额违约率高达 17.7%，各项指标仍远高于其他行业。

2. 市场预期持续走弱，国房景气指数处于较低水平

（1）居民收入与房价预期仍在转弱。《2024 年第二季度城镇储户问卷调查报告》显示，在全国 50 个城市 2 万户的被调查城镇储户中，2024 年第二季度，被调查储户中认为收入"减少"的比例由第一季度的 17.3% 上升到 19.1%，达到 2023 年以来的最高水平；预期房价"下降"的比例由第一季度的 22.0% 上升到 23.2%，处于历史最高水平（图 16）。加之，近期部分海内外机构看空中国房地产市场，调低房地产市场预测结果，引发较多舆情关注，对预期会形成一定的负向冲击。

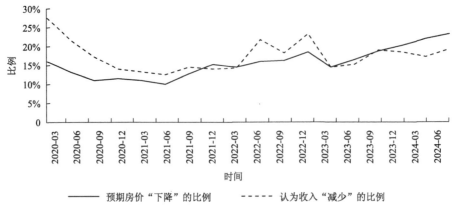

图 16　储户预期房价"下降"的比例与认为收入"减少"的比例

资料来源：同花顺 iFind 数据库

（2）居民提前还款趋势增强。由于存量房贷与新增房贷利率差等原因，居民信贷需求降低，提前还款行为明显增多，个人住房贷款余额出现较大幅度下降，且降幅持续扩大。2024 年第三季度，金融机构个人住房贷款余额同比下降 2.3%，降幅环比扩大了 0.2 个百分点（图 17）。第三季度，个人住房贷款环比下降了 2300 亿元，是近 10 年来的最高下降水平。

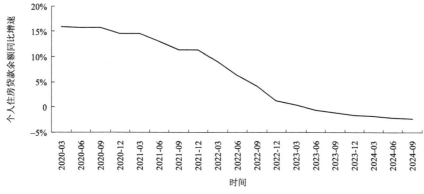

图 17　个人住房贷款余额同比增速

资料来源：同花顺 iFind 数据库

（3）居民对新房交付缺乏信心。2024 年以来，从商品房销售结构来看，现房销售面积同比快速增长，而期房销售面积同比快速下降，期房现房销售面积比总体呈现下降趋势，这在一定程度上说明居民对新房交付的顾虑使其倾向于购置现房（图 18）。2024 年 1～10 月，全国商品房现房销售面积累计同比增长 18.8%，其中商品住宅现房销售面积累计同比增长 21.4%。全国商品房期房销售面积则累计同比下降 25.3%，其中商品住宅期房销售面积累计同比下降 26.2%。

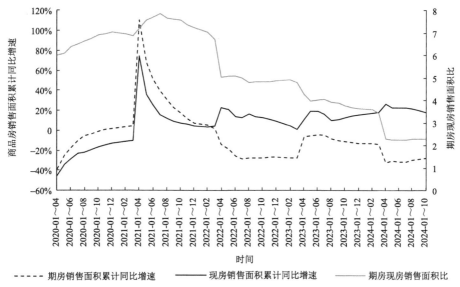

图 18　商品房销售面积累计同比增速及期房现房销售面积比

资料来源：同花顺 iFind 数据库

（4）国房景气指数仍处于较低水平。2024 年 5 月以来，国房景气指数呈现逐月回升态势，但仍处于较低水平，10 月景气指数值为 92.51，环比 9 月有所上升，但仍略低于 2023 年同期（图 19）。

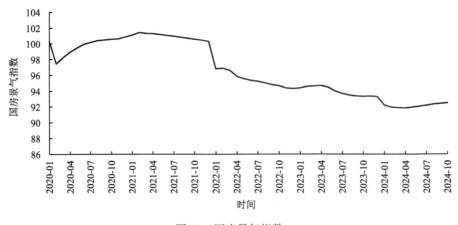

图 19　国房景气指数
资料来源：同花顺 iFind 数据库

3. 城镇化进程、城市更新与大中城市住房需求增长为房地产市场提供一定支撑

（1）城镇化进程与城市更新持续推动住房需求增长。我国城镇化水平仍低于发达国家的平均水平，还有约 10 个百分点的增长空间，这将继续推动流动人口进城，带来城市新增住房需求的增加。同时，随着以人为核心、以提高质量为导向的新型城镇化战略的扎实推进，以及城市更新行动的有效实施，城市空间结构将得到优化，从而有望带动更多增量购房需求。特别是 2024 年 10 月 17 日，住房和城乡建设部部长倪虹在国务院新闻办公室发布会上提到，将通过货币化安置等方式，新增实施 100 万套城中村改造和危旧房改造。2024 年 11 月，城中村改造政策支持范围从最初的 35 个超大特大城市和城区常住人口 300 万以上的大城市，进一步扩大到近 300 个地级及以上城市。①这些政策对市场需求的带动有望更快体现。

（2）大中城市的需求增长潜力为市场止降回稳提供重要助力。房地产市场的区域分化趋势仍将延续，人口净流入的中心城市仍有较好需求基础，大中城市的推出与成交土地建设用地面积比明显低于全国平均水平（图 20），说明这些城市的土地建设、保障性住房建设与城市更新潜力大，将为房地产市场止降回稳提供一定的助力。特别是，降低新房与存量房贷款利率、调整限制性政策等措施逐步落地，能有效降低购房成本，提高租金收益率和利率的相对水平，将对大中城市的市场表现起到积极支撑作用。

---

① 城中村改造政策支持范围扩至近 300 个地级及以上城市. https://www.mohurd.gov.cn/xinwen/gzdt/art/2024/art_4ea19c13fc934d1c8f4c5b74c94b2348.html，2024-11-29.

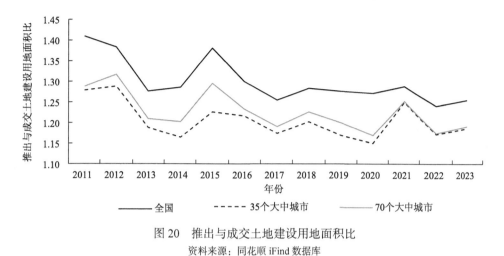

图 20　推出与成交土地建设用地面积比

资料来源：同花顺 iFind 数据库

（二）房地产市场走势预测

基于以上分析可知，现阶段房地产市场已具备止降回稳的供需条件，2024 年第四季度市场下行趋势逐步放缓，但要真正实现止降回稳仍面临一定挑战。在影响因素分析的基础上，本节运用综合集成模型对 2025 年房地产开发投资与商品房销售变量进行预测。

在供给层面，展望 2024 年第四季度，房屋新开工面积及施工面积同比下降趋势仍将延续，建筑工程投资整体处于低位，土地购置持续下降，房地产开发投资仍将呈现下行趋势。2024 年第三季度以来，国家出台了一系列稳地产政策，不仅有助于提振市场信心，也将对改善房地产企业资金状况起到一定的作用。整体来看，国房景气指数虽然同比下降，但受上述一系列利好政策影响，市场下行压力有所减缓。随着购房者信心逐步恢复以及房地产企业融资环境改善，2024 年第四季度房地产开发投资额同比降幅可能会有所收窄，预计全年房地产开发投资同比下降 9.0% 到 10.2%。面向 2025 年，在基准情景下，预计供给侧下行压力有望缓解，全年房地产开发投资额同比降幅收窄至 5.1%～8.1%。在悲观情景下，商品房销售端去库存不充分，资金供给渠道未能如预期般畅通，预计全年房地产开发投资额将呈现持续下行趋势，同比下跌 10.0%～12.0%。在乐观情景下，市场信心大幅改善，房地产企业资金状况明显好转，全年房地产开发投资额也可能回升。

在需求层面，居民购房政策不断优化，向市场持续释放积极信号。但是，由于房地产市场此轮下行周期相对较长，居民预期仍未明显改善，市场信心仍需进一步提振，导致政策效果在短期内尚未集中显现，房地产企业存量商品房"去库存"压力仍较大。由此，预计商品房销售仍将呈现一定下行态势，随着政策效果逐渐显现，商品房销售降幅有望收窄，市场逐步止降回稳。预计 2024 年商品房销售面积同比下跌 12.7%～16.7%。面向 2025 年，在基准情景下，居民预期逐步好转，存量商品房收储逐步落实，预计全年商品房销售面积同比下降 7.0%～11.0%，商品房销售价格同比小幅下降或持平。在悲观情景下，政策执行成效未达预期，居民预期未见好转，预计全年商品房销售面积同比下降 12.0%～16.0%，商品房销售价格同比下降 3.0%～5.0%。在乐观情景下，居民预期明显好转，存量商品房收储加速落地，预计商品房销售面积将同比持平，或小幅下跌 2.0%～5.0%，商品房销售价格同比小幅增长。

三、房地产调控政策建议

（一）紧抓各项"稳市场"政策的落地落实，继续深化因城施策，切实做好"去库存"和"保交房"工作

建立政策成效评估机制，实行常态化的政策实施监督评估，厘清政策执行堵点与难点，及时查漏补缺，落实好相关责任主体，抓好各项稳定房地产市场政策的落地落实，及时研判市场形势与政策效果，据此持续调整优化各项政策。鉴于当前市场的区域分化态势，需进一步深化因城施策，引导各地结合供需基本面和长短期市场特征精准实施差别化调控政策。对人口净流入的大中城市，引导当地加快健全房地产融资协调机制，落实好"白名单"制度，解决好房地产融资困难与问题，全力支持应续建项目融资和竣工交付，切实做好新房交付工作，降低居民购房顾虑。尽快研究制定土地收储与存量房收储实施细则，如退换地流程、跨地区置换、规划调整条件等，加快推进已建成未销售商品房等消化存量的政策较快落地，助力市场"去库存"，改善房地产企业现金流，化解行业流动性风险。对人口净流出的中小城市，以住房需求为导向优化供给结构，夯实住房市场平稳运行的供需基础，同时做好市场监测预警，有效防范化解当地房地产市场风险。

（二）持续优化住房需求支持政策，不断完善个人住房贷款利率决定机制，进一步降低居民住房消费负担

逐步全面退出住房限制性政策，继续降低居民购房门槛和成本。持续深化个人住房贷款利率决定机制的市场化改革，进一步降低实际的房贷利率水平，包括存量公积金贷款利率，引导金融机构继续加大对住房刚性需求与改善性需求的融资支持，减少居民购房利息支出，降低居民住房消费负担，促进购房需求与消费需求释放。

（三）实时监测房地产公众预期变化，积极引导预期改善，提振市场信心

预期是影响房地产市场能否止降回稳的最主要因素之一。建议借助大模型等新兴技

术，建立多源大数据驱动的公众预期实时监测体系，持续关注公众预期变化，厘清影响公众预期走向的关键因素，并据此建立负面舆情的有效应对策略体系。综合运用书面沟通与口头沟通相结合、线上渠道与线下渠道相结合等多元化的传播方式，及时对最新出台政策、公众密切关注的关键问题等进行权威解读与重点剖析，加强与政策执行成效相关的信息披露，有针对性地引导居民预期逐步改善，提振市场信心。

2024 年中国物流业发展回顾与 2025 年展望[①]

刘伟华　冯耕中　张建强　孙昕竹　庞凯睿　汪寿阳

报告摘要： 2024 年我国国内经济恢复态势良好，经济增速提速，物流行业发展趋势积极回升。物流行业主要的相关发展衡量指标稳中有升，1～10 月，中国物流业景气指数（logistics prosperity index，LPI）大部分位于荣枯线（50%）之上。数据显示，2024 年我国的物流活跃性较高。从社会物流总额来看，前三季度，全国社会物流总额为 258.2 万亿元，较 2023 年同比增长 5.6%，增速较为可观，但与 GDP 相比，全国社会物流总额增速低于 GDP 增速 1.1 个百分点，表现为物流行业运行增速慢于国民经济增长，但相较于 2023 年已有明显提升。

2025 年，中国物流业将在宏观经济复苏、科技赋能、政策支持和全社会新质生产力发展的共同作用下，进入稳步发展的新阶段。全球经济复苏带动物流需求增长，中国数字化、智能化进程加速，新质生产力推动产业链上下游协同与资源优化，在提升效率的同时催生新模式与新业态。政策支持和监管优化促进行业规模化、标准化发展，冷链与跨境物流等细分领域竞争加剧。国际市场变化及"一带一路"倡议推动物流企业"走出去"，我国物流企业逐步融入全球供应链并提升跨国服务能力。与此同时，在"双碳"目标的引导下，绿色物流加速转型，低碳环保方案逐渐成为主流。在多重因素驱动下，中国物流业将继续保持增长，向更高效、更绿色、更具全球竞争力的方向迈进。在此背景下，我们基于指数平滑预测模型得出，2025 年，在对物流行业运行情况持中性发展态度的前提下，我国经济将表现出持续恢复、转型升级的态势，物流行业需求结构和质量将同步提升。从总体形势来看，预计 2025 年全年物流行业平均 LPI 约为 51.33%，保持在景气运行区间。我国物流市场内需将保持扩大态势，但固定资产投资增速趋缓，全国社会物流总额将有望突破 340 万亿元。社会物流总费用占 GDP 比例预计为 14.20%，比 2023 年降低 0.2 个百分点，物流行业降本增效取得一定成效。

针对 2025 年物流业发展提出以下政策建议：要进一步引导企业发展新质生产力，加快供应链智能化变革；加速现代物流强国建设，推进物流提质增效降本；加强物流业发展的区域性和行业性平衡，推动物流业多领域协同发展；加大企业出海政策的支持力度，

① 本报告受国家社会科学基金重大项目（22&ZD139）、国家社会科学基金哲学社会科学领军人才项目（24VRC060）资助。

作者简介：刘伟华博士，天津大学管理与经济学部教授；冯耕中博士，西安交通大学管理学院教授；张建强为天津大学管理与经济学部博士生；孙昕竹、庞凯睿为天津大学管理与经济学部硕士生；汪寿阳博士，中国科学院数学与系统科学研究院预测科学研究中心研究员。

助力物流产业向国际化部署；深化我国在国际物流标准上的参与力度，推动标准落地企业实操行动。

一、2024 年中国物流业发展回顾

（一）物流业总体形势分析

1. 物流需求企稳回升，重点领域的支撑作用凸显

2024 年，随着国家一系列稳增长、促民生、提信心政策的深入落实，物流需求呈现出企稳回升的良好态势。从 LPI 来看（图 1），尽管年初有所波动，但整体呈现出稳步增长的趋势，显示出物流行业的强大韧性和内生动力。重点领域的支撑作用在物流需求企稳回升中凸显。工业、进口、民生消费等领域的物流需求稳步扩大，成为拉动物流行业增长的重要力量。供应链上下游需求趋稳，带动了物流需求的有序回升。同时，随着国家宏观调控政策措施的密集出台，物流行业主要指标同步回稳，社会物流总额增速回升，为物流行业的持续健康发展奠定了坚实基础。

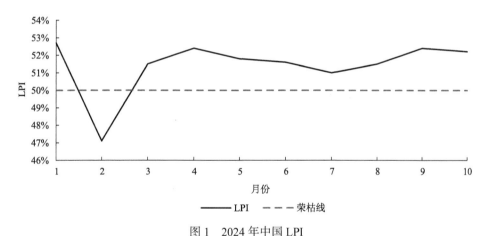

图 1　2024 年中国 LPI

资料来源：中国物流信息中心（http://www.clic.org.cn/），整理获得

从 2024 年的 LPI 月度数据来看，1 月 LPI 为 52.70%，高于荣枯线，2 月下降至 47.10%，低于荣枯线。原因在于年初市场活动尚未完全恢复，以及可能受季节性因素影响。从 3 月开始，LPI 逐渐回升，4 月已达到 52.40%，这表明物流业活动开始加速。5～9 月，LPI 在 51.50% 至 52.40% 之间波动，整体保持稳定，且均高于荣枯线。保持了较为稳健的增长态势。其中，受到政府一系列稳增长、促民生、提信心政策的影响，消费者潜力得到有效释放，经济韧性增长态势逐渐稳固，内生动力不断增强。进入 10 月后，LPI 虽略有下降，但仍保持在 52.21% 的较高水平。

从 2015 年至 2024 年的 LPI 数据来看（图 2），该指数在过去几年中呈现出一定的波动性。2021 年，LPI 有所回升，达到 53.36%，但随后在 2022 年再次下降至 48.58%，为近年来最低点。此外，2023 年至 2025 年，LPI 保持稳定，维持在 51.33% 至 51.90% 之间，波动较小，物流需求企稳回升，该变化得益于多重因素的共同作用。政策层面，政府推出的稳增长、促民生系列措施，有效激发了消费活力，为经济韧性增长提供了坚实基础，并间接促进了物流需求的回升。例如，政府优化了鲜活农产品运输的"绿色通道"政策，简化了车辆查验流程，保障了农产品物流的顺畅。同时，支持新能源商品汽车铁路运输的政策也降低了物流成本，进一步推动了物流行业的发展。产业升级方面，科技创新和数字经济建设的加速推进，催生了众多新质生产力，其中智能制造业的崛起尤为显著。智能无人飞行器、智能车载设备等行业的快速发展，不仅提高了物流效率，还拓展了物流服务的范围。以智能无人飞行器为例，其速度快、载重大、航程远的特点，使物流时间大幅缩短，同时，偏远地区的物流难题也得到了有效解决。这些技术的应用，不仅降低了物流成本，还为物流行业带来了新的发展机遇。市场需求方面，随着经济的逐步复苏，市场需求逐渐回暖。特别是在电商、实体零售等领域的深度融合下，城市配送、即时配送业务呈现出快速增长的态势，进一步拉动了物流需求。消费者对高效、便捷物流服务的需求日益增加，推动了物流行业的持续创新和发展。

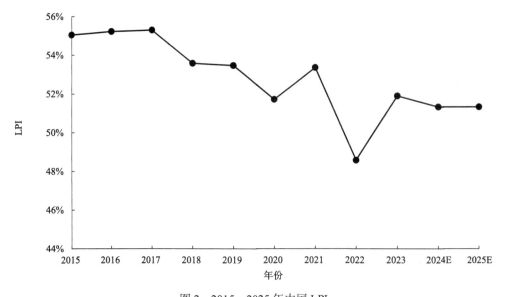

图 2　2015～2025 年中国 LPI

资料来源：中国物流信息中心（http://www.clic.org.cn/），整理获得

在物流需求整体呈现企稳回升的态势下，一些重点领域的支撑作用尤为显著。这些重点领域通常具有高度的市场活力和增长潜力，如智能制造、电子商务、冷链物流等。它们不仅推动了物流需求的快速增长，还带动了整个物流行业的转型升级。具体来说，智能制造领域对高效、精准的物流服务需求日益增加，推动了物流技术的不断创新和服务模式的优化；电子商务的蓬勃发展促进了物流网络的完善和配送效率的提升；而冷链

物流的发展则满足了人们对食品安全和品质的高要求，进一步拓展了物流服务的范围。这些重点领域的快速发展，不仅为物流行业带来了新的增长点，也为经济的持续健康发展提供了有力支撑。

2. 物流运行质效改善，全社会物流成本有效降低

2024 年，中国物流业在复杂多变的经济环境中，通过一系列的政策调整和技术创新，实现了物流运行质效的显著改善，全社会物流成本得到有效降低，2015～2024 年社会物流总费用如图 3 所示。2015～2023 年，社会物流总费用逐年增加，但 2024 年首次出现下降的趋势。2022 年我国社会物流总费用为 17.8 万亿元，2023 年，社会物流总费用上升至 18.2 万亿元。2024 年的全年数据尚未发布，但从前三季度的数据来看，社会物流总费用为 13.4 万亿元，占 GDP 的比重为 14.1%，经预测可知全年社会物流总费用为 18.09 万亿元，显示出较上年下降的趋势。

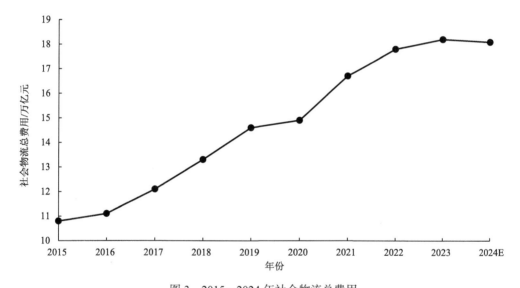

图 3 2015～2024 年社会物流总费用

资料来源：中国物流信息中心（http://www.clic.org.cn/），整理获得

此外，在中央各个部门的政策推动下，我国物流行业在降低物流成本方面取得了显著进展。一方面，物流企业通过创新服务模式，如提供定制化、一体化的物流服务，精准对接客户需求，有效提升了服务质量和效率，从而在源头上减少了不必要的成本开支。另一方面，在技术创新的推动下，物流行业的智能化、自动化水平不断提高。物联网、大数据、人工智能等先进技术的应用，使物流行业的运营效率大幅提升，成本有效降低。例如，智能仓储系统能够实现货物的自动化分拣、存储和出库，大大提高了仓储效率；智能运输系统则能够优化运输路线和运输方式，降低运输成本。此外，政府出台了一系列政策措施，致力于优化物流网络布局、提升基础设施建设水平，并加强物流信息化和智能化建设，这些举措为物流行业的降本增效提供了有力支撑。同时，政府还积极推动

物流行业的绿色发展，鼓励企业采用环保、节能的物流设备和技术，这不仅有助于降低物流成本，还减少了物流对环境的影响，实现了经济效益与环境效益的双赢。

3. 物流行业基本面稳定向好，新兴领域加速发展

2024年，中国物流行业基本面保持稳定向好，新兴领域更是呈现出加速发展的态势。从行业整体来看，物流行业的市场规模持续扩大，运营效率不断提高。随着电商、智能制造等新兴产业的快速发展，物流需求不断增长，推动了物流行业的快速发展。同时，物流行业的竞争格局也在不断变化，一些具有创新能力和竞争力的企业开始崭露头角，成为行业的新星。在2023年和2024年LPI对比图中（图4），这两年的指数变化呈现出一定的季节性波动。2023年，LPI从年初的44.70%波动上升到年末的53.50%，显示出物流行业在这一年中逐步复苏并趋于稳定的态势。而到了2024年，虽然整体指数略有下降，但波动幅度相对较小，显示出物流行业在经历了一段时间的快速发展后，开始进入平稳发展阶段。

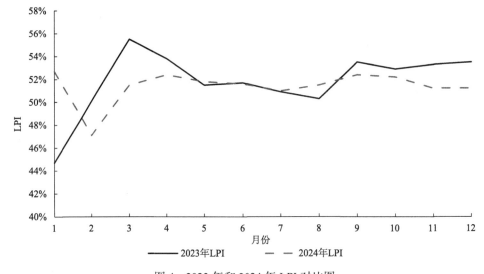

图4 2023年和2024年LPI对比图
资料来源：中国物流信息中心（http://www.clic.org.cn/），整理获得
2024年12月为预测值

在新兴领域方面，冷链物流、跨境电商物流等成为物流行业发展的新亮点。随着消费者对食品安全的重视程度不断提高，冷链物流的需求不断增长。据调查，2024年上半年，我国冷链物流总额为3.22万亿元，同比增长3.9%。冷链物流量为2.2亿吨，同比增长4.4%。此外，2024年上半年冷链物流总收入为2779亿元，同比增长3.4%。因此，一些物流企业开始积极布局冷链物流领域，通过优化冷链物流网络、提升冷链物流技术等手段，提高冷链物流的效率和品质。例如，华鼎冷链科技在2024年计划进一步扩大冷链物流网络，提升服务质量和效率，并将重点放在全国化拓展和数字化赋能上。同时，依托自主研发的华鼎云SaaS（software as a service，软件即服务）平台，实现冷链物流的全

链条、全过程可视化监控与管理，为餐饮等行业的客户提供定制化、专业化的冷链物流解决方案，助力其提升市场竞争力，实现共赢发展。同时，跨境电商的快速发展也推动了跨境电商物流的发展。物流企业通过加强与国际物流企业的合作，完善了跨境电商物流体系，提高了跨境电商物流的效率和安全性。此外，物流行业还在积极探索智慧物流、绿色物流等新兴领域。智慧物流通过应用物联网、大数据等先进技术，实现了物流信息的实时监控和智能调度，提高了物流的效率和准确性。绿色物流则通过采用环保、节能的物流设备和技术，降低了物流对环境的影响，推动了物流行业的可持续发展。

4. 物流主体活力显著增强，物流业收入平稳增长

物流主体活力显著增强，物流业收入平稳增长，成为 2024 年以来我国经济发展的一大亮点。在交通物流基础设施建设不断取得新进展的背景下，各类物流主体展现出前所未有的活力，推动了物流业的稳健增长。

首先，物流主体活力显著增强，物流企业在新的市场环境下展现出蓬勃的发展态势。根据国务院国有资产监督管理委员会发布的 2024 年中央企业采购与供应链管理对标评估结果，共有 25 家中央企业荣获 A 级评价，且众多物流企业在服务质量、运营效率、技术创新等方面均取得显著提升。通过不断优化物流网络、提升信息化水平、加强供应链协同管理，物流企业正逐步向智能化、绿色化转型。例如，安得智联作为专业的供应链（物流）科技企业，近年来在汽车物流领域取得了显著成就，成为行业内的领军企业之一。在 2024 汽车物流行业年会上，安得智联凭借独具特色的汽车行业供应链创新解决方案，获评"2024 年度汽车物流行业优秀创新案例"。安得智联之所以能够在众多物流企业中脱颖而出，主要得益于其在服务质量、运营效率和技术创新等方面的卓越表现。公司坚持以科技创新引领智慧物流发展，在多年的实践中沉淀出"1+3"供应链服务模型，为汽车企业提供端到端、全链路的供应链服务。

此外，随着地方政府专项债中交通基础设施部分的占比稳步增长，2024 年 1～7 月，交通运输、仓储和邮政业的固定资产投资实现了 8.2% 的同比增长，为物流主体提供了更加坚实的基础；航空运输业作为物流领域的重要一环，其投资增长尤为迅猛，增速达到了 25.5%，展现出强大的复苏势头。上海浦东国际机场、鄂州花湖国际机场等多家机场的货运航班量持续攀升，国内国际货运航班均保持高位运行，为物流主体的高效运作提供了有力保障。与此同时，铁路运输业也展现出不俗的表现，2024 年 1～8 月全国铁路完成固定资产投资 4320 亿元，同比增长 7.2%，主要货运通道在应对极端天气方面发挥了重要作用，确保了物流的稳定畅通。此外，农村电商物流市场也展现出巨大潜力。2024 年以来，我国县、乡（镇）、村三级电子商务服务体系不断完善，农村电商服务站（点）和邮政快递企业的服务网络不断向农村延伸，不仅方便了群众生活，还推动了农村电商物流市场的快速发展。2024 年 7 月，电商物流总业务量指数和农村电商物流业务量指数均维持在较高水平，分别为 130.2 点和 129.5 点。同时，电商物流的服务质量和时效性也得到了显著改善，满意率指数连续 5 个月回升。在这一系列积极因素的推动下，物流业收入实现了平稳增长，近十年物流业收入如图 5 所示。各类物流主体通过优化资源配置、提升服务质量、加强技术创新等手段，不断提高自身的竞争力和盈利能力。此外，电商物流的服务质量和时效性显著改善，满意率指数连续回升，进一步增强了物流主体的市场活力和发展信心。

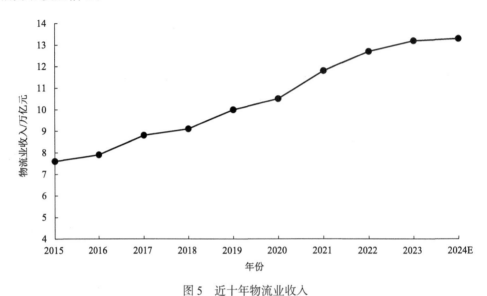

图 5　近十年物流业收入

资料来源：中国物流信息中心（http://www.clic.org.cn/），整理获得

（二）物流市场运行特征分析

1. 物流供需改善，服务价格缓中趋稳

2024 年，我国物流行业在全球化与数字化的双重驱动下，展现出强劲的发展势头。随着电商的持续繁荣、全球贸易的稳步增长以及城市化进程的加速推进，物流需求呈现出多元化、个性化的特点，为物流行业的发展提供了广阔的空间。中国物流与采购联合会发布的数据显示，2024 年上半年，我国物流行业总体保持平稳增长态势。全国社会物流总额达到 167.4 万亿元，同比增长 5.8%。其中，工业品物流总额同比增长 5.8%，高技术制造业更是实现了 8.7% 的快速增长。这一数据充分表明，产业升级对物流需求的拉动作用日益显著，物流行业正成为推动国民经济发展的重要力量。在民生消费领域，直播电商的崛起进一步拉动了网上零售物流需求的增长。据统计，2024 年上半年，我国实物商品网上零售额同比增长 8.8%。表明越来越多的消费者选择在线购物，对物流服务的速度和质量提出了更高的要求。为了满足这一需求，物流企业纷纷加强信息化、智能化建设，提高物流效率和服务质量。与此同时，物流行业的供应端也在不断优化。物流企业通过引入先进的技术和设备，提升仓储、分拣、配送等环节的自动化水平，降低了运营成本，提高了服务效率。此外，物流企业还加强了对供应链的协同管理，实现了从采购、生产到销售的全程可视化、可追溯，进一步提升了物流服务的可靠性和安全性。

在供需关系不断改善的背景下，物流服务价格呈现出缓中趋稳的趋势。一方面，物流需求的增长推动了物流服务价格的上涨；另一方面，物流企业的规模化、集约化经营以及技术创新又在一定程度上降低了运营成本，对物流服务价格产生了下行压力。因此，在多重因素的共同作用下，物流服务价格保持相对稳定。其中，绿色物流的发展也为物流服务价格的稳定提供了有力支撑。2024 年，我国物流行业积极响应国家关于绿色发展的号召，通过采用环保材料、优化运输路线、提高能源利用效率等措施降低物流活动的环境影响。这些举措不仅有助于物流企业履行社会责任，还能够在一定程度上降低运营成本，从而对物流服务价格产生积极影响。

2. 我国产业链外迁转移加速，国际物流市场格局变化明显

近年来，我国产业链外迁的趋势显著加速，特别是在中美经贸摩擦和国内要素成本上升的双重压力下，许多国内企业为了降低成本和寻求更广阔的市场，纷纷将生产线转移至东南亚和中东地区。海关统计数据显示，2024 年前 8 个月，我国对共建"一带一路"国家的进出口总额达到 13.48 万亿元，同比增长 7%。其中，对东盟的进出口额为 4.5 万亿元，同比增长 10%，占我国同期进出口总值的 15.7%。这一数据不仅反映了我国与东盟经贸合作的紧密程度，也凸显了产业链外迁对贸易流向的深刻影响。此外，我国与东盟在贸易、投资、金融等领域的深度合作，为双方经济发展注入了新动力，尤其是在电动车等新兴产业领域的合作前景广阔。

随着制造业订单的转移，国际物流市场也发生了深刻变革。原本依赖我国生产的商品现在更多地从东南亚等地区出口，导致我国出口物流量减少。同时，由于某些国家和地区新崛起的制造中心距离欧美消费市场更近，进口物流流向也发生了变化，进一步加剧了国际物流市场的变革。这一变革不仅影响了我国的物流业发展，也对全球物流市场产生了深远影响。东南亚物流市场因此迎来了前所未有的发展机遇，以印度尼西亚为例，该国凭借丰富的自然资源和低廉的劳动力成本，吸引了大量制造业企业入驻。随着这些企业的生产规模不断扩大，对物流服务的需求也急剧增长。印度尼西亚政府也积极推动物流基础设施的建设，提高物流效率，以满足日益增长的市场需求。因此，面对产业链外迁和国际物流市场变革的趋势，中国既面临着挑战，也孕育着新的发展机遇。这一趋势要求中国积极应对，加强与国际社会的合作，同时，中国也应抓住机遇，推动国内产业升级和创新发展，培育新的经济增长点。

3. 绿色发展趋势凸显，新能源驱动物流产业变革加速

随着全球环保意识的增强和政策驱动，绿色发展趋势在物流行业越发凸显。通过新能源技术的应用和绿色物流实践，物流产业正在经历深刻的变革，这一转型不仅有助于降低碳排放，推动可持续发展，还为物流企业带来了新的竞争优势和市场机遇。新能源物流车现阶段的应用市场主要是城市货运，包含电商物流、快递配送、城市配送等，多家电商物流、快递配送、城市配送企业开始逐步用新能源物流车替代传统燃油车。在政策的大力扶持下，新能源物流车销量增长尤为迅速，成为新能源汽车发展的一大亮点。2024 年上半年国内新能源商用车累计销售 19.3 万辆（不含物流重型卡车和皮卡），同比

2023 年上半年的 9.18 万销量翻倍增长 110.2%，增速比商用车大盘高 105.3 个百分点，占据商用车市场 9.33% 的份额，占比同比增加了 4.67 个百分点，说明 2024 年上半年新能源物流车在商用车大盘中的权重明显增加。物流行业是新能源应用的一个重要领域，传统的重型卡车和工程机械，如挖掘机和装载机等，都将向新能源转型。由于物流和工程应用场景相对稳定，如从矿区到客户端的运输，这些场景更容易实现无人化操作，新能源商用车如重型卡车，其利用率可以提高到 90% 以上，能够实现每天工作 20 小时以上，同时部分无人驾驶新能源车可用于隧道挖掘和煤矿开采等业务。

车联网也是绿色物流与新能源的发展方向。近年来，随着智能交通与智慧城市建设的深入实施，多地已出台相关政策支持无人配送车上路测试。例如，2024 年 4 月《商务部办公厅关于实施数字消费提升行动的通知》发布，鼓励即时电商平台和即时配送企业在保障安全的前提下，探索开展无人商业配送。截至目前，全国几十个城市已开放大容量快递无人车的行驶权限。无人车拥有"上路权"的空间越来越大，快递企业密集官宣无人车应用，市场快速增长。据头豹研究院预计，2028 年市场规模将达 14.492 亿元，年均复合增长率高达 67.8%。至 2030 年，中国将实现智能网联汽车大规模应用，L4（高度自动驾驶）和 L5（完全自动驾驶）级别车辆占比达 20%。车联网技术的广泛应用，不仅为新能源车辆的广泛应用和普及提供了技术保障和支持，也推动了物流行业的绿色转型和可持续发展。

（三）物流行业热点问题分析

1. 新质生产力加快建设，无人化替代步伐加快推进

在 2024 年，中国物流业的发展呈现出蓬勃的生机与活力，其中新质生产力的加速建设与物流操作无人化的加快推进尤为引人注目。新质生产力的加快建设体现在物流行业的数字化、智能化、无人化和绿色化转型上。随着大数据、云计算、人工智能等技术的广泛应用，物流行业的运营效率得到了显著提升。例如，根据货拉拉平台数据，截至 2024 年 6 月，货拉拉业务范围覆盖全球 11 个市场，其中中国（不包括港澳台地区）总共覆盖 363 座城市，月活司机 100 万人，月活用户 1350 万人。2024 年 1~6 月，货拉拉平台促成的已完成订单超过 3.379 亿笔，这意味着，平台一天匹配 186 万笔订单，一小时配对 77 358 笔订单。货拉拉等平台企业利用算法和人工智能技术，实现了"人、车、货、路"的精准匹配，大幅提高了货运效率。同时，新能源货车的普及也推动了物流行业的绿色化发展，减少了碳排放，提高了环保效益。

物流操作无人化的步伐受新质生产力的驱动，其加快推进表现在物流基础设施的不断改善和物流人机结合的持续优化。2024 年，中国物流行业在无人化替代领域持续突破，智能化、自动化与绿色化加速融合，推动行业效率与服务模式的全面升级。无人仓储技术显著扩展，顺丰、京东等企业率先采用柔性自动分拣系统与物流机器人，实现了仓储作业的高效处理与成本节约。在城市物流配送中，自动配送车（autonomous delivery vehicles）逐步商业化，在杭州、合肥等城市陆续投入实际运营，其智能路径规划和全天候运行能力有效提升了城市物流效率。无人机配送也在偏远地区和特殊场景崭露头角，与地面无人车形成协同，扩大了物流服务覆盖范围。此外，人机协作技术也取得了显著发展。随着生成式人工智能、大型语言模型的兴起，机器人能够理解并响应自然语言指令，极大地提升了人机交互的自然性和效率。在智能制造领域，人形机器人已在汽车制造、3C 产品［计算机（computer）类、通信（communication）类和消费（consumer）类电子产品］制造等行业展现出强大应用能力，承担分拣、检测、搬运等多种任务，有效提升了生产效率并降低了人工成本。例如，2024 年 11 月特斯拉推出的人形机器人 Optimus（擎天柱），已具备分拣电池、自主行走及执行工厂任务的能力。而傅利叶智能在 2024 年 10 月推出的 GR-2 通用人形机器人，不仅具备高度仿生的行走能力，还能结合认知智能与人协同完成任务，展现了具身智能（embodied intelligence）的巨大潜力。总体而言，无人化替代不仅提高了中国物流行业的整体竞争力，还为全球化物流网络建设奠定了技术和模式创新的坚实基础。

2. 物流业制造业两业融合持续深化，助力全社会物流降本增效

2024 年，物流业与制造业的深度融合显著提速，这不仅得益于国家政策的有力推动，更是市场需求与企业协同创新的结果。随着 2024 年 5 月工业和信息化部办公厅、交通运输部办公厅、商务部办公厅联合印发《制造业企业供应链管理水平提升指南（试行）》，物流业与制造业的融合进入了新的发展阶段。这一政策指导文件的印发，旨在推动两业深度融合，提高制造业供应链管理水平，实现全社会物流降本增效。在这一背景下，众多制造企业和物流企业携手合作，共同探索高效、协同、绿色的供应链管理模式，取得了显著成效。其中，一些企业的合作尤为突出，成为行业内的典范。例如，安得智联与制造业企业的合作就展现了物流业与制造业深度融合的巨大潜力。安得智联凭借其在智慧物流领域的深厚积累，为众多制造业企业提供了端到端的数智化供应链解决方案。特别是在"一盘货"统仓统配解决方案上，安得智联通过建立共享仓，实现了库存的高效共享与快速周转，助力客户实现全渠道运营。这一方案不仅降低了制造业企业的物流成本，还提高了供应链的灵活性和响应速度，为制造业企业的提质增效提供了有力支撑。

同时，在业务流程优化和技术应用上，物流自动化、数字化、智能化程度不断加深。以小米集团为例，其在智能硬件生产基地引入物流机器人和自动分拣设备，通过 AGV（automated guided vehicle，自动导引车）系统对厂内物料进行智能配送，减少人工干预，提高出库与配送效率。同时，为助力"碳达峰、碳中和"，海尔集团携手中通快递启动了"绿色物流计划"，通过优化物流网络布局、引入新能源车辆以及碳足迹管理系统，实现供应链全流程碳减排，预计全年减少超过 10 万吨二氧化碳排放。通过这些真实案例可以看出，物流业与制造业的融合正从政策驱动转向市场自发推动，未来的深度融合将持续推动我国经济高质量发展。基于此，在降本增效方面，物流业与制造业的融合也取得了显著成效。通过优化物流流程、提高物流效率、降低物流成本等措施，全社会物流总费用与 GDP 的比例有所下降。这不仅减轻了企业的负担，还提高了物流行业的整体盈利水平。随着全球化和电子商务的快速发展，物流业将继续保持增长态势。同时，物流业与制造业的深度融合也将成为行业发展的重要趋势。通过不断创新和提升服务质量，物流业将为制造业提供更加高效、便捷、优质的物流服务，共同推动中国经济的高质量发展。

3. 走出去步伐不断加快，中国物流加速布局海外市场

2024 年，中国物流业的海外布局步伐显著加快，成为行业发展的又一热点。在全球化与数字化的双重驱动下，中国物流企业正以前所未有的速度出海，探索更广阔的市场空间。

国家政策的大力支持为物流企业的海外扩张提供了有力保障。例如，2024 年中国政府着力构建全球互联互通伙伴关系，不仅为物流业的海外投资提供税收优惠，还加大了对共建"一带一路"国家基础设施建设的支持力度。这些措施不仅拓展了中国物流企业在新兴市场的投资机会，还促进了跨境物流成为物流行业的战略增长点。政策的加码推动了企业在海外的布局。例如，2024 年中国远洋海运集团有限公司通过收购欧洲某大型港口运营公司，进一步巩固其在欧洲市场的竞争优势。

与此同时，跨境电商规模的持续高速增长，也为物流企业的全球扩张提供了强有力的推动力。尤其是在 2024 年，中国的跨境电商平台通过整合"海外仓+智慧物流"的服务模式，有效提升了物流效率和服务质量。为了应对全球范围内日益增长的电商需求，顺丰国际在 2024 年宣布将新增 50 个海外仓，并引入自动化分拣技术和无人配送系统，以提高"最后一公里"配送效率，确保商品能够在最短时间内送达消费者手中。这一系列措施使中国物流企业在国际市场上具备了更强的竞争力和服务优势。

4. 经济社会发展全面绿色转型，物流产业加速可持续发展

绿色转型正引领物流行业迈向可持续发展之路。面对全球气候变化和资源环境约束的双重挑战，物流企业纷纷将可持续发展理念融入战略核心，采取了一系列绿色行动，如引入新能源车辆、优化运输路径、推广包装材料的循环利用等，以实际行动践行绿色物流。政府的积极引导、政策扶持以及消费者日益增强的环保意识，共同为绿色物流的发展营造了良好的外部环境。例如，在 2024 年，菜鸟智能物流控股有限公司（以下简称菜鸟）作为全球物流行业的领导者，其持续深化绿色物流战略，并采取了一系列创新措施来推动整个物流行业的绿色转型。菜鸟在包装材料的使用上采取了多项创新措施，通过引入装箱算法和原箱发货等策略，有效减少了包装材料的使用量。据统计，在 2024 财年，菜鸟共计减少了 10.1 万吨包装材料的使用。此外，菜鸟还积极推广循环箱的使用，这些循环箱可以重复使用 50 次，逐步替代了传统的纸箱。为了降低运输环节的碳排放，菜鸟在运输车辆上进行了革新，引入了新能源车辆，并在城市配送中广泛使用。

此外，自 2024 年 7 月起，一系列政策如《关于加力支持大规模设备更新和消费品以旧换新的若干措施》《国务院关于促进服务消费高质量发展的意见》相继出台，推动了煤炭、石油、电力等行业的大规模设备更新，相关设备和生产工具的购置投入同比增长17.0%。这一趋势不仅促进了物流需求的恢复，还因促销政策的实施，加速了线下零售活动的复苏以及促进了物流产业的可持续发展。

二、2025 年中国物流业发展预测

（一）物流业总体经济形势预测分析

1. 宏观经济复苏势头增强，物流行业有望稳中有升

2025 年，我国宏观经济复苏势头将进一步增强，内生动力将继续发挥重要作用，国内大循环也将更加畅通。具体表现为以下两个方面：一是我国宏观经济复苏的势头仍将继续，主要经济指标持续向好。预计 2025 年 GDP、规模以上工业增加值、服务业生产指数、固定资产投资等核心指标将保持良好表现，国民经济有望在 2024 年的基础上继续提升。特别是在消费和投资的带动下，一、二、三季度 GDP 增速预计分别达到 5.1%、4.9%、4.7%。因此，按照当前的经济趋势，2025 年我国宏观经济将继续保持稳定增长。二是政策组合拳更具针对性，有望维稳经济增长在合理区间。2025 年是"十四五"规划的收官之年，也是"十五五"规划的谋划之年，预计 2025 年，经济回升向好的态势将得以巩固，积极因素将增多，但特朗普当选美国总统后，其政策动向对中国经济产生影响，经济运行仍将面临日益复杂的外部环境，困难挑战和不确定性依然存在，为应对外部风险，预计将采取针对性较强的政策组合。

综合来看，我国物流市场在 2025 年仍将保持较强的弹性、韧性并有望稳中有升，物流业提质降本的成效将进一步显现。在政策推动下，经济彰显积极信号，但与此同时，也要看到面临的风险挑战。首先，全球经济形势仍然复杂多变，外部不确定性因素较多，国际市场需求波动可能对我国物流需求产生影响。其次，国内经济结构调整过程中，部分传统产业的转型升级尚未完全到位，行业需求增长可能存在一定压力。尽管面临上述挑战，但随着政策环境的改善和市场活力的增强，2024 年前三季度全国物流需求企稳回升。如图 6 所示，截至 2024 年 9 月，累计社会物流总额跃升至 258.2 万亿元的历史新高。因此，2025 年我国物流业将继续展现活力，实现持续复苏。

2. 数字化智能化加速发展，产业链协同效应已经显现

随着数字化转型的浪潮不断推进，企业对于充分释放供应链潜力的追求越发迫切。在这一时代背景下，生成式人工智能、数字孪生技术、智能机器人等前沿技术的融入，为物流和供应链的创新与优化开辟了新的可能性。生成式人工智能通过深度分析历史数据与实时运营状态，能够自动识别并优化供应链流程中的瓶颈，显著提升整体运营效率。这一技术不仅仅局限于数据处理，它更是一个智能决策的辅助者。在供应链规划层面，生成式人工智能能够整合不同部门的见解和消费者反馈的分析结果，从而精准改进需求预测。在仓储物流领域，京东通过数字孪生技术与运筹优化、物联网、大数据的深度融合，实现了需求预测的精准化、库存管理的最优化、生产排期的智能化以及物流调度的自动化，全面提升了供应链的运营效率和响应速度。近年来，人机协作技术取得了显著

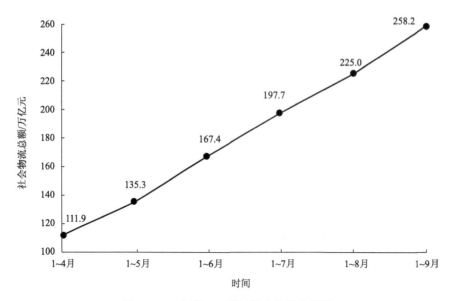

图 6　2024 年前 9 月累计社会物流总额图

资料来源：中国物流信息中心（http://www.clic.org.cn/），整理获得

进展。生成式人工智能、大语言模型（large language model，LLM）的兴起，使机器人能够理解并响应自然语言指令，极大地提升了人机交互的自然性和效率，人形机器人正在全球范围内开启快速发展的新篇章，正加速从实验室走向产业化。在智能制造领域，人形机器人已在汽车制造、3C 产品制造等行业展现出强大应用能力，承担装配检测、搬运等多种任务，有效提升了生产效率并降低了人工成本。

数字化智能化的快速发展不仅推动了企业对供应链潜力的挖掘，也显著增强了产业链的协同效应。数字化技术使供应链各环节的信息高度透明，企业可以实时获取上下游的需求和供给信息，提升协同效率。例如，京东工业通过"太璞"数智供应链解决方案，实现了信息流、商流、物流、资金流四流合一和自动流转，高效链接海量供应商与客户。该方案将全国各地的制造商、分销商及代理商等分散的产业环节整合，建立了"万仓合一、万单合一"的供应网络，实现资源的高效配置。综上所述，2025 年中国物流行业的数字化和智能化将进一步深入，产业链协同效应将更加明显。随着技术的不断进步和应用场景的丰富，数字化智能化将在物流行业发挥越来越重要的作用，推动行业实现新的跨越式发展。

3. 政策环境持续改善，物流业平台整合加速发展

中国政府高度重视物流行业的发展，近年来出台了一系列政策推动物流业高质量发展。这些政策主要包括以下几个方面。一是深化改革，通过完善流通体制和加快物联网发展等措施，降低物流成本，提高效率。例如，2024 年 7 月 18 日通过的《中共中央关于进一步全面深化改革　推进中国式现代化的决定》中提出完善流通体制，健全一体衔接的流通规则和标准。二是绿色转型，推动绿色低碳发展，鼓励物流企业使用清洁能源、减少排放、发展绿色物流。例如，在《国家发展改革委办公厅等关于做好 2024 年降成本重点工作的通知》中，强调完善现代物流体系，调整优化运输结构，实施降低物流成本行动，提高运输组织效率。三是支持数字化转型，支持物流企业利用人工智能、大数据等技术提升智能化水平。例如，国家数据局等 17 部门联合印发的《"数据要素 ×"三年行动计划（2024—2026 年）》有效地促进了数据要素在物流行业的应用。四是推进国际物流建设，优化海外仓布局，加快国际物流体系建设，帮助外贸企业降低成本、提高效率。例如，2024 年政府工作报告中提到"加快国际物流体系建设，打造智慧海关"等措施。

在我国政府持续出台相关政策支持物流行业发展的情况下，依托"互联网+"的物流平台化战略是实现物流行业升级的关键路径之一。例如，中储智运构建物流运力交易共享平台、网络货运平台、数字供应链平台等"三大数字平台"，汇集车辆超 302 万辆、船舶 2.3 万艘，开通 5.4 万条运输线路，形成覆盖我国 32 个省级行政区的货运服务"运力网"。通过构建智能物流网络、实现数据驱动以及建立合作伙伴关系等关键的实践应用，物流企业可以逐步迈向智能化、高效化的发展道路。在当前全球贸易一体化和信息化的背景下，物流企业将充分发挥平台化战略的优势，积极拥抱新技术和创新模式，以适应市场的变化和消费者的需求，推动行业持续升级和发展。未来的降本增效不能只从单一方面入手，而是需要从全链条的视角推动，平台化整合将很好地把物流行业涉及的环节和领域交联互通，解决目前尚存在不同企业、不同部门之间无法实现信息及时、准确互联互通和共享的问题。推动降本增效，要打通运输、仓储、装卸等各个环节的数字壁垒。

4. 细分领域竞争格局激烈，国际关系变局影响加剧

近年来，社会物流总费用不断增长。物流服务细分化的市场分析是理解和把握物流市场发展趋势、制定有效市场策略的基础。例如，在危化运输这个万亿级规模的大赛道中，贵州丰茂供应链管理股份有限公司专攻无机化工这个区域性强、专业度高的细分市场，探索出物贸一体的模式，以数字化、精细化运营为基础，利用智慧管理手段，实现最佳的资源配置和利用，通过"完善的供应链服务+收并购"实现 6 年 20 倍的收入增长。在汽车物流领域，北京兆驰供应链管理有限公司（以下简称兆驰供应链）抓住机遇，转型至新能源汽车领域，如布局锂电池上下游、成立包装公司、布局海外业务并成立合资公司等，与传统重资产运营不同，兆驰供应链没有把精力过多放在管车、管人上面，而是更注重客户服务。目前，兆驰供应链的延伸业务板块利润已大幅超过传统零部件和整车运输业务；在消费品领域，菜鸟裹裹招募家装师，同时负责物流配送。消费者只需约定一个上门服务时间即可。菜鸟裹裹之所以向如此细分的市场发力，无疑综合考量了线上家具家居市场的规模与需求量，破解家具家居市场的电商物流难点仅仅是冰山一角，物流细分化的市场发展仍待挖掘。

国际关系的变化对物流行业产生了深远影响，企业必须在变幻莫测的国际环境中灵活应对。特别是在 2024 年，美国发起针对中国海事、物流和造船业的 301 调查，极大地抑制了中国港口物流发展。此外，由于特朗普重新当选美国总统，考虑到他在前一任期内对中美贸易采取了较强硬的关税政策，对全球航运业和外贸进出口产生了重大影响，他再次当选，可能会进一步采取类似的措施，延续或增加对中国产品的关税。同时包括红海危机、中东冲突和俄乌冲突等，在其上台后可能都会出现转向式的变化，影响航运市场的供需关系。可能导致全球经济的更大混乱，影响全球贸易体系，进而影响海运业。全球贸易的不确定性和紧张局势可能对航运市场产生负面影响。2025 年上述国际关系对中国物流业的影响可能进一步放大，企业应提早做好准备，减轻"牛鞭效应"带来的损失。

（二）物流业运行特征分析

1. "走出去"成为扩展必选项，多数龙头企业涉足国际物流

我国提出的"双循环"新发展格局为现代物流的高质量发展创造了空间。随着产业和消费的升级，统一大市场的建设需要现代物流来畅通国内大循环。更高水平的开放、企业"走出去"步伐加快、建设贸易强国需要现代物流引领国际大循环；内外贸一体化、出口转内销、融入全球市场需要现代物流来衔接国内国际双循环。2024 年 8 月，中国外贸数据展现了令人振奋的增长趋势，这一时期的统计数字不仅打破了部分市场的预期，更开启了中国经济在全球贸易舞台上的新篇章。2024 年前 8 个月，我国货物贸易进出口总额超过 28 万亿元，较上年增长了 6%。其中，出口额超 16 万亿元，涨幅接近 7%；进口额则达到 12 万亿元，增长了 4.7%。在物流企业业务普遍相对低迷的状态下，跨境电商这一具备增长潜力的市场仍持续释放红利，服务跨境电商平台，成为很多中小物流企业参与"出海"的首选，2025 年这一势头可能还将延续。2024 年政府工作报告明确提出"实施降低物流成本行动"，通过减税降费、深化运输体系改革等措施，提高经济运行效率，助力制造业转型升级。同时，报告强调"加快国际物流体系建设"，促进跨境电商等新业态健康发展，优化海外仓布局，推动高质量共建"一带一路"走深走实。

目前多数龙头企业纷纷涉足国际物流。随着全球化的深入发展，越来越多的龙头企业开始涉足国际物流领域，以提升其全球供应链的效率和竞争力。在"双 11"购物节来临之际，京东物流宣布了一系列旨在提升出海品牌和海外客户服务体验的计划。京东物流计划至 2025 年底，全球海外仓面积实现超过 100% 的增长，同时进一步布局建设保税仓和直邮仓。京东物流持续将欧美市场作为重点布局地区，目前已构建了以海外仓为核心的高效协同的供应链网络。在多个国家及地区，京东物流已实现本土最快"1 日达"，极大地提升了物流效率和客户满意度。2024 年 6 月 26 日，中国邮政开通首条洲际航线（南京—卢森堡）。2025 年中国物流行业在"走出去"战略的推动下，将继续积极拓展国际市场，龙头企业通过全球化布局、提供多元化物流服务，不断提升国际竞争力和市场影响力。未来，随着政策支持的深入、技术创新的推进以及国际合作的加强，中国物流企业将在全球物流市场中扮演更加重要的角色，助力全球供应链的优化与发展。

2. 新质生产力促进产业融合，助力物流行业降本增效

新质生产力利用技术创新突破，推动全链条全场景的数字化，有效实现动态实时反馈、高效供需对接和智能化决策，重塑传统物流业运输模式，推动流通供应链向数字化、智慧化高效协同发展。中国物流信息中心 2024 年 10 月发布的数据显示（图 6），2024 年以来，物流运行继续呈现企稳回升态势，前三季度，全国社会物流总额为 258.2 万亿元，同比增长 5.6%。新质生产力赋能下的物流逐步壮大，前三季度高技术制造业物流总额同比增长保持在 9.1% 的较高水平。货运作为物流行业的主力军，正向"新"而行、向"新"而兴，通过创新技术，两秒内即可完成 AR（augmented reality，增强现实）识货，可实现在一小时内配对 77 358 笔货运订单，一天内减少 1726 吨碳排放。在互联网货运时代，以货拉拉等为代表的平台企业正持续加大创新研发力度，通过数字化、智能化、绿色化等手段，加快培育物流领域的新质生产力。我国物流业正从规模扩张转向质量效率提升，亟须发展新质生产力，加强科技创新，培育新产业和新模式，以新质生产力改造传统生产力，满足和创造新需求。通过调整结构和推动改革，降低全社会物流成本，助力我国从物流大国向物流强国迈进。

物流业与制造业、零售业等上下游产业链深度融合，形成了协同发展的生态系统。通过供应链的高度协同，信息流、物流、资金流得以同步优化，显著提升了运营效率和降本增效能力。智能制造工厂与物流中心的无缝对接，使生产计划和物流配送实现无缝衔接，减少了库存积压和物流延误。零售业与物流业深度合作，通过即时配送和前置仓模式，提高了商品上架速度和客户满意度。新质生产力通过数字化转型、智能技术应用、多式联运的发展和基础设施的升级，以及与上下游产业链的协同合作，进一步推动了物流行业的运营效率提升。2024 年美国 MHI（Material Handling Institute，物料搬运协会）年度行业报告预测[①]，高达 84% 的受访者表示计划在未来五年内采用人工智能技术，这一数字无疑彰显了人工智能在供应链领域的巨大潜力和广阔前景。此外，到 2026 年，企业采用人工智能仓库解决方案的比例将超过 60%。生成式人工智能通过学习大量真实数据的分布规律，能够自主生成符合特定标准的新数据，为供应链中数据的顺畅流通提供统一标准和规范，提高数据利用率和效率，从而降低企业运营成本并提升竞争力。未来，随着技术的进一步创新和应用，物流行业将实现更加智能化、绿色化和高效化的发展，为经济高质量发展提供有力支撑。

3. 市场增速放缓，内生动力增强，特色物流加快发展

2024 年前三季度，全国物流需求企稳回升，截至 9 月，社会物流总额跃升至 258.2 万亿元的历史新高，同比增长 5.6%，增速放缓。中国物流与采购联合会指出，当前国内有效需求仍显不足，内生动能仍待增强。物流供需关系有所趋紧，小微物流企业和传统物流行业有效需求不足、盈利水平较低等问题未见明显改善，物流持续稳定运行仍面临

---

① MHI and Deloitte. The 2024 MHI annual industry report: the collaborative supply chain: tech-driven and human-centric[R]. 2024.

一定压力。然而，物流恢复进程与上年同期相比稳定性有所增强，业务活动预期指数仍位于55%左右的高景气区间，企业对市场展望总体良好。大规模设备更新和消费品以旧换新、超长期特别国债等宏观组合政策的有力推进，将持续增强经济回升动力，促进物流业需求回升，物流运行仍有望延续平稳较快的恢复态势。

根据观研报告网发布的报告①，我国跨境电商物流服务行业企业较多，竞争激烈。部分综合型跨境电商物流服务商在出口物流各环节管控能力和物流资源整合运营能力方面具备突出优势，但其市场占有率仍较低。其他企业表现出较强的区域性和专业性，专注于特定区域的业务或特定类型的物流产品，业务规模偏小。整体市场呈现集中度较低、行业参与者众多、市场份额分散的特征，但有集中的趋势。随着国内物流产业的竞争状况日益激烈，第三方物流企业生存空间越来越狭窄。许多企业开始提供针对不同行业和客户需求的定制化物流服务，提升客户满意度。例如，医药物流企业通过定制化的温控运输服务，确保药品和疫苗的安全运输。

4. 绿色物流转型步伐加快，ESG 将成为发展主旋律

"双碳"目标的提出，标志着中国企业全面迈向低碳时代，为企业的高质量发展铺设了坚实的路径。2024 年 5 月，国务院印发《2024—2025 年节能降碳行动方案》，明确提出要推进交通运输装备低碳转型，加快淘汰老旧机动车，提高营运车辆能耗限值准入标准，有序推广新能源中重型货车，发展零排放货运车队。物流运输是物流作业中的重要环节，据统计，我国运输费用占物流环节总成本超 50%，其中公路运输约占国内整体货运量的 80%。交通运输行业碳排放量约占我国碳排放总量的 12%，其中行业内部接近一半的碳排放量来自公路运输。因此，推动运输环节的绿色化，是物流业绿色发展的关键举措之一。越来越多的绿色运输车辆在物流行业中得到应用，主要得益于新能源技术的快速发展。中国重型汽车集团有限公司、陕西汽车控股集团有限公司、北汽福田汽车股份有限公司、浙江吉利远程新能源商用车集团有限公司等国内企业，已经在新能源货运车辆领域进行了布局，并推出了具有市场竞争力的产品。随着绿色物流推进，物流运输方式的优化势在必行，近些年来，我国已经开始积极推动多式联运的发展并取得显著成果。同时，数字化和智能化技术是推动物流业绿色发展的重要工具，当前数字经济、人工智能等新技术、新业态已成为实现经济社会发展的强大技术支撑。

企业层面的 ESG（environmental, social and governance，环境、社会和公司治理）实践成为行业发展的主旋律。越来越多的物流企业将 ESG 理念融入企业战略和运营中，通过发布年度可持续发展报告，展示在环境保护、社会责任和公司治理结构方面的举措和成效。例如，顺丰速运和京东物流等龙头企业在推动绿色物流和循环经济方面，不仅积极引入节能环保技术，还在供应链管理中倡导可持续采购和绿色包装。相关企业通过优化废弃物管理和资源循环利用，减少环境污染，实现绿色物流全生命周期管理。2024 年

---

① 观研天下（北京）信息咨询有限公司. 中国跨境物流行业发展深度分析与投资前景研究报告（2024—2031 年）[R]. 2024.

10 月 24 日上午，"2024 中国上市公司 ESG 百强"榜单正式发布，百度、腾讯、阿里巴巴、京东等知名企业也纷纷公开披露其年度 ESG 报告，可见未来更多企业会重视 ESG 并参与改革，ESG 成为企业绿色发展的重要衡量标准。

（三）物流市场发展的主要驱动力分析

1. 政策支持导向越发重要，中西部物资储备战略布局加快

2022 年 5 月，《"十四五"现代物流发展规划》印发，这是指引"十四五"时期建设现代物流体系的纲领性文件，对"十四五"现代物流发展做出了全面、深入、系统的安排部署。据此规划，到 2025 年我国要基本建成供需适配、内外联通、安全高效、智慧绿色的现代物流体系。首先，政策导向对物流业的重要性日益凸显，主要原因在于物流业是经济发展的关键支撑。随着经济的快速增长，物流效率的提升和成本的降低成为政策关注的重点，以促进整体经济发展。其次，政策鼓励物流企业采用大数据、物联网和人工智能等新技术，以提升行业的智能化和信息化水平。同时，绿色物流政策的推动，旨在减少碳排放，实现可持续发展。此外，政策引导将会优化物流网络，支持"一带一路"等建设，促进区域经济协调发展。政策支持还增强了物流行业的国际竞争力，帮助中国企业拓展全球市场。最后，在面对疫情和自然灾害等挑战时，政策的制定和实施提高了行业的抗风险能力，确保物流业的稳定运行和长远发展。

在中国物流市场的发展中，政策支持的导向作用越发重要，尤其体现在对中西部地区的战略布局上。2024 年 3 月国务院总理李强在政府工作报告中介绍 2024 年政府工作任务时提出，提高区域协调发展水平，充分发挥各地区比较优势，按照主体功能定位，积极融入和服务构建新发展格局[①]。报告中提到"优化重大生产力布局，加强国家战略腹地建设"，是国家对中西部地区的新要求、新定位。中西部地区作为全国物资储备的战略要地，正在加快构建覆盖广泛、高效联动的物流网络。中西部地缘优势明显，作为连接东部沿海与西部边疆、北方内陆与南方沿海的重要枢纽，其物流网络建设对于全国物流体系的完善具有重要意义。在政策和市场的双重驱动下，中西部地区的经济发展活力不断增强，成为全国经济高质量发展的重要支撑点。中西部地区不仅实现了自身的物流能力提升，也为全国物流体系的优化和可持续发展提供了重要支撑。未来，随着政策的持续推进和市场需求的不断增长，中西部地区在全国物流网络中的地位和作用将越发重要，推动中国物流行业迈向新的高度。

2. 海外市场扩展带来机遇，全球供应链加速重构

在"一带一路"倡议和"双循环"战略指导下，国家积极出台各项政策，推动全球化进程，中国物流企业的出海征程将享受到更多红利。中国对外金融资产持续增长，从 2004 年的 9362 亿美元上升至 2024 年第二季度末的 97 929 亿美元，为企业出海提供了坚

---

① 政府工作报告. https://www.gov.cn/gongbao/2024/issue_11246/202403/content_6941846.html，2024-03-05.

实的经济基础。另外，在国内市场内卷加剧的情况下，海外市场比过去更有吸引力，且随着全球范围内数字经济基础设施的不断完善，出海成本降低，越来越多的企业开始积极"走出去"，主动寻求更多机会。例如，顺丰、中国外运股份有限公司等企业已经在东南亚、中东和欧洲等地区建立了多个海外分拨中心和物流园区，为本地及跨境电商提供高效的物流服务。这些海外布局不仅提升了企业的国际竞争力，也为当地经济发展提供了助力。中国对外直接投资的迅速增长也反映了这一趋势，2023 年中国对外直接投资流量达 1772.9 亿美元，比上年增长 8.7%，占全球份额的 11.4%。近两年瑞云冷链、京东物流、百世集团等企业在出海道路上已取得一定成绩，但扩展海外市场必然面临着风浪和挑战，几乎所有企业在出海过程中都必须妥善应对跨境挑战、数据管理、语言翻译以及本土化等方面的一系列问题。值得注意的是，中国对外直接投资的行业分布呈现多元化趋势，2023 年，租赁和商务服务业、批发和零售业、金融业、制造业等七大行业占总体存量的 89.3%，表明企业出海正在向更广泛的领域拓展。

与此同时，全球供应链在疫情后加速重构，中国物流企业在供应链中的角色越发重要。面对全球供应链的不确定性和风险增加，企业纷纷采取多元化布局策略，以增强供应链的弹性和稳定性。中国物流企业通过构建多元化的供应链体系，实现供应链的灵活应对和风险分散。截至 2024 年，中国货物贸易总额连续 7 年位居全球第一，已成为 150 多个国家和地区的主要贸易伙伴，外贸企业数比 2012 年翻了近一番。中间品在这一进程背后扮演着日益重要的角色。中国已连续 12 年保持全球最大的中间品出口国地位，制造业中间品贸易在全球占比达到 20%左右，海关总署数据则显示中间品贸易对中国对外贸易增长的贡献率接近 60%。2023 年 11 月美国宣布成立"供应链韧性委员会"，时任美国总统拜登宣布了数十项措施以提高所谓"供应链韧性"，并特别提到"深化与盟友和合作伙伴的接触""通过创新多边伙伴关系加强全球供应链"，企图加速全球经济碎片化与阵营化，破坏全球供应链稳定，同时，美国供应链联盟致力于维护其霸权地位，扩大了大国竞争范围，破坏了全球稳定。但全球化是社会生产力发展的客观要求和科技进步的必然结果，数十年来促使产业链、价值链、供应链不断延伸拓展，为世界经济提供强劲动能。

3. 科技赋能持续推动转型，智能化变革已不断深入

党的二十届三中全会强调要"健全提升产业链供应链韧性和安全水平制度"。如何落实好这一系列重大决策和部署，切实推进物流业降本增效，科技赋能行业转型至为关键。科技变革是新质生产力发展的重要引擎，是我国建设现代化经济体系和实现高质量发展的重要支撑。目前，人工智能等科技正在显著推动物流业的智能化和数字化转型。它不仅广泛应用于智能货架、自动化拣货系统、智能运输等智能物流设备，还实现了采购、仓储、运输、配送等物流业务的数字化和精细化管理。这有助于降低成本、提高效率，促进物流业的高质量发展，对打通供需大循环和实现"韧性"增长具有重要价值。

在这一背景下，智能化物流的发展呈现出多方面的优势和成效。智能化物流具有联通性强、融合度广、经济成本低、运行效率高、生态效益好等显著优势。这些年，我国智能化物流在多个方面取得明显成效。比如，开发多式联运新模式，创新"港口+内陆港"等，促进提质降本增效。又如，扩大快递网点覆盖面，加速城乡经济循环。截至 2024 年，快递网点覆盖率已达到 98%，基本实现"县县有分拨、乡乡有网点"。此外，还有地方通过构建"海陆空铁"四港联动体系，通达众多上海合作组织及"一带一路"共建国家，有力促进了区域经济合作与发展，助力"一带一路"国际化。智能化变革对人才和组织管理提出了新的要求。物流企业在引入新技术的同时，也在不断完善智能化运营管理平台，提升员工的数字化素养和技术技能。高素质的复合型人才，是物流企业智能化转型的重要推动力。

4. 绿色"双碳"指挥风向，为物流网络低碳化发展注入长期动力

在"双碳"目标指引下，绿色低碳已成为中国物流行业的重要发展方向。我国物流行业正加速向低碳化、绿色化转型，这为行业的可持续发展注入了强大的动力。国务院印发的《2024—2025 年节能降碳行动方案》提出，要实施"交通运输节能降碳行动"，特别是"推动公共领域车辆电动化，有序推广新能源中重型货车，发展零排放货运车队"。物流是连接生产与消费的桥梁，是支撑经济发展的先导性、基础性、战略性产业，其健康发展对经济和生态具有重要意义。在"十四五"时期，"碳达峰、碳中和"成为各行业的关注重点。物流业不仅要履行连接消费与生产的基本职责，还需肩负起节能减排和绿色发展的使命。在国家的政策方针引领下，各地方也纷纷出台相应文件。2024 年 10 月，由深圳市前海管理局提出，深圳市物流与供应链管理协会等单位共同研究编制的《低碳物流企业基本要求及评价体系》正式发布。该团体标准围绕节能降碳和提质增效，结合物流企业的低碳发展实际和内在规律，建立了涵盖物流运输、仓储、包装、装卸搬运、周转配送、信息处理等关键领域的能源消耗和碳排放双控指标体系。

政策层面的有力支持为低碳化发展奠定了基础。国家出台了多项政策措施，鼓励物流企业采用低碳、节能的技术和装备。电动和氢能源物流车辆的推广成为重点，政府通过补贴和财税优惠等手段，推动新能源物流车逐渐替代传统燃油车。与此同时，物流基础设施的建设也在加速绿色转型，新能源充电桩和加氢站等配套设施布局日趋完善。2025 年在"双碳"目标的指引下，中国物流行业的低碳化发展也应当会加速推进。政策支持、技术创新、基础设施升级和绿色金融的协同作用，为物流网络的绿色转型注入了持久动力，随着这些举措的深入实施，未来中国物流业不仅将在降低碳排放方面取得显著成果，也将实现更高效、更可持续的发展，成为全球绿色物流的典范。

（四）主要运行指标预测

鉴于未来可能存在的不确定性，本部分将对主要的运行指标进行综合预测，并分为乐观、基准和悲观三种情景。

乐观情景下，2025 年我国宏观经济内外循环动力持续加速释放。宏观政策同向发力、形成合力，不断巩固和增强经济回升向好态势。在我国政府聚焦以科技创新引领现代化产业体系建设、着力扩大国内需求、全面深化改革开放等七大方面的提振举措下,消费潜力充分释放,物流需求恢复向好,市场活跃度不断攀升。随着我国对外开放格局不断发展,国际物流大通道建设加快,物流业国际贸易日益繁荣。随着"通道+枢纽+网络"物流运行体系有序推进,物流基础设施规模持续扩大,现代物流产业规模效应逐步显现。同时,物流企业数字化转型进程加速,行业信息共享机制逐步完善,"降本增效"理念不断深入,我国物流业成本有所下降,社会物流总额明显上升。在这种情景下,2025 年物流业将保持平稳运行,物流需求积极向好,LPI 较 2024 年稳中有升。

基准情景下,2025 年我国物流业运行较为平稳,非常规突发事件并未对我国物流业发展产生较大不利影响。在国家《"十四五"现代物流发展规划》的引领下,国内物流需求持续复苏,社会物流总额积极增长。随着我国产业链供应链韧性和安全建设逐步推进,国际和国内物流业贸易稳定进行,进出口贸易稳定增长。在这种情景下,2025 年物流业各项运行指标将保持增速缓和、稳定上升状态。

悲观情景下,2025 年由于全球经济仍将维持温和滞胀格局,全球地缘政治经济冲突依然易发频发,大国博弈背景下的去全球化态势仍将持续,新冠疫情后全球供应链产业链碎片化趋势也将维持,造成宏观经济增速下行,经济复苏态势较为疲软,国内消费市场活力不足,物流业回升动力不明显。同时,我国进出口贸易受挫,国际贸易市场不确定性和风险增强,我国产业链供应链受到冲击。此外,油价、人工成本持续上涨,行业价格竞争激烈,物流成本上升。在这种情景下,LPI 将没有上升迹象,社会物流总额增速上升不稳定,物流业提质降本增效仍需发力。

综上所述,在不同情景和假设条件下 2025 年主要运行指标的预测结果如表 1 所示。

表 1　2025 年主要运行指标的预测结果

指标	悲观	基准	乐观
LPI	51.78%	52.04%	53.46%
社会物流总额/万亿元	328.77	334.10	335.20
社会物流总额同比增速	0.72%	2.35%	2.69%
社会物流总费用/万亿元	17.94	17.73	17.05
社会物流总费用与 GDP 比例	14.52%	14.20%	13.91%

三、物流政策发展建议

(一)引导企业发展新质生产力,加快供应链智能化变革

当前,中国经济处在由高速增长向高质量发展的转型过程中,供应链产业作为经济运行的重要支撑,亟须通过智能化变革提升核心竞争力。实现这一目标,需从政策引导、

技术赋能、产业协同等多个方面着力，构建系统化推进路径。政策引导可以为企业发展新质生产力提供方向和保障，技术赋能是供应链全链条智能化提升和优化的核心，产业协同则打破行业孤岛，推动资源整合与信息共享。只有构建系统化推进路径，协同各环节力量，才能在企业运营中发挥新质生产力的强大潜力，为供应链智能化变革不同阶段的发展提供蓝图并且注入源源不断的推进力量。具体的建议阐述如下。

第一，加强新质生产力的政策引导与战略布局。一方面，相关部门需要完善法律法规，明确技术标准与数据安全规范，推动物流基础设施数字化升级；另一方面，政府也需要设立专项资金，支持智能化技术研发与应用，鼓励企业参与创新示范项目。同时，制定区域试点计划，探索智慧物流模式，并推广成功经验。第二，加快关键技术应用与平台构建。技术赋能是实现供应链智能化的核心驱动力。应集中力量攻克人工智能、大数据、物联网、区块链等前沿技术在物流场景中的关键应用问题，并支持企业与科研机构共建创新联合体，突破技术瓶颈。统一的智能化供应链平台应打破传统供应链的孤立运行模式，实现采购、生产、物流、销售环节一体化整合，通过严格规则下的自动化数据校验和实时更新，提高供应链的运行透明度与响应效率。第三，强化产业协同与生态构建。在企业层面，应通过智能化技术深度嵌入生产、仓储、运输、销售等环节，实现多部门、跨企业协同运转。在行业层面，应搭建共享服务平台，加快信息共享机制建设，推动上下游企业间资源互联互通。在社会层面，应加强物流生态系统的构建，培育多元主体共同参与的协作机制，通过数字技术赋能，实现全行业的资源优化配置和效能提升。

（二）加速现代物流强国建设，推进物流提质增效降本

推进物流提质增效降本，是促进国民经济循环畅通、推动经济高质量发展的重要抓手。《"十四五"现代物流发展规划》提出，"统筹发展和安全，提升产业链供应链韧性和安全水平，推动构建现代物流体系，推进现代物流提质、增效、降本"。新征程上，要深入把握新时代物流发展特征，构建供需适配、内外联通、安全高效、智慧绿色的现代物流体系，为建设现代化产业体系、形成强大国内市场、推动经济高质量发展提供有力支撑。

在加速现代物流强国建设，推进物流提质增效降本的进程中，政府应将以下方面作为重点抓手。第一，深化供给侧结构性改革，加快构建供需适配的现代物流体系。构建供需适配的现代物流体系，加快推进物流提质增效降本，不仅要求降低流通环节成本，而且要求促进生产、分配、流通、消费等各环节效率提升，从而提高产业运行效率、创造产业增量价值。第二，立足服务新发展格局，加快构建内外联通的现代物流体系。构建新发展格局任务艰巨，国内大循环和国内国际双循环都离不开流通体系的有效支撑。高效顺畅的流通体系能够在更大范围把生产和消费联系起来，扩大交易范围，推动分工深化，提高生产效率，促进财富创造。畅通经济循环需要在保障国内物流供应链安全稳定畅通的基础上，进一步增强国际物流能力，提升内外通道衔接质量，优化国际供应链服务环境，降低国内国际资源要素流动成本，提高资源配置效率，形成有效支撑以国内

大循环为主体、国内国际双循环相互促进的新发展格局的物流业态和运行生态。第三，激发内生动力和创新活力，加快构建智慧绿色的现代物流体系。当前，物流业高度嵌入产业链供应链各环节，实现物流业创新发展已经成为产业组织创新和价值创造的重要手段。构建智慧绿色的现代物流体系，意味着要通过新技术应用，以更低的资源投入、更低的环境资源要素占用，全面优化物流服务模式、提升物流发展质量、发挥更大发展效能，实现物流业自身的转型升级，支撑现代化产业体系的智能化、网络化发展。

（三）加强区域和行业平衡，推动物流业多领域协同发展

物流产业作为国民经济的基础性和支柱性产业，为优化区域经济结构和促进区域经济发展提供重要动力，但改革开放以来，物流企业与区域经济经常表现为不协调发展。在我国经济发展较为落后的地区出现了物流供给过剩的情况，而一些经济发展较快的地区物流供给又不能满足物流需求。与此同时，物流服务多集中在电商和制造领域，但农业、医疗等领域的物流服务相对薄弱，这一方面降低了这些行业的生产和运输效率，另一方面限制了行业整体发展。物流行业与区域经济发展不平衡已经成为物流业快速发展的瓶颈。

为了加强区域和行业平衡，推动物流业多领域协同发展，以下方面应是今后发展的关键所在。第一，优化物流资源配置。物流资源是有限的，不同地区物流资源的发展存在差异，因此要尽可能地减少地区差异。合理规划区域布局，在政策扶持方面，可以多向西部地区倾斜，同时可以建立一些物流园区或物流枢纽，对有限的物流资源进行合理的配置，分配好物流资源这块"蛋糕"。第二，加强物流服务能力建设。一方面要把物流资源这块"蛋糕"分好，另一方面还要尽可能把"蛋糕"做大，不断加强物流企业的服务能力建设。第三，在促进区域物流协调发展的同时，应增强物流行业集成联动性。紧跟国家大政方针，各省（自治区、直辖市）应瞄准自身定位，充分发挥自身资源和各自所处的地缘优势。第四，增加冷链物流支持，确保生鲜和医药产品质量。建议政府加大对冷链基础设施的投入和政策支持，特别是在生鲜农产品和疫苗、药品等医药产品的流通中提供补贴和税收优惠。可以设立专项基金，支持物流企业建设冷链仓储设施，推广温控车辆和设备的应用，确保生鲜农产品和医药产品在运输过程中的质量与安全。

（四）加大企业出海政策支持力度，助力物流产业国际化部署

随着我国企业全球化布局的深入，快捷供应链服务需求水涨船高，给物流企业出海带来业务红利。物流作为下游产业，它的风向标是商业上游的国际贸易，我国企业在走出去的时候必然需要相关物流服务。当前，全球物流供应链体系进入新一轮重塑阶段，我国经济和贸易发展为国际物流供应链体系建设提供了强大的产业和市场基础。对我国来说，加快国际物流供应链体系建设既面临机遇，也面临由全球政治格局与经贸规则的重塑导致的构建国际物流供应链体系的外部发展环境复杂化、国际物流供应链体系建设

滞后、国内国际双循环面临断链风险的挑战和短板制约。

因此，加快我国国际物流供应链体系建设，应该把工作重心放在以下方面。第一，应以"一带一路"为核心进一步完善国际物流通道布局。为进一步保障和服务国内国际双循环，我国国际物流通道布局优化宜依托"一带一路"倡议实施，加快构建立体通道网络体系。第二，打造服务产业合作的枢纽经济。大力推动跨国跨区域经贸交流，依托通道加强与"一带一路"共建国家开展项目合作，推进枢纽经济建设，提升生产性服务业发展质量，为现代制造业提供全方位供应链服务。依托传统和新兴的重点产业基础，集聚要素资源，推进产业协作配套和资源优势互补，推动产业与贸易、物流、信息、金融等领域融合发展。充分发挥广西北部湾港口群、粤港澳大湾区港口群和海南洋浦港的比较优势，加强与新加坡港等重要国际枢纽合作。提高内陆港的建设水平，积极在通道枢纽城市布局内陆无水港，在西部进行多方式、多层次的港口网络布局，形成海向一体化和陆向一体化的双向发展。第三，加强运输能力建设。逐步放开飞机采购审批和增强融资支持，鼓励大型航空公司和快递企业通过采购、收购兼并、租赁等途径，加快培育专业化、国际化货运机队，快速提升我国国际航空物流的运力水平。以大型沿海港口自贸区或自贸港为登记注册的船籍港，加快我国国际船舶登记制度创新，放宽对国际航行船舶登记主体、类型、船龄及检验等方面的限制，对于重新在中国注册的中资国际船舶，按照境外船舶的标准进行监管，并给予免征进出口相关税收、简化和降低船舶吨税、简化登记收费项目和降低收费水平等政策支持。

（五）深化国际物流标准参与力度，推动标准落地企业实操行动

国际物流标准的制定是全球物流规则的核心，直接影响物流效率、成本及跨境业务的顺畅程度。然而，我国在国际标准中的话语权较弱，缺乏广泛参与。在国际标准化组织（International Organization for Standardization，ISO）和国际电工委员会（International Electrotechnical Commission，IEC）等机构中，我国做出的贡献相对不足。例如，截至2023 年，我国在 ISO 物流相关领域提出并通过的国际标准项目不足 10 个，远低于欧美国家的贡献数量。此外，我国在国际标准制定的参与领域较为局限，主要集中在跨境电商物流和智慧物流等新兴领域，在传统物流领域，如多式联运，我国的国际影响力也表现较弱。为了更好地适应经济全球化的必然要求、推动我国物流行业向高质量发展、实现全球物流网络深度融入，我们需要大力推进产业标准和物流要素标准的建设，加大国际物流标准制定的参与力度，将中国物流企业的需求和实践融入国际标准体系中。

在积极参与国际物流标准制定的过程中，政府应同步加大对现有物流标准的宣传贯彻力度，加快推动基础通用及产业共性物流技术标准的优化升级，通过标准引领推动物流科技成果的转化和行业标准化进程。经过研究，我们提出以下四点建议：第一，加强顶层设计，营造良好的企业标准化政策环境，建立企业标准自我声明公开制度，让标准成为企业提升产品质量和管理水平的重要工具。第二，大力建设标准化公共服务平台，出台多样化的奖励、补助和激励措施，鼓励企业积极采用和落实标准化流程，从而提高

行业的采标率，实现更广泛的标准应用。第三，大力支持优势企业在物流标准化科技体系中发挥引领作用，培育一批具备国际竞争力的物流标准"领跑企业"。通过政策和资源倾斜，鼓励这些领军企业与科研机构、中小企业等建立标准化合作机制，促使标准在技术创新和产业链协作中实现深度应用。第四，建立由政府主导、行业协会和企业共同参与的物流标准实施推广机制，并设立有效的标准实施评价体系，确保标准在企业实操中的落地和持续改进。通过这些措施，将标准化真正融入企业日常运营中，加速我国物流行业从"标准引入"到"标准落地"的全面提升，推动物流行业的国际化和高质量发展。

2025年国际大宗商品价格走势分析与预测

孙玉莹　包皓文　宇　佳　洪永森

报告摘要： 受到美国大选、美联储降息、极端天气和地缘政治风险延续等多重因素影响，2024年1～11月国际大宗商品价格走势出现分化。其中，路透/杰佛瑞商品研究局（Commodity Research Bureau，CRB）商品期货价格指数平均为282.6点，同比上涨3.8%；同期，美国西得克萨斯中间基原油（West Texas Intermediate，WTI）和布伦特原油期货均价分别为76.3美元/桶和80.4美元/桶，同比分别下降2.3%和2.7%。展望未来国际大宗商品市场，在全球经济增速放缓、地缘政治风险延续、市场流动性保持总体平稳等基准情景下，预计2025年国际大宗商品价格将呈现区间震荡态势。其中，2025年CRB商品期货价格指数将在269～282点波动，均价将下跌至274点，同比下降约3.3%。WTI和布伦特原油期货价格将在58～82美元/桶和62～86美元/桶波动，均价将可能分别下跌至66美元/桶和70美元/桶，同比跌幅分别约为12.8%和12.3%。

一、2024年国际大宗商品市场回顾

2024年1～11月国际大宗商品价格整体呈现宽幅震荡态势，其中CRB指数平均为282.6点，同比上涨3.8%，呈现先涨后跌的态势。具体而言，1～5月期间，在美联储降息预期、全球主要经济体进入主动补库阶段，极端天气和地缘政治冲突等多重因素的推动下，CRB指数均价从1月266.8点波动上涨至5月291.2点，涨幅达9.1%（图1）。然而，自6月起，受全球经济增长动能减弱、主要经济体宏观经济数据表现不及预期等因素影响，大宗商品价格开始高位震荡回落。9月，美联储宣布降息50个基点，将联邦基金利率目标区间下调为4.75%至5.00%，大宗商品价格小幅回升。11月，随着市场降低对美联储降息的预期，CRB指数小幅回落。

在原油方面，2024年1～11月国际原油期货价格整体呈现冲高后回落态势；其中，WTI期货均价为76.3美元/桶，同比下降2.3%，布伦特原油期货均价为80.4美元/桶，同比下降2.7%（图2）。分阶段来看，1～4月在OPEC+执行减产协议、红海局势推高运输成本以及乌克兰对俄罗斯炼油厂袭击等因素叠加影响下，市场对供应收紧的预期升温，同时需求有所回暖，推动国际原油期货价格震荡上涨。同期，WTI和布伦特原油期货均价分别达到78.8美元/桶和83.6美元/桶，同比分别上涨2.3%和1.4%。5～6月，受地缘局势缓和及OPEC+宣布四季度增产的影响，原油价格小幅震荡下跌。随后美国就业数据

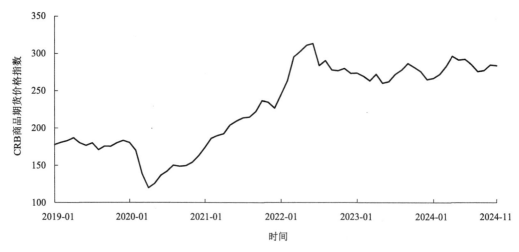

图 1　CRB 商品期货价格指数走势

资料来源：Wind 数据库

持续走弱，7 月新增非农就业仅 11.4 万人，创 2021 年 2 月以来新低，使原油价格进一步承压。10 月上旬，以色列和黎巴嫩真主党冲突升级，中东地区紧张局势骤然升温，短暂推高原油价格，但随着地缘政治冲突影响逐渐减弱，地缘溢价被挤出，原油价格回落，当月 WTI 和布伦特原油期货均价分别为 71.5 和 75.4 美元/桶，较 9 月分别上涨 2.9%和3.4%。11 月，中东地缘政治局势对能源市场的影响有所缓解，市场对全球经济前景的担忧加剧，原油价格震荡下行，WTI 和布伦特原油期货均价分别为 69.5 美元/桶和 73.4 美元/桶，同比分别下跌 10.1%和 10.5%。

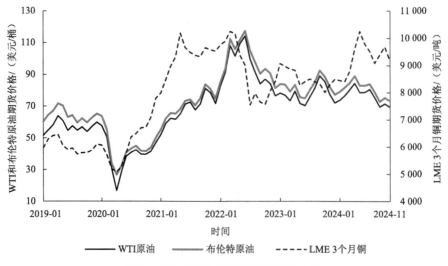

图 2　国际原油和铜期货价格指数走势

资料来源：Wind 数据库

在有色金属方面，2024 年 1～11 月伦敦金属交易所（London Metal Exchange，LME）3 个月铜期货价格呈现先波动上涨后回落态势，期间均价为 9287.1 美元/吨，同比上涨 8.8%（图 2）。分阶段来看，1～5 月受美联储降息预期提振，市场情绪保持乐观，特别是在 3 月美联储利率会议上，鲍威尔释放"鸽派"信号，市场情绪转向交易宽松预期，叠加美国 CPI 和 PMI 等数据表现良好，推动铜期货价格震荡上行。然而，6～7 月期间，受全球经济增长疲软和降息预期回落等因素影响，铜价震荡下行。8 月，受市场对美联储即将降息的乐观情绪支撑，铜价回调。美联储在 9 月将联邦基金利率目标区间下调至 4.75%～5.00%，降息幅度超出市场预期，加之 7～8 月消费数据显著改善，提振市场信心，9～10 月铜价波动回升。11 月铜均价达到 9197.2 美元/吨，较 1 月均价上涨 9.0%。

在农产品方面，2024 年 1～11 月美国芝加哥期货交易所（Chicago Board of Trade，CBOT）农产品期货价格整体偏弱，其中大豆和玉米期货价格呈现震荡下行态势，小麦期货价格则呈现震荡下行后回升再回落态势。其间，CBOT 大豆、玉米和小麦期货均价分别为 1113.7 美分/蒲式耳[①]、422.8 美分/蒲式耳和 575.9 美分/蒲式耳，同比分别下降 21.9%、26.3% 和 11.2%（图 3）。在大豆方面，1～2 月受南美大豆丰产前景预期影响，CBOT 大豆价格下跌。3 月初随着巴西大豆集中上市形成供给压力，美豆价格继续承压，但随后受阿根廷产区天气恶化及美国农业部（United States Department of Agriculture，USDA）调低巴西产量预期影响，美豆价格出现反弹。然而，6～11 月，在美豆播种和生长持续向好的背景下，叠加巴西天气因素导致的减产影响有限，美豆价格再度承压下行。在玉米方面，1～5 月因全球玉米市场供应相对充裕，加之大宗商品整体表现疲软，玉米价格较为低迷。8 月 USDA 发布报告显示，2024/25 年度美国玉米单产预计达到 183.1 蒲式耳/英亩[②]的历史最高水平，进一步压制玉米价格。在小麦方面，5 月全球最大小麦出口国俄罗斯多个地区遭受干旱和霜冻影响，叠加俄乌地缘政治冲突延续，加剧市场对供应的担忧，推动小麦价格震荡上行。8～11 月，由于俄乌局势边际影响下滑，小麦价格再度承压回落。11 月，CBOT 大豆、玉米和小麦期货价格分别为 995.6 美分/蒲式耳、424.3 美分/蒲式耳和 551.9 美分/蒲式耳，同比分别下跌 26.0%、9.4% 和 2.0%。在库存方面，根据 USDA 11 月报告，2023/24 年度大豆和玉米全球库存分别约为 1.12 亿吨和 3.14 亿吨，同比分别上涨约 11.3% 和 3.2%，小麦库存约为 2.66 亿吨，同比下降约 2.8%。

---

① 按照美制，1 蒲式耳=35.2391 升。

② 1 英亩=4046.86 平方米。

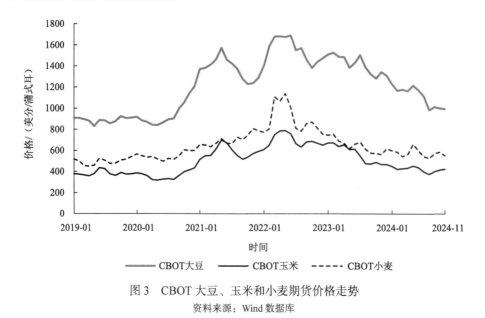

图 3　CBOT 大豆、玉米和小麦期货价格走势

资料来源：Wind 数据库

二、2025 年国际大宗商品价格影响因素分析和展望

1. 美国政局变化或致大宗商品市场震荡加剧

2024 年 11 月，美国共和党总统候选人特朗普在美国大选中获胜，其主张的贸易、能源等政策预计将加大 2025 年国际大宗商品市场波动。

在能源方面，特朗普政府明确支持传统化石能源发展，计划放宽油气开采限制、维持补贴政策、支持联邦土地开采权。在特朗普政府的能源政策带动下，各州可能放宽管制，加之投资者信心提振，预计 2025 年美国原油产量将有所增加，从而对国际油价形成下行压力。不过，能源政策的实施仍需要一定的时间，预计会给市场带来一定缓冲时间。此外，美国政权交接面临诸多不确定性，现任政府可能在离任前采取一系列政策，或将加剧俄乌冲突；同时，特朗普对伊朗的强硬态度以及上一任期的"亲以"政策加剧了中东局势的不确定性。值得注意的是，若地缘政治风险加大，将推动油价波动上涨。

在有色金属方面，特朗普政府的政策预计将通过多个渠道影响铜价走势。从供需角度来看，短期内，铜需求预计有所增长，特朗普主张的产业链回流美国和基础设施投资计划预计将显著提振美国的铜需求，进而带动全球铜需求的增加。同时，特朗普的贸易保护主义政策可能恶化全球的贸易环境。例如，美中经济与安全审查委员会建议取消中国的最惠国待遇，这将导致中国对美国的出口关税从目前 19% 的平均水平大幅上调至32%。此举将对中国的出口造成冲击，进而影响全球铜的进出口结构，导致铜供需失衡，加剧价格波动，在一定程度上可能对铜价产生下行压力。从宏观经济层面看，特朗普政府可能采取的宽松财政政策以及减税措施可能刺激经济增长，预计将为铜价提供一定支撑。整体来看，结合当前全球经济增长放缓、需求疲软的背景，以及政策的多重效应叠加，铜价走势可能呈现先抑后扬的态势。

在农产品方面，特朗普政府的贸易政策或将为全球农产品市场带来较大不确定性。特朗普政府曾表示可能对中国加征高达 60% 的关税，这将促使中美双方就新一轮贸易协定展开谈判。在特朗普上一任期内，中美双方于 2020 年签订的贸易协议要求我国增加自美国进口的大豆和玉米等农产品。特朗普上台后，若中美双方能再次达成贸易协议，中方可能会增加美国农产品进口，以平衡贸易差额。反之，如果美方最终实施高关税措施，或将引发我国在农业领域采取相应的反制措施，如增加其他来源地（如巴西、阿根廷）的大豆供应，进而削弱美国农产品出口竞争力，或将导致美国大豆库存积压，对国际大豆价格形成下行压力。此外，特朗普支持化石能源的政策立场可能削弱生物燃料需求，进而对玉米价格形成一定的利空。

2. 地缘政治风险升温将加剧大宗商品市场的不确定性，需警惕中东冲突和俄乌局势变化

中东局势对 2025 年原油市场的影响主要体现在三个方面：一是供给风险，中东地区贡献了全球原油产量的约 30%，目前伊朗已经陷入中东地区的动荡之中，若冲突进一步升级并波及相关国家的产油设施，可能对全球原油供应安全造成直接威胁；二是运输风险，该地区承担全球三分之一以上的海运石油贸易，胡塞武装对红海航运的持续威胁已导致运输成本上升，若局势恶化可能引发全球油轮运力紧张；三是市场情绪，地缘政治紧张局势带来市场风险溢价上升，市场的恐慌情绪和投机行为可能加大油价波动。

在俄乌冲突方面，虽然特朗普政府倾向于促成和平谈判，但在美国政权交接期间仍有较大不确定性，短期内全面和解的可能性较低。特别是，11 月，拜登政府已批准向乌克兰提供美国的反步兵地雷，并允许乌克兰能够在紧急情况下使用美制陆军战术导弹系统。拜登政府对乌提供的更多军事支持或将导致俄乌冲突升温。此外，即便未来美国对俄政策出现调整，欧盟对俄制裁短期内也难以实质性放松，这使俄罗斯原油出口格局的调整将延续。不过，俄罗斯已逐步适应当前的制裁环境，主要通过转向亚洲市场等方式维持其原油出口规模，预计 2025 年其原油供应中断风险将较 2024 年有所降低。

需要注意的是，虽然地缘政治风险对油价的影响通常具有阶段性和波动性，且市场对地缘风险的敏感性可能会随着时间逐渐减弱，但从当前基本面来看，2025 年原油价格和铜价等整体以区间宽幅波动为主，缺乏大幅下跌或上涨的有力支撑。地缘政治风险仍是 2025 年大宗商品市场最大的潜在不确定因素。

3. 2025 年代表性大宗商品供给与需求分析

1）原油供需预计维持较为宽松格局，价格面临一定下行压力

在需求方面，2025 年全球原油需求增速预计延续放缓态势。根据国际能源机构（International Energy Agency，IEA）最新预测，2024 年全球石油消费量将增长 92 万桶/天，远低于 2023 年 240 万桶/天的增幅；这一数据反映出全球经济活力不足，且疫情后

被压抑的需求基本上全面释放。展望 2025 年，IEA 在其 11 月原油市场报告中预计，全球石油需求增量将略低于 100 万桶/天的水平。需求增速放缓的主要原因包括：各国持续落实气候变化承诺的相关措施，加大清洁能源投资力度；能源使用效率不断提升；电动汽车渗透率继续提高。此外，世界银行 10 月发布的大宗商品市场展望特别指出，中国作为主要消费国，由于工业生产放缓以及电动汽车和液化天然气卡车销量增加，其石油需求自 2023 年以来基本停滞增长。世界银行预计，2025 年全球日均石油需求量将比产量少 120 万桶。

在供给方面，非 OPEC+产油国产量增加将成为 2025 年原油供给的主要推动力。世界银行预计，2025 年全球原油供应将达到约 105 百万桶/天，较 2024 年增加 2 百万桶/天，其中巴西、加拿大和美国等非 OPEC+国家将贡献主要增量。虽然中东地缘政治风险可能阶段性影响油价，但由于市场整体供应充裕，加之 OPEC+仍将保持约 700 万桶/天的闲置产能，现阶段的地缘冲突对实际供应的扰动预计较为有限。若 OPEC+成员国从 2025 年 1 月开始推进增产计划，市场供应过剩的程度可能进一步加大。根据 IEA 预测，2025 年原油市场供应过剩规模将达到 115 万桶/天。

整体来看，2025 年全球原油市场供需呈现较为宽松态势，预计油价将承压波动下行；但仍需谨防地缘政治局势升温对油价的冲击。此外，美联储降息也是影响油价的不稳定因素之一，短期来看，由于市场对降息路径预期充分，实际降息难以超预期，因此对原油市场的即时刺激作用有限。

2）铜供需格局预计维持宽松，但过剩幅度或有所收窄

在需求方面，2025 年全球铜消费增长的动力主要来自传统制造业复苏和能源转型两大领域。据国际铜研究组织（International Copper Study Group，ICSG）预测，得益于全球经济缓慢复苏和新兴产业发展，2024 年和 2025 年全球铜需求增速将分别达到 2.2%和 2.7%。需求增长的核心驱动力包括：全球"双碳"目标推动下清洁能源基建投资的持续加码；电动汽车产业链的快速发展；传统制造业潜在的复苏迹象。此外，特朗普政府的减税政策或将带动制造业回流美国，有望提升美国有色金属的需求，尤其是在道路、桥梁和水电等基础设施的建设中。然而，全球经济形势波动、贸易政策调整以及地缘政治因素仍可能给铜需求增长带来一定风险。

在供给方面，2025 年全球铜供应预计延续增长态势，但增速可能较 2024 年有所放缓。根据 ICSG 预测，2024 年全球铜矿产量将增长 1.7%，2025 年增速有望提升至 3.5%。供应增长主要来自三个方面：一是刚果民主共和国和蒙古国现有产能的进一步释放；二是俄罗斯 Malmyzhskoye 等新建矿山的投产；三是多个扩建项目和中小型矿山的陆续启动。从精炼铜来看，ICSG 预计 2024 年产量将增长 4.2%，但 2025 年增速或放缓至 1.6%，其中印度尼西亚和印度的新建冶炼厂将贡献主要增量。2025 年精炼铜供应过剩规模预计将从 2024 年的 46.9 万吨收窄至 19.4 万吨。

整体来看，2025 年铜市场供需格局预计依然保持宽松，但供应过剩的规模可能较 2024 年有所缓解。

3）农产品供需格局分化，谨防极端天气可能导致的农产品市场波动

在供给方面，根据 USDA 11 月报告，2024/25 年度全球小麦产量预计达 7.95 亿吨，

同比增长约 0.63%；大豆产量预计为 4.25 亿吨，同比增长约 7.77%，主要是因为巴西和美国产量的增加；玉米产量预计为 12.19 亿吨，同比下降约 0.79%，其中作为世界第五大玉米生产国的乌克兰，受地缘局势影响，其农作物生产和出口面临较大不确定性。在需求方面，全球小麦和玉米消费量预计与上一年度基本持平，大豆消费量预计有所上涨。具体而言，USDA 预计 2024/25 年度全球小麦、大豆和玉米消费量分别为 8.03 亿吨、4.02 亿吨和 12.29 亿吨，同比分别增长约 0.71%、4.7% 和 0.82%。在库存方面，USDA 预计 2024/25 年度全球小麦和玉米库存约为 2.58 亿吨和 3.04 亿吨，同比下降 3.26% 和 3.21%；大豆库存约为 1.32 亿吨，同比增长 17.19%，中国、美国、巴西和阿根廷的库存均有所增加。

整体来看，2025 年全球农产品市场预计呈现供需分化格局。小麦和玉米预计维持供需平衡局面，大豆供需预计相对宽松。值得注意的是，如果发生农作物减产、库存紧缺，加之黑海地区航运受阻，可能导致乌克兰农产品出口量下降，短期内或将推高国际农产品价格。此外，需关注极端天气可能带来的不确定性，尤其是拉尼娜现象对不同区域农作物生长的影响。

三、2025 年国际大宗商品价格预测

基于机器学习、计量经济模型和系统分析等科学方法，在全球经济增速放缓、地缘政治风险延续、市场流动性保持总体平稳等基准情景下，预计 2025 年大宗商品价格将呈现高位震荡态势。若出现全球经济陷入衰退、地缘政治风险有所缓解、市场流动性进一步收紧等情况，预计 2025 年大宗商品价格将承压下行。若出现全球经济增长前景改善、地缘政治风险加剧、市场流动性放松、极端天气频发等情况，预计 2025 年大宗商品价格将震荡上行。

基准情景下，预计 2025 年 CRB 商品期货价格指数将在 269～282 点波动，均价为 274 点左右，同比下跌 3.3%，具体如下（2024 年数据截至 12 月 26 日，下同）。

（1）在能源方面，基准情景下，2025 年 WTI 和布伦特原油期货价格预计主要在 58～82 美元/桶和 62～86 美元/桶波动，均价将分别在 66 美元/桶和 70 美元/桶左右，同比分别下跌 12.8% 和 12.3%。值得注意的是，地缘政治冲突是当前最大的不确定因素，如果地缘政治风险进一步加剧，对原油生产和运输通道造成影响，可能在短期内推动油价大幅上涨。

（2）在有色金属方面，基准情景下，2025 年 LME 3 个月铜期货价格预计主要在 8659～10 607 美元/吨波动，均价在 9830 美元/吨左右，同比上涨 6.1%。值得注意的是，特朗普政府可能实施的贸易政策，如取消中国最惠国待遇和征收高额关税，或将抑制全球贸易活动，导致供需失衡，加剧铜价波动。

（3）在农产品方面，基准情景下，2025 年 CBOT 大豆、玉米和小麦期货价格预计主要在 903～1120 美分/蒲式耳、355～449 美分/蒲式耳和 527～592 美分/蒲式耳波动，均价分别为 970 美分/蒲式耳、405 美分/蒲式耳和 562 美分/蒲式耳左右，同比分别下跌 12.0%、4.5% 和 1.9%。值得注意的是，若黑海港口农产品外运协议成功重启或俄乌冲突有所缓解，农产品价格或将出现更大幅度回落。

2024 年中国农村居民收入分析及 2025 年预测

陈全润　杨翠红

报告摘要：2024 年前三季度，农村居民人均可支配收入实际增速为 6.3%，低于 2023 年同期增速 1 个百分点，增速快于前三季度 GDP 增速 1.5 个百分点，快于城镇居民人均可支配收入增速 2.1 个百分点，城乡居民收入倍差进一步缩小。从收入来源看，2024 年前三季度农村居民人均可支配收入的增长主要源于工资性收入的较快增长，这一部分对农村居民人均可支配收入增长的贡献率达 48%。经营净收入和转移净收入也是农村居民人均可支配收入增长的重要来源，贡献率分别为 27% 和 23%。

展望 2025 年，国际形势复杂多变，我国社会经济运行仍面临较大的内外压力，农村居民收入也将面临增长乏力的窘境。但在党中央的宏观调控之下，农业、农村和农民的发展也迎来了乡村振兴、农业强国、就业优先、共同富裕等国家重大发展战略的有力支持。预测结果显示：在基准情景假定下，2025 年我国农村居民人均可支配收入将达到 24 907 元，实际增长速度为 6.4% 左右。其中，人均工资性收入为 10 569 元，实际增长 6.7%；人均经营净收入为 8483 元，实际增长 6.1%；人均财产净收入为 615 元，实际增长 6.0%；人均转移净收入为 5240 元，实际增长 6.5%。预计 2025 年我国农村居民人均可支配收入增速仍将快于城镇居民人均可支配收入增速，城乡居民收入倍差将进一步缩小。

针对当前的形势，提出以下促进农村居民增收的政策建议。

（1）将稳增长与稳就业作为经济工作的首要任务。一方面，继续通过信贷支持、税收优惠等金融与财税措施帮助中小企业稳定生产、恢复信心；另一方面，结合乡村振兴与农业现代化建设工作，适度增加政府财政支出以支持农业基础设施升级，创造就业岗位，带动农民工就业。

（2）促进农村人才振兴。建议政府在全面推进乡村振兴工作的同时，同步推进乡村人才振兴工作。制定政策以提升农村人力资本，吸引优秀人才回流农村地区支持农业农村发展，充分利用先进农业技术和数字技术构建农村经济新业态，激发农村经济活力。

（3）加强数字技术培训，助力农村劳动力数字技能提升。物联网、大数据、云平台等数字技术正快速应用于农业生产各个领域。农村劳动力与数字技术有效融合才能实现农业产业的更好发展。建议加强对农村劳动力的数字技术培训，使数字技术扎实融入农业生产与农业产业链的各个环节，促进农业提效、农民增收。

一、引　言

　　收入分配是经济循环中连接生产与消费的重要一环。收入分配状况直接关系到后续的消费、储蓄、投资以及国际收支状况。我国始终将完善收入分配制度、促进居民收入增长作为经济社会发展的重要任务。"十三五"期间，我国在改善民生，扶贫、减贫，以及促进居民收入方面取得了举世瞩目的成绩。在"十三五"期间，居民收入保持了增长模式的积极转变。主要体现在农村居民收入增速快于城镇居民收入增速，以及城乡收入倍差由 2016 年的 2.72 缩小到 2020 年的 2.56；居民收入增速总体快于人均 GDP 增速，居民收入在国民收入中的比重不断提升，收入分配状况好转。精准扶贫工作在促进贫困地区农村居民收入增长方面发挥了重要作用，贫困地区农村居民人均可支配收入实际增速明显快于全国农村居民人均可支配收入增速。"十四五"时期，我国经济社会发展将继续坚持共同富裕方向，在健全工资合理增长机制、完善再分配机制等措施的保障下，城乡居民收入和生活水平差距持续缩小，低收入群体增收能力明显提升。2021～2024 年期间，城乡居民收入增长延续了农村居民人均可支配收入增速快于城镇居民人均可支配收入增速的模式，城乡收入倍差进一步缩小。

　　在实现中华民族伟大复兴的战略全局和世界百年未有之大变局的背景之下，中共中央提出了加快构建以国内大循环为主体、国内国际双循环相互促进的新发展格局的重大发展战略。激活国内市场消费需求是构建双循环的重要方面，推动扩大就业和提高居民（尤其是农村居民）收入水平对于提升居民消费需求至关重要。从"两个大局"出发，党的二十大报告进一步强调了国家对农村居民增收的重视，其中多个主题涉及"三农"问题[①]。乡村振兴战略是全面建设社会主义现代化国家的主要战略之一。未来将通过坚持农业农村优先发展、城乡融合发展，畅通城乡要素流动，建设农业强国等举措来全面推进乡村振兴。完善分配制度，实施就业优先战略，推进共同富裕是增进民生福祉、提高人民生活品质的重要任务。通过开拓乡村特色产业，发展多样化增收渠道，鼓励更多农民勤劳致富；完善农民工欠薪治理长效机制；从农村土地入手探索通过土地要素使用权增加农民财产收入；推进农村劳动力转移就业、稳定脱贫人口就业，都将是未来增加农村居民收入的重要举措。

　　在国家一系列政策支持下，我国农业、农村和农民的发展将迎来良好时机。促进农民增收是"三农"工作的中心任务。尤其是在当前构建新发展格局的大背景下，激活农村内需，促进农民增收更具重要性、紧迫性。2024 年前三季度，受 GDP 增速下滑影响，农村居民人均可支配收入增速较 2023 年同期低 1 个百分点。2025 年是"十四五"规划的收官之年。作为扩大农村消费需求的重要推动力，2025 年我国农村居民收入能否保持稳定增长态势，城乡居民收入差距是否有望进一步缩小等问题已成为社会各界关注的重要话题。本报告对 2024 年我国农村居民收入情况进行了回顾，并对 2025 年我国农村居

---

　　① 习近平：高举中国特色社会主义伟大旗帜 为全面建设社会主义现代化国家而团结奋斗——在中国共产党第二十次全国代表大会上的报告.https://www.gov.cn/xinwen/2022-10/25/content_5721685.htm，2022-10-25.

民人均可支配收入进行了分析预测，最后针对当前的形势给出了促进农村居民收入增长的相关政策建议。

二、2024 年我国农村居民收入回顾与分析

促进农民增收是"三农"工作的中心任务。2024 年，农业农村部和各级政府部门多措并举，着力稳就业、促进农村产业融合，努力拓宽农民增收致富渠道。其间重点开展了以下四个方面的工作。第一，促进产销衔接畅销增收。粮食是农民经营收入的主要来源。政府通过落实粮食收购政策，增加收购网点，使农民便利销售、顺畅销售。同时，注重蔬菜水果等农产品的产销衔接，畅通销售渠道，让农民既增产又增收入。第二，发展乡村产业增收。发展农产品加工业，促进农产品加工转化增收、错峰销售增收。抓住旅游消费回暖时机，推介了一批美丽乡村休闲旅游精品线路和精品景点，实现拓展功能价值增收。第三，通过项目建设拓岗增收。通过建设高标准农田、发展设施农业、建设仓储冷链物流设施以及整治农村人居环境等项目，增加就业岗位，促进灵活就业。同时，扩大公益性岗位，让农民当地就业，促进工资性收入增长。第四，深化农村改革赋能增收。政府统筹推进农村土地制度、集体产权制度等改革，有序推进农村产权流转交易规范化建设，赋予农民更加充分的财产权益。同时，积极发展新型农村集体经济，让农民分享更多的发展成果。

2024 年前三季度，受 GDP 增速下滑影响，我国农村居民人均可支配收入增速虽暂时放缓，但仍继续保持稳定增长的态势。前三季度农村居民人均可支配收入实际增速为 6.3%，较 2023 年同期低 1 个百分点。从 GDP、城镇居民人均可支配收入、农村居民人均可支配收入三者增速的对比来看（图 1），2024 年前三季度农村居民人均可支配收入增速快于 GDP 增速 1.5 个百分点，快于城镇居民人均可支配收入增速 2.1 个百分点，城乡居民收入倍差进一步下降，但绝对收入差距仍在扩大。

从收入来源看（表 1），2024 年前三季度各收入来源仍保持稳定增长的势头。其中，工资性收入和转移净收入的增长速度在四大收入来源中占比相对较高，但其实际增速较 2023 年同期分别下降了 1.5 个百分点和 1.7 个百分点，这是导致 2024 年前三季度农村居民人均可支配收入实际增速较 2023 年同期下滑的主要原因。在经济增速放缓的背景下，经营净收入和财产净收入增速分别较 2023 年同期提高了 0.2 个百分点和 0.7 个百分点，是 2024 年前三季度农村居民收入增长的一大亮点。从各收入来源对收入增长的贡献来看，2024 年前三季度农村居民人均可支配收入的增长主要来自工资性收入的增长，贡献率达 48%。经营净收入和转移净收入也是农村居民人均可支配收入增长的重要来源，其贡献率分别为 27% 和 23%。

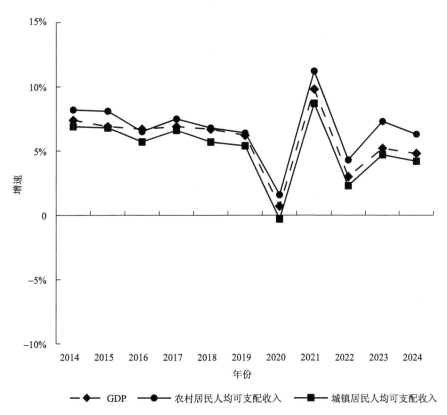

图 1　前三季度 GDP 与居民人均可支配收入增速（2014～2024 年）
资料来源：国家统计局国家数据库

表 1　前三季度全国农村居民人均可支配收入

收入来源	2023 年		2024 年		增加额/元	贡献率
	收入额/元	实际增速	收入额/元	实际增速		
可支配收入	15 705	7.3%	16 740	6.3%	1 035	
其中：						
工资性收入	7 256	8.0%	7 750	6.5%	494	48%
经营净收入	4 568	5.5%	4 843	5.7%	275	27%
财产净收入	413	5.3%	439	6.0%	26	3%
转移净收入	3 469	8.3%	3 708	6.6%	239	23%

资料来源：国家统计局国家数据库
注：表中数据误差为四舍五入修约所致

具体来看：

（1）2024 年前三季度农村居民人均工资性收入为 7750 元，实际增长 6.5%，快于同期农村居民人均可支配收入增速 0.2 个百分点，对前三季度农村居民人均可支配收入增长的贡献率为 48%，为农村居民人均可支配收入增长的第一大贡献来源。随着就业优先政策等一系列稳就业政策的落实，以及农民工就业相对集中的服务业持续回暖，2024

年我国就业形势总体稳定，农民工就业人数和月均工资收入水平不断改善。从全国农民工监测调查数据来看，2024 年三季度末外出务工农村劳动力人数达到 19 014 万人，比上年同期增加 240 万人，增幅达 1.3%；受从业时间增加等因素影响，外出务工农村劳动力月均收入 4893 元，比上年同期增长 3.3%。另外，政府通过鼓励发展县域特色产业不断提升本地就业承载力，同时围绕市场急需紧缺工种开展技能培训，农民工职业技能得到提升，就近就业机会增多。随着政府对返乡创业政策支持力度的加大以及农村经济环境的不断改善，农民工返乡创业比例显著增长。根据农业农村部数据，截至 2023 年底，我国返乡入乡创业人员累计达到 1320 万人。农村创业活力的提升进一步带动了当地农民就业和工资性收入的增长。

（2）2024 年前三季度农村居民人均经营净收入为 4843 元，实际增长 5.7%，对前三季度农村居民人均可支配收入增长的贡献率为 27%，是带动农村居民收入增长的第二大收入来源。这主要得益于两个方面。一是乡村旅游市场持续活跃，农村居民第三产业经营净收入增长较快。近几年，国家出台了《全国乡村产业发展规划（2020—2025 年）》《关于推动文化产业赋能乡村振兴的意见》等一系列促进乡村旅游发展的政策措施，农村基础设施不断完善，乡村旅游体验得到提升。2024 年前三季度，乡村旅游持续升温，带动农村批发零售业、住宿餐饮业、文化体育娱乐业等第三产业服务需求增长。农村居民第三产业经营净收入比 2023 年同期增长 11.4%。二是 2024 年前三季度第一产业保持平稳增长，第一产业增加值同比增长 3.4%。其中，种植业增加值同比增长 3.7%，猪牛羊禽肉产量 7044 万吨，同比增长 1.0%。较好的农业生产形势为农村居民第一产业经营净收入增长奠定了基础。

（3）2024 年前三季度农村居民人均转移净收入为 3708 元，实际增长 6.6%，对前三季度农村居民人均可支配收入增长的贡献率为 23%，是带动农村居民收入增长的重要收入来源。在居民收入调查统计中，农村家庭成员至城镇就业寄回和带回的收入计入转移净收入。2024 年前三季度，城镇外来农业户籍劳动力失业率平均值为 4.7%，比上年同期下降 0.4 个百分点。在农村居民家庭外出从业人员工资性收入较快增长的带动下，转移净收入也保持了相对较快的增长速度。另外，城乡居民基础养老金标准提高和老龄人口比重提升带来的人均养老金、离退休金收入提高也促进了转移净收入的增长。2024 年，我国退休人员的基本养老金再次上调 3%。

（4）2024 年前三季度农村居民人均财产净收入为 439 元，实际增长 6.0%，目前该收入来源占总收入的比重相对较低。2024 年，土地流转有序推进，土地流转价格稳中有增。2024 年一季度，农村居民人均转让承包土地经营权租金净收入比上年同期增长 7.2%，这是带动农村居民人均财产净收入增长的重要原因。

总体来看，2024 年我国农村居民人均可支配收入保持了稳定增长。但在 GDP 增速下滑的背景下，与生产直接相关的工资性收入增速放缓。考虑到中央一系列增量政策在 2024 年第四季度将产生积极效应，农村居民人均可支配收入增速有望在第四季度加快。预计，2024 年全年农村居民人均可支配收入实际增长速度在 6.7% 左右。

三、2025 年我国农村居民增收形势分析及预测

（一）2025 年农村居民增收形势分析

1. 经济增长内外承压，农村居民收入增长面临挑战

GDP 是收入分配的基础，维持较快的经济增长速度是增加就业、提高居民收入的前提。近几年我国居民人均可支配收入增速与 GDP 增速基本同步，二者呈现出很强的关联性。就业与居民收入增长形势在很大程度上取决于生产与经济增长前景。展望 2025 年，我国经济面临的外部风险明显加大。其中，美国可能采取更加严格的贸易保护政策，导致中美之间贸易摩擦加剧，进而影响我国的出口行业。OECD 发布的国家间投入产出表数据显示，2020 年我国与美国的贸易顺差约占我国 GDP 的 1.8%左右，我国的 GDP 增长及就业势必会受到美国贸易保护政策的影响。我国农村与城镇居民的工资性收入增速将因此放缓。从总体来看，由于农村居民工资性收入占人均可支配收入的比重（2023 年在 42%左右）低于城镇居民（2023 年在 60%左右），外部经济形势的变化对农村居民人均可支配收入的影响要相对弱于对城镇居民人均可支配收入的影响。2024 年前三季度，房地产开发投资同比下降 10.1%，受房地产开发投资下行影响，预计 2025 年建筑业生产也将面临较大压力。国家统计局发布的《2023 年农民工监测调查报告》显示，15.4%的农民工就业分布在建筑业。2025 年，建筑业较低的景气度势必会影响该行业农民工的收入增长。展望 2025 年，受经济增长内外承压影响，农村居民收入将面临增长乏力的挑战。

2. 推进农业强国建设，助力农民农业经营净收入增长

加快建设农业强国是党中央立足全面建设社会主义现代化国家所做出的重要部署，同时也是满足人民生活需要、促进农民增收的重要举措。接下来几年，我国将继续推进高标准农田建设工程，将把永久基本农田全部建成高标准农田，实现人均 1 亩高标准农田、人均占有粮食 600 千克的目标。同时加快以种业为重点的农业科技创新，推进先进农机应用，大力发展现代设施农业，提升农业科技装备水平，以此提高土地产出率与劳动生产率。发展新型农业经营主体，建立农业产业化龙头企业引领、农村合作社与家庭农场以及小农户广泛参与的农业产业化联合体，提高小农户在现代农业发展中的参与度。另外，政府还将通过完善农业支持保护制度，健全种粮农民收益保障机制和主产区利益补偿机制，健全农村金融服务体系等财政金融措施助力农业发展。

3. 一二三产业融合发展，农业全产业链升级，农民增收致富渠道将拓宽

推进农村一二三产业融合发展，促进农业全产业链升级，将成为未来农村居民收入增长的重要推动力。我国将利用乡村特有的物质和非物质文化资源，发展富有地方特色

的乡村特色产品和产业，挖掘传统工艺，创建乡村特色品牌，使农业产业链向中高端迈进。同时，发展农产品初加工和精深加工，促进农村电子商务发展，使农业从传统的种养环节向农产品加工、流通等二三产业延伸。构建有效的联农带农机制，将农业全产业链升级带来的增值收益和就业岗位更多地留在农村、留给农民。另外还将利用农村的自然风光和民俗风情等资源优势发展乡村休闲旅游业，带动农民增收。

目前，促进农村产业融合发展的举措已初见效果。农业农村部的数据显示，截至 2023 年底，全国农业产业化龙头企业超 9 万家，其中国家重点龙头企业 1952 家，纳入全国家庭农场名录管理的家庭农场近 400 万个，注册登记农民合作社 221.6 万家，组建农民专业合作社联合社 1.5 万家，农业社会化服务面积超过 19.7 亿亩次，服务小农户 9100 多万户，返乡入乡创业人员数量累计达 1320 万人。创建认定国家农村产业融合发展示范园 300 家、国家现代农业产业园 300 个、农业产业强镇 1509 个和优势特色产业集群 300 个，以点带面推动农村产业融合发展，取得了明显成效。2025 年，随着一二三产业融合发展系列举措的推进，农村居民的增收致富渠道将进一步拓宽。

4. 收入分配制度体系进一步完善，农村居民收入在国民总收入中的比重将进一步提高

党的二十大报告中有关"增进民生福祉，提高人民生活品质"的论述高度重视农村居民收入增长[①]。党中央将通过完善分配制度，构建初次分配、再分配、第三次分配协调配套的制度体系，扎实推进共同富裕。目前我国城乡居民之间存在较大的收入差距，健全城乡融合发展的机制体制，提高发展的平衡性、协调性是实现共同富裕的重要路径之一。

在收入初次分配方面，一方面将通过完善劳动者工资决定制度、健全工资合理增长机制、健全最低工资标准调整机制、完善农民工欠薪治理长效机制等措施来提高劳动报酬在初次分配中的比重。表 2 给出了 2002~2020 年我国劳动者报酬份额的变化情况。可以看出，我国劳动者报酬占 GDP 的比重长期处于较低水平，并且经历了一段下降的过程（2002~2007 年）。随着第三产业在国民经济中的比重上升以及最低工资标准提高等收入分配制度改革措施的落实，劳动者报酬占 GDP 比重下降的趋势有所好转，2007~2012 年该比重上升到 50% 左右，此后缓慢上升，2020 年达到 52.1%。此外，随着税制改革的持续深化以及政府对企业税收优惠与减免力度的加大，生产税净额占 GDP 比重呈下降趋势。在此影响下，2020 年劳动者报酬与营业盈余改变了过去此消彼长的变化模式，出现了份额共同上升的局面。随着收入初次分配改革的推进，劳动者报酬在初次分配中的比重将进一步提升，从而带来农村居民人均工资性收入的增长。

---

① 习近平：高举中国特色社会主义伟大旗帜 为全面建设社会主义现代化国家而团结奋斗——在中国共产党第二十次全国代表大会上的报告. https://www.gov.cn/xinwen/2022-10/25/content_5721685.htm，2022-10-25.

表 2　中国增加值构成

年份	劳动者报酬	生产税净额	固定资产折旧	营业盈余
2002	48.4%	14.3%	15.4%	21.9%
2007	41.4%	14.5%	14.0%	30.2%
2012	49.2%	13.7%	13.4%	23.7%
2017	51.4%	11.5%	13.4%	23.6%
2018	51.5%	10.4%	14.5%	23.5%
2020	52.1%	8.8%	14.8%	24.3%

资料来源：根据国家统计局编制的中国投入产出表计算得到

注：比重合计不为 100% 是四舍五入修约所致

另一方面，政府还将完善按要素分配的政策制度，健全各类生产要素由市场决定报酬的机制，探索通过土地、资本等要素使用权、收益权增加中低收入群体要素收入，多渠道增加城乡居民财产性收入。将深化农村土地制度改革，赋予农民更加充分的财产权益，保障进城落户农民合法土地权益，鼓励依法自愿有偿转让。当前，财产净收入在农村居民收入中所占比重很低（2023 年约为 2.5%），随着要素分配政策制度的完善与推进，预计农村居民财产净收入将保持较快增长，占农村居民收入的比重将稳步提升。

5. 共同富裕以及人口老龄化将带来农村居民转移净收入的长期增长

党的二十大报告进一步强调"扎实推进共同富裕"[①]。促进全体人民共同富裕是一项长期而又现实的任务。我国城乡居民之间存在较大的收入差距，健全城乡融合发展的机制体制，提高发展的平衡性、协调性是实现共同富裕的重要路径之一。近几年来，农村居民人均转移净收入实现了快速增长，其在农村居民人均可支配收入中的份额由 2013 年的 17.5% 上升到 2023 年的 21.0%。农村居民转移净收入的增长主要得益于政府对民生改革的重视和惠民政策力度的加大。新型农村合作医疗补助标准、基础养老金、政策性惠农补贴、生活补贴以及社会救济和补助近几年一直处于增长中。"十四五"规划中提出要完善再分配机制，加大税收、社保、转移支付等调节力度和精准性，发挥第三次分配作用，发展慈善事业，改善收入和财富分配格局。在政府高度重视民生改革的背景下，预计 2025 年政府的转移支付力度仍将加大，农村居民人均转移净收入将稳步增长。

另外，我国人口年龄结构的变化也将提升转移净收入在农村居民收入来源中的比重。随着 20 世纪 60 年代婴儿潮一代逐步进入退休年龄，从"十四五"时期开始，中国面临严峻的老龄化形势。老龄人口比重的上升将使政府财政在养老金与医疗费用方面的支出快速增长。鉴于老龄化趋势，预计我国农村居民的人均转移净收入在未来十年将保持较快增长。

---

① 习近平：高举中国特色社会主义伟大旗帜　为全面建设社会主义现代化国家而团结奋斗——在中国共产党第二十次全国代表大会上的报告. https://www.gov.cn/xinwen/2022-10/25/content_5721685.htm，2022-10-25.

（二）2025 年农村居民人均可支配收入预测

在对 2025 年我国农村居民增收形势分析的基础上，分基准、低增长和高增长三种情景对 2025 年我国农村居民人均可支配收入进行了初步预测（表 3）。基准情景假设 GDP 增速在 4.8% 左右；低增长情景假设国际形势进一步恶化，国内经济活跃度不及预期，GDP 增速在 4.2% 左右；高增长情景假设国际形势向好发展，生产者与消费者信心快速恢复，GDP 增速在 5.2% 左右。

表 3　2025 年我国农村居民人均可支配收入预测结果

收入来源	基准情景		低增长情景		高增长情景	
	人均收入/元	增速	人均收入/元	人均收入/元	增速	人均收入/元
可支配收入	24 907	6.4%	24 723	5.7%	25 001	6.8%
其中：						
工资性收入	10 569	6.7%	10 491	5.9%	10 609	7.1%
经营净收入	8 483	6.1%	8 420	5.3%	8 515	6.5%
财产净收入	615	6.0%	611	5.3%	618	6.4%
转移净收入	5 240	6.5%	5 201	5.7%	5 259	6.9%

预测结果显示：在基准情景假定下，2025 年我国农村居民人均可支配收入将达到 24 907 元，实际增速为 6.4% 左右。其中，人均工资性收入为 10 569 元，实际增长 6.7%；人均经营净收入为 8483 元，实际增长 6.1%；人均财产净收入为 615 元，实际增长 6.0%；人均转移净收入为 5240 元，实际增长 6.5%。预计 2025 年我国农村居民人均可支配收入增速仍将快于城镇居民人均可支配收入增速，城乡居民收入倍差将进一步缩小。

四、政策建议

1. 稳增长、稳就业

历史经验表明，在经济增长速度下滑较快的年份，居民收入增速通常会大幅度回落。例如，2008 年受国际金融危机影响，我国经济增长速度出现较大幅度下滑，同年农村居民人均纯收入增速与城镇居民人均可支配收入增速分别下滑了 1.5 个百分点和 3.8 个百分点。2020 年受新冠疫情影响，我国 GDP 增速再次出现大幅下滑，农村居民人均可支配收入增速与城镇居民人均可支配收入增速分别下滑了 2.4 个百分点和 3.8 个百分点。展望 2025 年，我国仍将面临较大的经济增速下行压力，农民工在制造业、建筑业与服务业都将面临较大的就业压力。从提高居民收入的角度出发，建议政府仍要将稳定经济增长速度与保障就业作为当前宏观经济工作的首要任务。一方面，继续通过信贷支持、税收优惠等金融与财税措施帮助中小企业稳定生产、恢复信心；另一方面，结合乡村振兴与农业现代化建设工作，适度增加政府财政支出支持农业基础设施升级，创造就业岗位，带动农民工就业。

2. 促进农村人才振兴

近几年我国城镇化率保持了较快增长。城镇化率已由 2010 年的 49.9%上升到 2023 年的 66.2%，城镇化率年均提高 1.3 个百分点左右。城镇化实现了农村人口由农业部门向非农业部门的快速转移，农村人口数量平均每年下降 2.6%。农村人口向城镇转移有利于实现农业适度规模经营，从而降低生产成本并提高农业劳动生产率。在城镇化进程中，我国第一产业劳动生产率（第一产业增加值与第一产业就业人员数之比）已由 2010 年的 13 759 元/人提高到 2023 年的 53 166 元/人（现价）。但需要注意城镇化过程中的农村人才流失问题。参与人口迁移的农村劳动力往往是农村居民中技能水平相对较高的劳动力，城镇化在一定程度上造成了农村高素质劳动力的流失，从而给农业农村发展以及农村居民人均收入的增长带来了负面影响。建议政府在全面推进乡村振兴工作的同时，同步推进乡村人才振兴工作。制定政策以提升农村人力资本，吸引优秀人才回流农村地区支持农业农村发展，充分利用先进农业技术、数字技术构建农村经济新业态，激发农村经济活力。

3. 加强数字技术培训，助力农村劳动力数字技能提升

当前，数字化浪潮席卷全球，数字技术深刻改变了经济运行机制和社会生产生活方式，也为农业高质量发展拓展了新空间、增添了新动能。物联网、大数据、云平台等数字技术正快速应用于农业生产各个领域。农业农村部数据显示，2023 年，全国农业科技进步贡献率达 63.2%，全国农业生产信息化率达 27.6%。全国已累计创建 9 个农业物联网示范省份，计划建设 100 个国家数字农业创新应用基地。物联网、大数据、人工智能、卫星遥感、北斗导航等现代信息技术在种植业生产中加快应用，精准播种、变量施肥、智慧灌溉、植保无人机等技术和装备开始大面积推广。同时，数字技术也在乡村旅游、休闲农业、农产品电商营销等"三农"相关领域发挥着重要作用，有效拓展了产品市场，提高了生产率与附加值，是未来驱动农民收入增长的重要引擎。只有实现农村劳动力与数字技术有机融合才能促进农业产业的更好发展。建议加强对农村劳动力的数字技术培训，推广普及数字技术和应用，有效提升农村劳动力的数字素养与技能水平。使数字技术扎实融入农业生产与农业产业链的各个环节，促进农业提效、农民增收。

2024 年中国粮食消费形势分析与 2025 年预测

王会娟　江林桂　杨翠红　陈锡康

报告摘要： 党的二十大报告指出，要全面推进乡村振兴，加快建设农业强国，确保国家粮食安全①。随着居民生活水平的不断提高，人们对食物的需求从"吃饱"向"吃好"转变，多元化消费需求促使我国粮食消费结构发生了深刻变化。在粮食生产能力稳步提升的基础上，饲料用粮占比高、粮食浪费等问题依然突出。本报告基于最新的宏观统计数据，核算并预测了由居民口粮、工业用粮、饲料用粮、种子用粮和其他等五部分构成的粮食消费量，旨在为我国的粮食生产工作及相关产业发展提供科学的数据支持。

2024 年我国粮食消费量较 2023 年有所上涨。据估算，2024 年我国粮食消费量约为 13 159 亿斤，其中，居民口粮 3449 亿斤，占 26.2%；工业用粮 2501 亿斤，占 19.0%；饲料用粮 5168 亿斤，占 39.3%；种子用粮 212 亿斤，占 1.6%；剩余为损耗等其他项，约为 1829 亿斤。

如果 2025 年我国 GDP 增速在 4.8% 左右，预计 2025 年我国粮食消费将稳定略增，达到 13 349 亿斤，涨幅基本持平。居民口粮有所下降，工业用粮小幅下降，饲料用粮大幅上涨。乐观情景下预计 2025 年粮食消费量为 13 463 亿斤，悲观情景下预计 2025 年粮食消费量为 13 069 亿斤。

根据估算和预测结果，给出如下政策建议：第一，加强粮食安全保障措施，构建粮食安全保障体系；第二，构建多元化粮食进口新格局的同时，积极引导粮食生产结构向粮食消费结构转变；第三，工业用粮所在行业的政策应该具有连续性或者前瞻性。

一、引　言

在新时代背景下，党中央高度重视"三农"问题，将解决好"三农"问题作为全党工作的重中之重。近年来，通过一系列政策措施的实施，我国粮食安全根基进一步夯实，多元化粮食供给体系不断完善，农业现代化建设取得显著进展。在此基础上，科学、系统地监测与预警粮食消费量不仅是确保我国粮食供需平衡的关键手段，更是保障国家经济稳定运行和发展的重要基础。

---

① 习近平：高举中国特色社会主义伟大旗帜　为全面建设社会主义现代化国家而团结奋斗——在中国共产党第二十次全国代表大会上的报告. https://www.gov.cn/xinwen/2022-10/25/content_5721685.htm，2022-10-25.

随着我国城镇化和工业化的快速发展，人民生活水平显著提高，对食物的需求从"吃饱"向"吃好"转变，粮食消费总量呈现出刚性增长态势。然而，新时期我国面临的人口规模、结构的变化，营养需求升级以及产业供需结构调整等多重因素，将对粮食消费量和消费结构产生深远影响。特别是随着健康意识的提升和消费升级的推进，居民对高质量、多样化、营养健康的食品需求日益增加，这将促使粮食消费结构发生根本性转变。

因此，深入研究和准确预测粮食消费趋势，对于制定科学合理的粮食生产和供应策略具有重要意义。

二、2024 年粮食消费形势回顾分析

面对宏观经济发展挑战及复杂的国际粮食市场形势，2024 年我国粮食消费量涨幅有所放缓。通过科学合理的估算，项目组认为 2024 年我国粮食消费量约为 13 159 亿斤，其中，居民口粮 3449 亿斤，工业用粮 2501 亿斤，饲料用粮 5168 亿斤，种子用粮 212 亿斤，损耗等其他项 1829 亿斤。总体来看，粮食消费量稳定略增，结构中占比最高的是饲料用粮。

（一）居民口粮小幅上升

居民口粮消费总量取决于两个方面：一是人均口粮的消费水平；二是人口数量及结构。

从人均口粮的消费水平来看，如图 1 所示，城乡居民人均粮食（原粮）消费量均呈现出"下降-上升-下降"的趋势，尤其是在 2020 年，城镇、农村居民人均粮食消费量分别较 2019 年增加了 9.57 千克、13.57 千克，提升了 8.65% 和 8.77%，增长幅度非常大，估计与疫情防控等因素有关。2022 年开始回落，城乡居民人均粮食消费量均大幅回落，较 2021 年分别降低了 8.60 千克和 6.20 千克，且 2023 年继续维持了下降趋势，只是降幅有所放缓，预计 2024 年将继续保持维稳略降的趋势，城镇居民人均粮食消费量约为 150 千克，农村居民人均粮食消费量约为 157 千克，农村的粮食消费量仍然大于城镇，但是城乡差距逐年缩小。

从人均口粮消费的结构来看，谷物消费量占粮食消费量的 90% 左右。图 1 中可以看出，近些年来谷物在城乡居民人均粮食消费量中的占比基本呈现逐年下降趋势，豆类、薯类的占比逐年升高，居民粮食消费在向多样化发展。但是农村居民人均粮食消费量以及谷物占比均远高于城镇，说明，农村居民人均粮食消费量还有较大的下降空间。

人口规模量决定了我国粮食消费量的规模，城乡居民人均粮食消费量的差异也使城镇化率以及流动人口规模对我国口粮消费量产生了重要影响。2023 年末我国人口数量为 140 967 万人，较 2022 年减少了 208 万人，降幅较 2022 年持续扩大。从人口城乡结构来看，2023 年我国城镇化率为 66.16%，较 2022 年提升了约一个百分点。估计 2024 年我国总人口数量将下降 260 万人左右，城镇化率在 67% 左右。

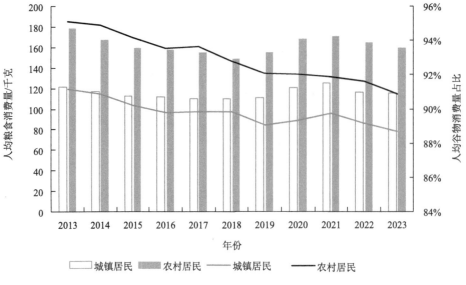

图 1 城镇、农村居民人均粮食消费量变化情况
资料来源：国家统计局国家数据库

综合考虑人均口粮消费水平、人口规模、城镇化率和流动人口的共同影响，预计 2024 年我国居民口粮消费为 3449 亿斤，人均 122.5 斤，同比下降 1.58%。

（二）工业用粮回暖，豆油、淀粉需求回升

工业用粮是指用于生产各种工业产品的粮食原料或辅助材料，主要包含在食品制造业，酒、饮料和精制茶制造业，以及农副食品加工业中。本报告中工业用粮主要从白酒、啤酒、发酵酒精、酱油、豆油、燃料乙醇和淀粉七个方面测算，进一步由工业品的产量和单位产量耗粮计算得到每种工业品当年的粮食消费量。

中国酒类行业已经从规模扩张的发展模式转变为重质量求深化的新形态。如图 2 所示，自 2013 年以来，啤酒产量进入下降区间，2017 年前后开始注重高端化和品牌化发展，产量进一步下降。2023 年，啤酒产量继续保持微增态势，全年产量约为 3555.5 万千升。与此同时，白酒产量自 2016 年以来也开始显著下降，2023 年白酒全年产量约为 449.2 万千升，同比下降 33%，与 2016 年高峰时的 1358.36 万千升相比，已经减少了六成。

酒类产量下降的主要原因可以归结为以下几点。首先是需求端消费升级。随着消费者对高品质、健康化、个性化产品需求的增加，低端酒类市场逐渐萎缩，许多消费者更愿意选择高端酒类或健康饮品。其次，品牌集中现象日益明显。行业集中度的提高使头部企业通过品牌建设和技术创新巩固了市场地位，挤压了中小企业的生存空间，导致整体产量下降。此外，市场竞争的加剧也是一个关键因素。新兴酒类如果酒、低度酒、精酿啤酒等的崛起，吸引了部分消费者的注意力，年轻一代也更倾向于尝试这些多样化的酒类，分流了一部分市场份额，进一步影响了传统酒类的市场需求。

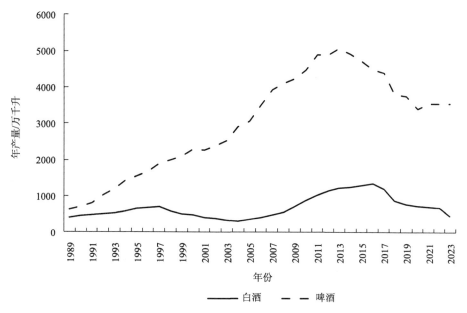

图 2　白酒、啤酒的年产量变化情况

资料来源：Wind 数据库

综上所述，项目组认为，中国酒类行业，尤其是白酒和啤酒，将继续保持产量下降的趋势。预计 2024 年，全国白酒产量将进一步下降至 422 万千升，啤酒产量将维持在 3517 万千升左右。

玉米淀粉作为农产品加工的重要方面，其下游应用十分广泛，是食品、化工、医药等行业的重要原料，可进一步加工生产淀粉糖、变性淀粉、味精、有机酸及化工醇等产品。其中，淀粉糖是玉米淀粉最主要的消费去向，占比高达 50%，其次是造纸和食品，占比分别为 12% 和 10%。我国玉米淀粉的生产主要集中于华北黄淮、东北和西北地区，这些地方具有丰富的原材料资源和良好的生产条件。如图 3 所示，2005 年至 2023 年间，我国玉米淀粉产量整体呈现波动上升的趋势。玉米淀粉产量从 2005 年 1016 万吨增长至 2021 年的 3918 万吨高点，2023 年玉米淀粉产量为 3644 万吨，较最高点小幅下降了 274 万吨。

2021 年后玉米淀粉产量下降的原因主要是物流运输受疫情和自然灾害等因素影响，导致原材料的供应和产品的运输受阻，使生产过程中的各个环节都受到了不同程度的影响。同时经济环境的不确定性导致下游行业（如食品、化工、医药等）的消费疲软，尤其是淀粉糖行业的需求未能充分释放，市场对玉米淀粉及其衍生产品的需求减少，直接影响了玉米淀粉的生产和销售。展望未来，随着政府出台了一系列支持农产品加工和食品工业的政策措施以及下游行业的消费需求逐渐恢复，预计 2024 年玉米淀粉产量将会有恢复性增长，达到 4000 万吨左右，并有望继续保持稳健增长。

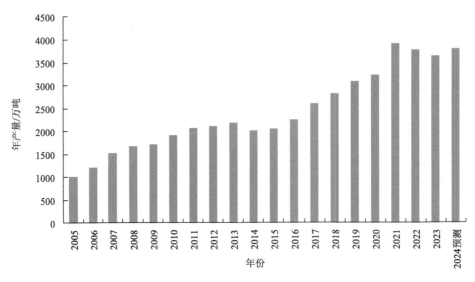

图 3　玉米淀粉的年产量变化情况
资料来源：中国淀粉工业协会及中商产业研究院数据

从图 4 中可以看出 2013 年至 2023 年间我国的豆油产量总体呈现上升趋势。2013 年，豆油产量为 1234.7 万吨，到 2023 年，豆油产量已增至 1774.1 万吨，较十年前增加了约 43.7%。尽管中间存在波动，但中国豆油生产能力在过去十年里稳步增强。

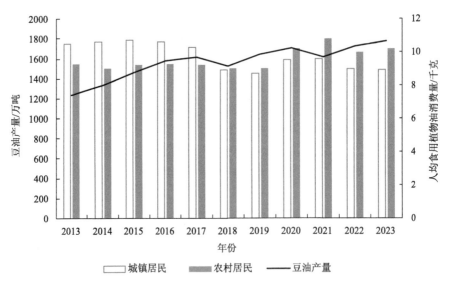

城镇居民　　农村居民　　豆油产量

图 4　豆油产量及城镇、农村居民人均食用植物油消费量变化情况
资料来源：国家统计局国家数据库

在城乡居民人均食用植物油消费量方面，从图 4 可以看出城镇和农村居民的人均食用植物油消费量差异和波动都不大。2013 年至 2023 年间，城镇居民人均食用植物油消费量基本保持在 9.5 千克左右，最高值出现在 2015 年（10.7 千克）。农村居民人均食用

植物油消费量同样在 9.2 千克至 10.8 千克之间波动，其中 2021 年达到了峰值 10.8 千克。这表明，无论是城市还是乡村地区，人们对于植物油的基本需求相对一致。随着农村地区的经济条件改善和居民收入的提高，农村居民在食品消费上的选择和城市居民越来越接近，对健康、高品质食品的需求也在不断增加，意味着在社会经济发展过程中城乡生活水平的逐步趋同。

未来，随着中国经济的持续发展和人民生活水平的不断提升，预计豆油产量还将保持稳中有进的趋势，同时人均食用植物油消费量也可能随之小幅上涨，特别是在追求健康饮食理念普及的情况下，优质植物油的需求可能会更加旺盛。

综上分析，预计 2024 年工业用粮消费为 2501 亿斤，较 2023 年增加 66 亿斤左右，增幅为 2.7%。

（三）饲料用粮恢复性高涨

饲料用粮以大豆、玉米为主，是畜禽所需植物蛋白和能量的主要来源，项目组主要采用了肉蛋奶类产量数据来进行估算和预测分析。

猪肉作为我国居民的主要肉类消费品种，其产量占肉类产量的 60% 左右。2022 年和 2023 年，我国猪肉产量分别为 5295.93 万吨和 5541.43 万吨，分别同比增长了 1.8% 和 4.6%。这表明在这两年里，我国猪肉产量表现出良好的发展趋势，已逐渐恢复并超过历史最高水平，逐渐摆脱非洲猪瘟和新冠疫情对养猪业造成的负面影响。

不过在 2022 年第一季度至 2024 年第三季度期间，我国生猪存栏量和能繁母猪存栏量均经历了一定的波动，大体上呈现先升后降的趋势。如图 5 所示，2022 年第一季度至 2022 年第四季度，生猪存栏量从 42 253 万头逐步增加到 45 256 万头，随后开始波动下降，到 2024 年第三季度降至 42 694 万头。同期，能繁母猪存栏量从 4247.67 万头增加到 4385.67 万头，然后整体呈下降趋势，到 2024 年第三季度降至 4046.33 万头。虽然基础产能有所收缩，但仍处于正常保有量合理区间。

2024 年前三季度牛羊生产保持稳定，禽肉和禽蛋产量增加。全国牛肉产量为 532 万吨，同比增加 23 万吨，增长 4.6%；羊肉产量为 356 万吨，同比减少 8 万吨，下降 2.2%；禽肉产量为 1915 万吨，同比增加 115 万吨，增长 6.4%；禽蛋产量为 2642 万吨，同比增加 90 万吨，增长 3.5%。项目组预计 2024 年猪肉、羊肉产量将基本持平，牛肉产量或有 4% 左右的涨幅。

2013 年至 2023 年间我国奶业发展迅速，如图 6 所示，奶类产量尽管在某些年份有所波动，但是整体呈现上升趋势。特别是 2020 年以后，奶类产量的增长速度明显加快，从 2020 年的 3529.60 万吨增加到 2023 年的 4281.30 万吨，三年间增长了 751.70 万吨，年均增长率约为 6.65%。与 2013 年相比产量增幅达到了 37.27%。

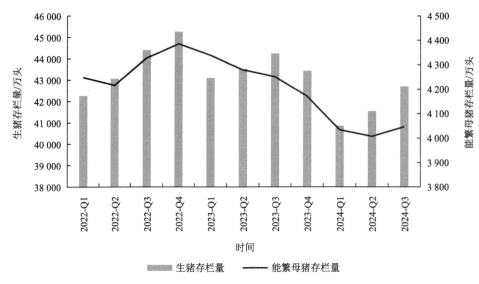

图 5　生猪存栏量和能繁母猪存栏量变化情况

资料来源：Wind 数据库

Q 表示季度

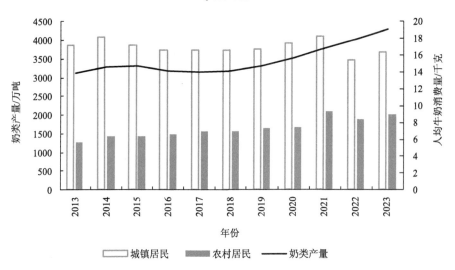

图 6　奶类产量及城镇、农村居民人均牛奶消费量变化情况

资料来源：Wind 数据库

　　进一步从人均牛奶消费量来看，2023 年城镇居民人均牛奶消费量为 16.3 千克，尽管数据略有下降，但消费量仍维持较高水平。农村居民人均牛奶消费量从 2013 年的 5.7 千克增加到 2023 年的 8.9 千克，增幅达到了 56.14%。到 2023 年城乡人均牛奶消费量差距缩小为 7.4 千克。这表明随着健康意识的增强，越来越多的居民认识到牛奶的营养价值和健康益处，对牛奶的消费量和消费水平有所提高。同时随着收入水平的提高，农村居民人均牛奶消费量与城镇居民的差距正在逐步缩小。农村居民的消费潜力得到更大的释放，他们在食品消费上的选择和城市居民越来越接近，对健康、高品质食品的需求也在

不断增加。未来，随着经济的持续发展和健康理念的普及，预计奶类产量和城乡居民人均牛奶消费量将继续保持增长趋势。项目组认为 2024 年奶类产量将超过 4500 万吨，较 2023 年增加 270 万吨左右。

预计 2024 年饲料用粮将为 5168 亿斤，其中猪肉耗粮占比为 43% 左右，总体较 2023 年增加 154 亿斤，同比增加 3.1%。

（四）种子用粮基本稳定

种子用粮的消费量主要取决于粮食播种面积和单位面积用种量。2023 年我国粮食作物播种面积增加了 63.6 万公顷，主要是玉米的播种面积得到了大幅度提升，玉米播面扩大了 114.9 万公顷。当前我国粮食作物播种面积每年略有涨幅，但涨幅不大，种植结构也因为玉米、大豆等作物影响略有差异，但是对种子用粮的影响较小，种子用粮基本稳定。预计 2024 年种子用粮为 212 亿斤，近些年一直稳定在 210 亿斤左右，变动不大。

（五）其他用粮稳定略涨

由于在上述四类粮食消费的测度中并没有考虑饮食中浪费的粮食（仅为主食，不考虑肉类等其他转化粮）、畜禽养殖中病死对粮食的消耗、宠物用粮以及运输、仓储过程中的损耗等，因此本报告中增加其他项，作为对其他四项的补充，2024 年其他用粮合计为 1829 亿斤（图 7），占粮食总消费量的 14%。

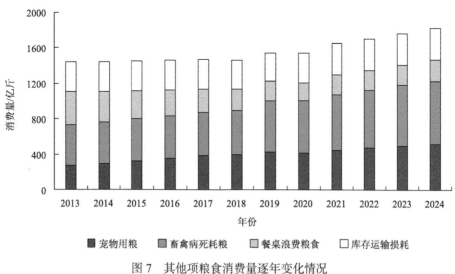

图 7　其他项粮食消费量逐年变化情况

资料来源：项目组测算

（六）供需综合分析

项目组预测粮食消费量与粮食产量对比如表 1 所示，近几年我国粮食消费量都在 13 000 亿斤左右，粮食产量都大于粮食消费量，保证了总量上的粮食安全，粮食自给性非常高。但同时需要注意到，2021 年至 2023 年间，我国粮食进口量的变化呈现出一定的波动。具体来看，2021 年粮食进口量为 647.2 亿斤，2022 年降至 574.8 亿斤，2023 年则回升至 644.6 亿斤。尽管 2023 年的进口量较 2022 年有所增加，但总体仍低于 2021 年的水平。这一趋势变化的原因主要是大豆进口数量的稳定回落，大豆作为我国主要的粮食进口品种之一，其进口量的减少对整体粮食进口量产生了显著影响。此外，国内粮食生产的稳步增长也为减少进口依赖提供了有力支撑。未来，随着国内农业技术的不断进步和政策的支持，预计我国粮食供需状况将进一步优化。

表 1　我国粮食供需情况对比　　　　　　　　单位：亿斤

年份	粮食消费量	粮食产量	进口	出口	供需差额
2021	12 752	13 657	647.2	13.2	1 539.0
2022	12 764	13 731	574.8	12.8	1 529.0
2023	12 924	13 908	644.6	10.4	1 618.2
2024	13 159				

三、2025 年我国粮食消费形势分析及预测

预计 2025 年我国经济仍将持续保持平稳较快增长，居民收入稳步提升，预计 2025 年我国粮食消费量将会稳定略增。其中涨幅最大的仍然是饲料用粮，其次是工业用粮，居民口粮有所减少。主要的分析点如下。

（一）收入预期提升，人口规模减小，居民人均粮食消费将继续呈现恢复性回落

随着收入的提升、食品消费的多元化发展，居民将进一步增加对肉蛋奶及水产品的消费，居民口粮消费仍有下降空间，预计 2025 年居民口粮消费仍将有小幅度回落。

（二）肉类产量将保持在 1 亿吨以上，饲料用粮增幅明显

预计 2025 年我国肉类产量将在 2024 年 1 亿吨产量的基础上持续提升，其中猪肉产量将达到 5800 万吨左右，牛羊肉也将有小幅上涨。肉类产量的提升进一步带动了饲料用

粮的增加。当前饲料用粮占粮食消费总量的 39% 左右，随着居民生活水平的提高，饲料用粮已经成为粮食消费的主力。

综上分析，对 2025 年发展情况设置三种情景，如下。

基准情景为 GDP 发展速度在 4.8% 左右时，2025 年我国粮食消费量为 13 349 亿斤，较 2024 年略涨 1.4%，增幅为 190 亿斤，其中居民口粮有所下降，工业用粮小幅增长，饲料用粮大幅上涨。

乐观情景为 GDP 发展速度在 5.2% 左右时，2025 年我国粮食消费量将达到 13 463 亿斤，增速达到 2.3%。

悲观情景为 GDP 发展速度在 4.2% 左右时，2025 年我国粮食消费量仅为 13 069 亿斤，较 2024 年有所回落。不同情景下的粮食消费量具体如表 2 所示。

表 2　2025 年我国粮食消费量的预测结果

粮食构成	基准情景		乐观情景		悲观情景	
	消费量/亿斤	同比增速	消费量/亿斤	同比增速	消费量/亿斤	同比增速
粮食消费量	13 349	1.4%	13 463	2.3%	13 069	−0.7%
其中：						
居民口粮	3 404	−1.3%	3 328	−3.5%	3 440	−0.3%
工业用粮	2 549	1.9%	2 628	5.1%	2 419	−3.3%
饲料用粮	5 287	2.3%	5 380	4.1%	5 119	−0.9%
种子用粮	213	0.5%	212	0	214	0.9%
其他用粮	1 896	3.7%	1 915	4.7%	1 877	2.6%

四、政 策 建 议

本报告对我国粮食消费量及消费结构进行了估算和预测，根据测算结果，提出如下政策建议。

第一，加强国际合作，保障粮食安全，积极参与国际粮食安全合作，与其他国家和地区共享粮食生产、加工、流通等方面的经验和技术。参加国际粮食安全会议，分享中国在粮食安全方面的成功经验。通过多边渠道，加强与联合国粮食及农业组织、世界粮食计划署等国际组织的合作，共同应对全球粮食安全问题。参与国际粮食援助项目，帮助发展中国家提高粮食生产能力。加强与主要粮食出口国的双边合作，确保粮食进口渠道的稳定和多元。签署长期贸易协议，建立稳定的粮食贸易关系。支持国内企业在海外投资建设粮食生产基地，提高国际粮食供应链的可控性。

第二，构建多元化粮食进口新格局的同时，积极引导粮食生产结构向粮食消费结构转变。虽然近年来我国粮食消费量低于生产量，但结构性短缺仍然存在。受全球经济发展的影响，粮食贸易不确定性将进一步增加，在构建多元化粮食进口新格局的同时，建议积极引导粮食生产结构的调整，积极向粮食消费结构靠拢。

第三，加强粮食节约和减少浪费，通过媒体、学校、社区等渠道，广泛开展节约粮食的宣传教育活动，提高全社会的节约意识。倡导"光盘行动"，树立勤俭节约的社会风尚。鼓励餐饮企业实行小份菜、半份菜等措施，减少餐饮浪费。推广自助餐、按需点餐等服务模式，减少食物浪费。通过社区活动、家庭讲座等形式，指导家庭合理安排饮食，减少家庭餐桌上的浪费。推广剩饭剩菜的合理处理方法，减少厨余垃圾。